Hießl/Runggaldier

Grundzüge des europäischen Arbeits- und Sozialrechts

Grundzüge des europäischen Arbeits- und Sozialrechts

von

Christina Hießl

und

Ulrich Runggaldier

4. Auflage

Zitiervorschlag: *Hießl/Runggaldier*, Grundzüge des europäischen Arbeits- und Sozialrechts[4] (2014) Seite

---

Bibliografische Information der Deutschen Nationalbibliothek

Die Deutsche Nationalbibliothek verzeichnet diese Publikation in der Deutschen Nationalbibliografie; detaillierte bibliografische Daten sind im Internet über http://dnb.d-nb.de abrufbar.

Das Werk ist urheberrechtlich geschützt. Alle Rechte, insbesondere die Rechte der Verbreitung, der Vervielfältigung, der Übersetzung, des Nachdrucks und der Wiedergabe auf fotomechanischem oder ähnlichem Wege, durch Fotokopie, Mikrofilm oder andere elektronische Verfahren sowie der Speicherung in Datenverarbeitungsanlagen, bleiben, auch bei nur auszugsweiser Verwertung, dem Verlag vorbehalten.

Es wird darauf verwiesen, dass alle Angaben in diesem Fachbuch trotz sorgfältiger Bearbeitung ohne Gewähr erfolgen und eine Haftung der Autoren oder des Verlages ausgeschlossen ist.

ISBN 978-3-7073-2981-0 (Print)
ISBN 978-3-7094-0601-4 (E-Book-PDF)
ISBN 978-3-7094-0602-1 (E-Book-ePub)

© LINDE VERLAG Ges.m.b.H., Wien 2014
1210 Wien, Scheydgasse 24, Tel.: 01/24 630
www.lindeverlag.at

Druck: Hans Jentzsch u Co. Ges.m.b.H.
1210 Wien, Scheydgasse 31

Vorwort zur Neuauflage

Die Neuauflage berücksichtigt Entwicklungen in EU-Gesetzgebung und Rechtsprechung bis einschließlich Juli 2014. Dies betrifft etwa den Bereich der Freizügigkeit, in dem in jüngster Vergangenheit einige zentrale Gerichtsentscheidungen ergingen und der durch eine neue Durchsetzungsrichtlinie für Wander-AN und einen Beschluss zur Errichtung eines EU-weiten Netzes der öffentlichen Arbeitsverwaltungen gefördert werden soll. Eine neue Durchsetzungs-RL erging auch zur AN-Entsendung, die nach wie vor ein politisch besonders umstrittenes Kapitel des EU-Rechts darstellt. Im Gleichbehandlungsrecht sind insb ein RL-Vorschlag zur Festsetzung von Geschlechterquoten für nicht-geschäftsführende Direktoren von börsennotierten Unternehmen und einige Entscheidungen zum Begriff der Behinderung der RL 2000/78/EG von Interesse. Weiterentwicklungen in der Rsp gab es auch in den Bereichen Mutterschutz und Jahresurlaub; bzgl der Reformvorschläge, die in beiden Bereichen seit langem bestehen, sind jedoch keine Fortschritte zu verzeichnen. Hingegen haben die ebenfalls seit vielen Jahren andauernden Bemühungen um eine Regelung zu Betriebspensionsansprüchen nun endlich zur Verabschiedung einer RL geführt, wenngleich diese deutlich hinter den ursprünglichen Vorstellungen der Kommission zur Portabilität solcher Ansprüche zurückbleibt.

Wien, August 2014 *Christina Hießl*

Inhaltsverzeichnis

Abkürzungsverzeichnis	XI
Literaturverzeichnis	XV
Judikaturverzeichnis	XXVII

I.	Einleitung	1
	A. Entwicklung des europäischen Arbeits- und Sozialrechts	1
	B. Übersicht über die sozialpolitischen Bestimmungen des geltenden EU-Primärrechts	4
	C. Die EU-Kompetenzen im Bereich der Sozialpolitik	5
II.	Beschäftigungspolitik	8
	A. Zusammenarbeit auf EU-Ebene	8
	1. Austausch von Beschäftigungsstrategien	8
	2. Behördliche Zusammenarbeit	11
	B. Nationale Beschäftigungspolitik: Kollisionen mit dem EU-Wettbewerbsrecht	11
III.	Soziale Grundrechte	12
IV.	EU-Grundfreiheiten	14
	A. Freizügigkeit der AN	14
	1. Definition des Wander-AN	14
	2. Aufenthaltsrecht	15
	3. Gleichbehandlung	17
	4. Anwendung von Art 45 AEUV	18
	5. Mittelbare Diskriminierung	20
	6. (Markt-)Zugangsbeschränkungen	22
	7. Räumlicher Geltungsbereich des Grundsatzes	23
	8. Ausblick	24
	B. Unionsbürgerfreizügigkeit	24
	1. Aufenthaltsrecht	25
	2. Gleichbehandlung	26
	C. Andere wirtschaftliche Grundfreiheiten der EU: Kollisionen mit nationalem Arbeitsrecht	28
	1. Dienstleistungsfreiheit	29

		a) Die Rom I-VO als Ausgangspunkt	29
		b) Die Dienstleistungs-RL	30
		c) Die Entsende-RL	32
		aa) Anwendung des Arbeitsrechts des Zielstaats	32
		bb) Verbot von weitergehenden Maßnahmen	33
	2.	Niederlassungsfreiheit	36
	3.	Räumlicher Geltungsbereich	37
	4.	Ausblick	37

V. Drittstaatsangehörige am Arbeitsmarkt der EU 39
   A. Hochqualifizierte Beschäftigung 41
   B. Saisonarbeit 43
   C. Illegale Beschäftigung 44
   D. (Andere) legale Beschäftigung 45

VI. Gleichbehandlung 47
   A. Diskriminierung aufgrund des Geschlechts 47
     1. Diskriminierung in Beschäftigung und Beruf 48
       a) Gleiches Entgelt für gleiche Arbeit 48
       b) Andere Aspekte der Beschäftigung 50
       c) Vergleichbare Situationen 51
       d) Unmittelbare Diskriminierung 52
          aa) Ausnahmen 54
       e) Mittelbare Diskriminierung 57
       f) Handlungen, die Diskriminierungen gleichgestellt sind 58
       g) Verfahrensfragen 59
     2. Diskriminierung außerhalb von Beschäftigung und Beruf 62
       a) Gleichbehandlung von Selbständigen 62
       b) Soziale Sicherheit 64
       c) Zugang zu Gütern und Dienstleistungen 65
   B. Gleichbehandlungsrecht außerhalb der Geschlechterdiskriminierung 66
     1. Rassendiskriminierung 67
     2. Diskriminierung nach der Rahmen-RL 2000/78/EG 68
       a) Religion und Weltanschauung 69
       b) Alter 70
       c) Sexuelle Ausrichtung 74
       d) Behinderung 75
       e) Ausblick 77
   C. Gleichbehandlung als allgemeiner Grundsatz des EU-Rechts 78

VII.	Atypische Beschäftigung	81
	A. Teilzeitarbeit	82
	1. Nichtdiskriminierung	82
	2. Beseitigung von Hindernissen	84
	B. Befristete Arbeitsverhältnisse	85
	1. Nichtdiskriminierung	86
	2. Vermeidung von Missbrauch	86
	C. Leiharbeit	89
	1. Nichtdiskriminierung	91
	2. Vermeidung von Missbrauch und ergänzende Bestimmungen	92
	D. Telearbeit	93
VIII.	Restrukturierung von Unternehmen	96
	A. Massenentlassungen	97
	1. Konzept der Massenentlassung	97
	2. Pflichten des AG	99
	3. Anwendung der Massenentlassungs-RL	101
	B. Betriebsübergang	102
	1. Konzept des Betriebsübergangs	102
	2. AN des Unternehmens	105
	3. Rechtsfolgen	105
	4. Anwendung und Kontroversen	108
	C. Insolvenz	109
	1. Ansprüche des AN	110
	2. Anwendung	111
IX.	Arbeitsbedingungen	113
	A. Sicherheit und Gesundheit	113
	1. Allgemeine Standards	113
	2. Jugendarbeitsschutz	115
	B. Arbeitszeit	116
	1. Allgemeine Grenzen	117
	2. Ausnahmen	119
	3. Jahresurlaub	121
	4. Anwendung und Kontroversen	123
	C. Mutterschaft	124
	1. Schutz vor arbeitsbedingten Risiken	125
	2. Mutterschaftsurlaub	127
	3. Kündigungsschutz	129
	4. Anwendung und Ausblick	130
	5. Mutterschaftsurlaub für Selbständige und mitarbeitende Partnerinnen	130

		D. Abwesenheit aus familiären Gründen	131
		1. Elternurlaub	132
		2. Abwesenheit aus dringenden familiären Gründen	134
		E. Datenschutz am Arbeitsplatz	134
		1. Zulässigkeit der Datenverarbeitung	135
		2. Verfahren und Garantien für gesammelte Daten	137
		3. Ausblick	138
X.	Kollektives Arbeitsrecht		139
	A. Der europäische soziale Dialog		139
		1. Die Sozialpartner auf EU-Ebene	139
		2. Vereinbarungen und ihre Umsetzung	140
	B. Beteiligung der AN in europäischen Unternehmen		143
		1. Societas Europaea (SE)	145
		a) Vereinbarung über AN-Vertretung	145
		b) Auffangregeln	147
		c) Praxis	148
		2. Andere multinationale Unternehmen	149
		a) Vereinbarung über AN-Vertretung	149
		b) Subsidiäre Regeln	150
		c) Praxis	151
		3. Andere Unternehmen	151
		4. Evaluierung des EU-Rechts zur Information und Konsultation	152
	C. Nationales kollektives Arbeitsrecht: Kollisionen mit EU-Binnenmarktvorschriften		153
XI.	Soziale Sicherheit		154
	A. Koordinierung von Leistungen der sozialen Sicherheit		155
		1. Geltungsbereich der Koordinierungsvorschriften	155
		2. Grundprinzipien	156
		3. Kollisionsnormen	158
		4. Krankheit, Unfall, Mutterschaft und Vaterschaft	160
		a) Patientenrechte	162
		5. Rentenleistungen	163
		a) Zusatzrenten	164
		6. Arbeitslosenleistungen	166
		7. Familienleistungen	166
	B. Systeme der sozialen Sicherheit: Kollisionen mit den EU-Binnenmarktvorschriften		167
Stichwortverzeichnis			171

Abkürzungsverzeichnis

§	Paragraph
aA	anderer Ansicht
Abs	Absatz
AEUV	Vertrag über die Arbeitsweise der Europäischen Union
AG	Arbeitgeber, Arbeitgeberin(nen)
AN	Arbeitnehmer, Arbeitnehmerin(nen)
ARR	Arbeitnehmerschutz-Rahmenrichtlinie
Art	Artikel
AZR	Arbeitszeitrichtlinie
BCR	Blue-Card-Richtlinie
BRV	Rahmenvereinbarung über befristete Arbeitsverträge
BÜR	Betriebsübergangsrichtlinie
BVG	besonderes Verhandlungsgremium
bzw	beziehungsweise
CEN	Europäisches Komitee für Normung
CENELEC	Europäisches Komitee für elektrotechnische Normung
dh	das heißt
DSA	Drittstaatsangehörige(r)
DSR	Datenschutzrichtlinie
EBR	Europäische Betriebsratsrichtlinie
EG	Europäische Gemeinschaft
EGV	Vertrag zur Gründung der Europäischen Gemeinschaft
EGMR	Europäischer Gerichtshof für Menschenrechte
EJSS	European Journal for Sport and Society
EMRK	Europäische Menschenrechtskonvention
EP	Europäisches Parlament
ER	Entsenderichtlinie
ERV	Rahmenvereinbarung über Elternurlaub

et al	et alii
etc	et cetera
ETSI	Europäisches Institut für Telekommunikationsnormen
EU	Europäische Union
EuG	Gericht der Europäischen Union
EuGH	Europäischer Gerichtshof
EUV	Vertrag über die Europäische Union
EuZA	Europäische Zeitschrift für Arbeitsrecht
EuZW	Europäische Zeitschrift für Wirtschaftsrecht
evtl	eventuell
EWG	Europäische Wirtschaftsgemeinschaft
EWGV	Vertrag zur Gründung der Europäischen Wirtschaftsgemeinschaft
EWR	Europäischer Wirtschaftsraum
f	folgende
ff	fortfolgende
FV	Freizügigkeitsverordnung
GDR	Geschlechterdiskriminierungsrichtlinie
gem	gemäß
GRC	EU-Grundrechtecharta
GRR	Gleichbehandlungs-Rahmenrichtlinie
Hg	Herausgeber
ID	Insolvenzrichtlinie
ILO	International Labour Organisation
insb	insbesondere
iSd	im Sinne des, der
iW	im Wesentlichen
iZm	im Zusammenhang mit
KMU	kleine und mittlere Unternehmen
KollV	Kollektivvertrag
krit	kritisch
KV	Sozialrechts-Koordinierungsverordnung
lit	litera (Buchstabe)
LR	Leiharbeitsrichtlinie
MER	Massenentlassungsrichtlinie

Mio	Millionen
MR	Mutterschutzrichtlinie
MS	Mitgliedstaat(en)
mwN	mit weiteren Nachweisen
Nr	Nummer
NZA	Neue Zeitschrift für Arbeitsrecht
OMK	Offene Methode der Koordinierung
ÖAV	Öffentliche Arbeitsverwaltung
RdW	Recht der Wirtschaft
RIW	Recht der Internationalen Wirtschaft
Rs	Rechtssache
Rsp	Rechtsprechung
RV	Rahmenvereinbarung
s	siehe
SCE	Societas Cooperativa Europaea (Europäische Genossenschaft)
SE	Societas Europaea (Europäische Gesellschaft)
SER	SE-Richtlinie
sog	so genannte(r/s)
stRsp	ständige Rechtsprechung
TZRV	Rahmenvereinbarung über Teilzeitarbeit
uÄ	und Ähnliches
ua	unter anderem
UBR	Unionsbürgerrichtlinie
UK	Vereinigtes Königreich
UNO	United Nations Organization
uU	unter Umständen
uzw	und zwar
v	versus
vgl	vergleiche
Wbl	Wirtschaftsrechtliche Blätter
ZAS	Zeitschrift für Arbeits- und Sozialrecht
zB	zum Beispiel
ZESAR	Zeitschrift für europäisches Sozial- und Arbeitsrecht
zT	zum Teil

Literaturverzeichnis

Addison, In the Beginning, There Was Social Policy: Developments in Social Policy in the European Union from 1972 through 2008 (2008)
Alarcon, Agency Work in the European Union, in *Blanpain/Graham*, Temporary Agency Work and the Information Society (2004)
Ales, Transnational Collective Bargaining in Europe: The Case for Legislative Action at EU Level, Journal Compilation of the International Labour Organization (2009)
Anxo, Working Time: Research and Development (1998)
Ball, The blue card directive and its impact on EU and home state societies (2010), abrufbar unter http://law.uwe.ac.uk/slsa/, 6
Bauer, Anmerkung zu EuGH, Rs C-147/08, ZESAR 2012, 180 ff
Bauer, Christel Schmidt lässt grüßen: Neue Hürden des EuGH für Auftragsvergabe, NZA 2004, 14 ff
Behrend, Soziale Rechte entsandter Arbeitnehmer aus den EU-Mitgliedstaaten, ZESAR 2012, 55 ff
Bell, Advancing EU Anti-Discrimination Law: the European Commission's 2008 Proposal for a New Directive, The Equal Rights Review 3/2009, 7 ff
Bell, The Implementation of European Anti-Discrimination Directives: Converging towards a Common Model?, The Political Quarterly 79/2008, 36 ff
Beltzer, The Transfer of Undertakings and the Importance of Taking Over Personnel – A Vicious Circle, International Journal of Comparative Labour Law and Industrial Relations 23/1 (2007) 139 ff
Beltzer, Transfers of Undertakings – Recent Developments at the European Level, European Employment Law Cases 44/2009, 9 ff
Beschorner, Die beitragsunabhängigen Geldleistungen iSv Art 4 Abs 2a VO (EWG) Nr 1408/71 in der Rechtsprechung des EuGH, ZESAR 2009, 320 ff
Besson, Gender Discrimination under EU and ECHR Law: Never Shall the Twain Meet?, Human Rights Law Review 8/4 (2008) 647 ff
Bilen, EU Charter: „Rival or Complementary?" (2005)
Blanpain, European framework agreements and telework: Law and practice, a European and comparative study (2007)
Blanpain, European Labour Law (2010)
Blanpain, Fixed-term employment contracts: the exception? Collana ADAPT–Working Paper No 43/2007
Bokeloh, Das Petroni-Prinzip des Europäischen Gerichtshofes, ZESAR 2012, 121 ff

Borrás/Jacobsson, The OMC and new governance patterns in the EU, Journal of European Public Policy 11/2 (2004) 185 ff

Burger, Arbeitszeit- und Entgeltrecht bei kurzzeitigen Auslandsdienstreisen, ZAS 2012, 4 ff

Burri/Prechal, EU Gender Equality Law (2008)

Carrera et al, Labour Immigration Policy in the EU: A Renewed Agenda for Europe 2020, CEPS Policy Brief No 240/2011

Carrera/Faure Atger, Implementation of Directive 2004/38 in the context of EU Enlargement: A proliferation of different forms of citizenship?, CEPS Special Report (2009)

Carrera/Guild, An EU Framework on Sanctions against Employers of Irregular Immigrants: Some Reflections on the Scope, Features & Added Value, CEPS Policy Brief No 140/2007, abrufbar unter http://www.ceps.eu

Cavalier/Upex, The Concept of Employment Contract in European Union Private Law, International and Comparative Law Quarterly 55/2006, 587 ff

Collett, Beyond Stockholm: Overcoming the Inconsistencies of Immigration Policy, European Policy Centre Working Paper No 32/2009

Countouris, European Social Law as an Autonomous Legal Discipline, Yearbook of European Law 28/1 (2009) 95 ff

Cremers, Coordination of National Social Security in the EU: Rules Applicable in Multiple Cross Border Situations, WP 10/89 (2010)

Cremers, In search of cheap labour in Europe: Working and living conditions of posted workers (2010)

Daly, Whither EU Social Policy? An Account and Assessment of Developments in the Lisbon Social Inclusion Process, Journal of Social Policy 37/2007, 1 ff

Deinert, Arbeitskampf undertaking anwendbares Recht, ZESAR 2012, 311 ff

Devetz, Von „Bosmann" zu „Hudziński" und „Wawrzyniak": Deutsches Kindergeld in Europa, ZESAR 2012, 447 ff

De Witte, From a „Common Principle of Equality" to „European Antidiscrimination", American Behavioral Scientist 53/12 (2010)

Doomernik et al, The Battle for the Brains: Why immigration policy is not enough to attract the highly skilled, Brussels Forum Paper Series (2009) abrufbar unter http://www.gmfus.org/publications/index.cfm, 3 ff

Dølvik/Visser, Free movement, Equal Treatment and Workers' Rights: Can the European Union Solve its Trilemma of Fundamental Principles?, Industrial Relations Journal 40/6 (2009) 491 ff

Eichenhofer, Sozialrecht der Europäischen Union (2010)

EU-Agenda: Nachrichten zum Europäischen Sozial- und Arbeitsrecht, ZESAR 2012, 1 ff, 49 ff, 253 ff

Eurofund, Telework in the European Union (2010)

European Works Councils Bulletin, Employee Involvement in the ECS: Part One, EWCB 37/2002, 7

Eurostat News Release: Active Ageing in the EU, STAT/12/8 (2012)
Ewing, The Draft Monti II Regulation: An Inadequate Response to Viking and Laval (2012), abrufbar unter http://www.lcdtu.org/the-draft-monti-ii-regulation-an-inadequateresponse-to-viking-and-laval
Fabbrini, Europe in Need of a New Deal: On Federalism, Free Market and the Right to Strike, Georgetown Journal of International Law 43/2012, 1 ff
Felten, Anmerkung zu EuGH, Rs C-108/10, ZESAR 2012, 139 ff
Forst, Anmerkung zu EuGH, C-132/11 ZESAR 2013, 442 ff
Forst, Beschäftigtendatenschutz im Kommissionsvorschlag einer EU-Datenschutzverordnung, NZA 2012, 364 ff
Franco, The entrepreneurial gap between men and women, Statistics in Focus 30/2007, 1 ff
Franke/Steinel, Diskriminierungsschutz in den Mitgliedstaaten der EU, ZESAR 2012, 157 ff
Franzen, Die europarechtlichen Grundlagen der grenzüberschreitenden Arbeitnehmerüberlassung, ZAS 2011, 255 ff
Franzen, Gleichbehandlung eingetragener Lebenspartner mit Ehepaaren bei der Hinterbliebenenversorgung, EuZA 2009, 395 ff
Frenz, Sozialversicherungsträger unter Kartellrecht, ZESAR 2013, 107 ff
Geelhoed (Generalanwalt), Stellungnahme zur Rs *Temco* vom 27. September 2001
Gidro et al, Aspects Regarding The Free Movement Of Workers In The Community Space, Curentul Juridic 44/2011, 13 ff
Gold, Employee Participation in the EU: The long and winding road to legislation, Economic and Industrial Democracy 31/2010, abrufbar unter http://www.sagepublications.com, 9 ff
Gold/Schwimbersky, The European Company Statute: Implications for Industrial Relations in the European Union, European Journal of Industrial Relations 14/2008, 46 ff
Gooren, Vertretungsbedingte Kettenbefristungen nach dem Kücük-Urteil des EuGH, ZESAR 2012, 225 ff
Hamann, Die Vereinbarkeit der privilegierten Arbeitnehmerüberlassung nach dem AÜG mit der Richtlinie Leiharbeit, ZESAR 2012, 103 ff
Hanau, Anspruch eines abgelehnten Bewerbers auf Auskunft über die Besetzung der Stelle? Ein Beitrag des EuGH zur Quadratur des Kreises, EuZA 2013, 105 ff
Händel/Troost, Development of working time in the EU (2010) 14
Haverland, When the Welfare State Meets the Regulatory State: EU Occupational Pension Policy. Background Paper to the EUSA Tenth Biennial International Conference, Montreal, Canada, May 17–19, 2007
Heidenreich/Bischoff, The Open Method of Co-ordination: A Way to the Europeanization of Social and Employment Policies?, Journal of Common Market Studies 46/3 (2008) 497 ff
Heinsius, Commentary on the EU Court's decision in Fujitsu, European Company Law 7/4 (2010) 165 ff

Literaturverzeichnis

Hervey, Thirty Years Of EU Sex Equality Law: Looking Backwards, Looking Forwards, Maastricht Journal of European and Comparative Law 12/2005, 307 ff

Howard, The Case for a Considered Hierarchy of Discrimination Grounds in EU Law, Maastricht Journal of European and Comparative Law 13/4 (2006) 445

Huber et al, Study on Social and Health Services of General Interest in the European Union. Final Synthesis Report (2008)

ILO Committee of Experts, Report on the Application of Conventions and Recommendations (2010), ILOLEX No 062010GBR087

Jagodziński, Recast Directive on European Works Councils: Cosmetic Surgery or Substantial Progress? Industrial Relations Journal 40/6 (2009) 534 ff

Junker, Europa- und verfassungsrechtliche Fragen des Befristungsrechts, EuZA 2013, 3 ff

Kamanabrou, Die Kettenbefristung zur Vertretung, EuZA 2012, 441 et seq

Kamerman/Moss, The Politics of Parental Leave Policies: Children, Parenting, Gender and the Labour Market (2009)

Kania/Kania, Auswirkungen der Andersen-Entscheidung des EuGH auf die Sozialplangestaltung in Deutschland, ZESAR 2012, 62 ff

Kilpatrick, Laval's regulatory conundrum: collective standard-setting and the Court's new approach to posted workers, European Law Review 2009, abrufbar unter http://ssrn.com/abstract=1524666, 844

King et al, Workplace Privacy and Discrimination Issues Related to Genetic Data: A Comparative Law Study of the European Union and the United States, American Business Law Journal 43/1 (2006) 79 ff

Knigge, Mutterschaftsleistungen für Selbstständige: Umsetzung der Richtlinie 2010/41/EU, ZESAR 2013, 25 ff

Knipschild/van Fenema, Albron: The Transferor, the Employment Relationship and the Principle of Protection (2011), abrufbar unter http://www.kennedy-vanderlaan.nl/NR/rdonlyres/53FF25B3-3B35-4ECA-8DD1-528EBC542229/0/AlbronTheTransferortheEmploymentRelationshipandthePrincipleofProtection.pdf

Knudsen et al, European Works Councils and the Problem of Identity, in *Whittall* et al (Hrsg), Towards a European Labour Identity: The Case of the European Works Council (2007)

Krajewski, Background paper on a legal framework for services of general (economic) interest (2006)

Leible/Lehmann, Die Verordnung über das auf vertragliche Schuldverhältnisse anzuwendende Recht („Rom I"), RIW 2008, 528 ff

León/Millns, Parental, Maternity and Paternity Leave: European Legal Constructions of Unpaid Care Giving, Northern Ireland Legal Quarterly Vol 58/3 (2007) 342 ff

Mabbett, Supplementary Pensions between Social Policy and Social Regulation, West European Politics 32/4 (2009) 774 ff

Mair, Anmerkung zu EuGH, verbundene Rs C-297/10 und C-298/10, ZESAR 2012, 243 ff

Malmberg, Posting Post Laval: International and National Responses (2010), abrufbar unter http://ucls.nek.uu.se, 4

Marcella/Stucki, Privacy Handbook: Guidelines, Exposures, Policy Implementation, and International Issues (2003)

Masselot, The State of Gender Equality Law in the European Union, European Law Journal 13/2 (2007) 165 ff

McHale/Bell, Traveller's checks, Health Service Journal 39/2002

Morano-Foadi/Andreadakis, Reflections on the Architecture of the EU after the Treaty of Lisbon: The European Judicial Approach to Fundamental Rights, European Law Journal 17/5 (2011) 595 ff

Nowak, The Working Time Directive and the European Court of Justice, Maastricht Journal of European and Comparative Law 15/2008, 463 ff

O'Brien, Equality's False Summits: New Varieties of Disability Discrimination, „Excessive" Equal Treatment and Economically Constricted Horizons, European Law Review 36/2011, 26 ff

Pačić, Rs *Kücükdeveci*: Der EuGH an der Grenze zur Willkür, ZAS 2012, 20 ff

Papadopoulos, Criticizing the horizontal direct effect of the EU general principle of equality, European Human Rights Law Review 4/2011, 437 ff

Parent-Thirion et al, Fourth European Working Conditions Survey (EWCS) 2005, abrufbar unter http://www.eurofound.europa.eu/pubdocs/2010/74/en/3/EF1074EN.pdf

Pascouau/McLoughlin, EU Single Permit Directive: a small step forward in EU migration policy (2012) 1

Peneva-Gädeke, Begriff der Arbeitnehmer-Entsendung – Zugang polnischer Arbeitnehmer zum Arbeitsmarkt früherer Unionsmitgliedstaaten, EuZW 2011, 347 ff

Pennings, Coordination of Unemployment Benefits under Regulation 883/2004, EJSS 2009, 177 ff

Pöltl, Zur Bindungswirkung der Entsendebescheinigung A1, ZAS 2012, 12 ff

Pochet, Social Europe: does hard law still have a role to play? European Economic and Employment Policy Brief 2/2008

Pochet, Social Europe: Still binding regulations? Paper prepared for the EUSA Tenth Biennial International Conference, Montreal, Canada, 17–19 May 2007

Pravita, The Access of EU Citizens to the Public Service: A Comparative Analysis, Review of European Studies 2/2 (2010) 19

Przeszlowska, Keine Altersdiskriminierung bei Nichtberücksichtigung von Berufserfahrung, EuZA 2013, 102 ff

Rebhahn, Die Arbeitnehmerbegriffe des Unionsrechts, EuZA 2012, 3 ff

Rebhahn/Schörghofer, Werkvertrag und Arbeitskräfteüberlassung im Lichte des Urteils Vicoplus, wbl 2012, 372 ff

Reich, Free movement vs social rights in an enlarged Union – the Laval and Viking cases before the ECJ (2007)
Resch, Fehlerhafte Rechtsbereinigung nach Feststellung der Altersdiskriminierung, ZESAR 2012, 257 ff
Rieble/Vielmeier, Umsetzungsdefizite der Leiharbeitsrichtlinie, EuZA 2011, 474 ff
Runggaldier, Aktuelle Tendenzen in der europäischen Rechtsentwicklung, insbesondere hinsichtlich des Alters und der Arbeitszeit, RdA 2009, Sonderbeilage Heft 5
Runggaldier, Bedarfsprüfung für private Ambulatorien aus verfassungsrechtlicher und europarechtlicher Sicht, in FS Krejci II, 1653 ff
Runggaldier, Der Europäische Kollektivvertrag: Eine Variante gemeinschaftsrechtlicher Normsetzung?, DRdA 1/2006
Runggaldier, Die AN-Mitbestimmung in der SE, GesRZ 2004, Sonderheft 1
Runggaldier, Die Bedeutung des EU-Rechts für die Betriebspension, in *Tomandl* (Hrsg), Der Einfluss europäischen Rechts auf das Arbeitsrecht (2001) 63 ff
Runggaldier, EuGH: Ausgleichszulage exportpflichtig, RdW 2004, 346
Runggaldier, Flexibilisierung des Arbeitsrechts und Tarifvertragsrecht. Österreich und Italien im Vergleich, Industrielle Beziehungen 2003
Runggaldier, Inhalt und Reichweite des Art 13 EGV sowie der darauf gestützten Maßnahmen zur Bekämpfung von Diskriminierungen, in FS Adomeit (2008)
Runggaldier/Reissner, Die Freizügigkeit der Arbeitnehmer im EG-Vertrag, in *Oetker/Preis*, Europäisches Arbeits- und Sozialrecht B 2008
Runggaldier/Sacherer, Arbeitsrechtliche Fragen im Zusammenhang mit grenzüberschreitendem Arbeitskräfteeinsatz am Beispiel des geplanten Brennerbasistunnelbaus, ZESAR 2005, 363 ff
Sauter, Harmonisation in healthcare: the EU patients' rights Directive (2011), abrufbar unter http://ssrn.com/abstract=1859251
Sauter, Services of general economic interest (SGEI) and universal service obligations (USO) as an EU law framework for curative health care (2007), abrufbar unter http://ssrn.com/abstract=1013261
Schiek, Age Discrimination before the ECJ – Conceptual and Theoretical Issues, Common Market Law Review 48/2011, 777 ff
Schmidt, The European Company (SE): Practical Failure or Model for Other Supranational Company Types?, Asian Journal of Law and Economics 1/2 (2010) 1 ff
Schmidt, Zum Nachweis einer Diskriminierung im Einstellungsverfahren, ZESAR 2013, 417 ff
Schubert, Arbeitnehmerschutz für GmbH-Gschäftsführer, ZESAR 2013, 5 ff
Slezak, Europarechtliche Grundlagen des Verbots der Altersdiskriminierung, RdW 2010, 679 ff
Streinz, Der effet utile in der Rechtsprechung des Gerichtshofes der Europäischen Gemeinschaften, in Festschrift Everling (II) (1995) 1491 ff

Tamm, Europarechtliche Vorgaben für den Betriebsübergang, ZESAR 2012, 151 ff
Tiedemann, Pflicht zur Vorabgenehmigung der grenzüberschreitenden Inanspruchnahme von Gesundheitsleistungen in der EU, ZESAR 2012, 14 ff
Tushnet, Reflections on Judicial Enforcement of Social And Economic Rights in the Twenty-First Century, NUJS Law Review 4 (2011) 177 ff
Van der Vleuten, The price of gender equality: members states and governance in the European Union (2007) 156
Van Meerten, Pensions reform in the European Union: Recent developments after the implementation of the IORP directive, Pensions International Journal 14/4 (2009) 259 ff
Vandenbrande/Vaes, Implementing the New Temporary Agency Work Directive (2009) 18
Vannoni, Adding Socialisation to the Recipe: the Final Ingredient for the OMC/EMPLOYEES, CES Working Papers 3/3 (2011)
Vießmann/Merkel, Europarechtliche Koordinierung von Familienleistungen nach Verordnung (EG) Nr 883/2004, NZA 2012, 572 ff
Von Maydell et al, Enabling Social Europe (2006)
Waas, Der Gleichbehandlungsgrundsatz im neuen Arbeitnehmerüberlassungsgesetz, ZESAR 2012, 7 ff
Wachter, Altersdiskriminierung Jahrbuch 2010 (2010)
Weber, Anmerkung zu EuGH, Rs C-537/09, ZESAR 2012, 80 ff
White, Revisiting Free Movement of Workers, Fordham International Law Journal 20 (2010)
White, The new European Social Security Regulations in Context (2010), abrufbar unter https://lra.le.ac.uk/bitstream/2381/9136/3/The%20new%20social%20security%20regulation%20-%20author's%20final%20draft.pdf
Whittle, The Framework Directive for Equal Treatment in Employment and Occupation: An Analysis from a Disability Rights Perspective, European Law Review 27/2002, 303 ff
Wietfeld, Jahresurlaub unabhängig von einer Mindestarbeitszeit, EuZA 2012, 543 ff
Windisch-Graetz, Anmerkung zu OGH, Rs 10 ObS 172/10g, ZESAR 2012, 189 ff
Windisch-Graetz, Lohn- und Sozialdumping bei grenzüberschreitenden Entsendungen, DRdA 2008, 228 ff
Windmuller/Pursey/Baker, The International Trade Union Movement, in *Blanpain*, Comparative Labour Law and Industrial Relations in Industrialized Market Economies (2010) 71 ff
Winter, Betriebsübergang und Tarifvertragsersetzung – was ergibt sich aus dem Urteil Scattolon?, RdA 2013, 36 ff
Wuermeling, Beschäftigungsdatenschutz auf der europäischen Achterbahn, NZA 2012, 368 ff
Zimmermann/Hofmann, Betriebsübergänge im kommunalen Bereich, Kommunaljurist 2009, 1 ff

Zippel, The European Union 2002 Directive on sexual harassment: A feminist success?, Comparative European Politics Vol 7/1 (2009) 139 ff

Dokumente der EU-Institutionen

Europäische Kommission, Background Note „Achieving the Europe 2020 employment target" to the European Commission's 2011 Conference on Equality between Women and Men, abrufbar unter http://ec.europa.eu/justice/gender-equality/files/conference_sept_2011/background-paperi-achieving-the-europe-2020-targets_en.pdf

Europäische Kommission, Bericht über die Anwendung der Richtlinie 2004/38/EG des Europäischen Parlaments und des Rates über das Recht der Unionsbürger und ihrer Familienangehörigen, sich im Hoheitsgebiet der Mitgliedstaaten frei zu bewegen und aufzuhalten, KOM(2008) 840/3

Europäische Kommission, Bericht über die Durchführung der Richtlinie 2003/88/EG („Arbeitszeitrichtlinie") in den Mitgliedstaaten, KOM(2010) 802 endg

Europäische Kommission, Beschluss Nr A2 vom 12. Juni 2009 zur Auslegung des Artikels 12 der Verordnung (EG) Nr 883/2004 des Europäischen Parlaments und des Rates hinsichtlich der auf entsandte Arbeitnehmer sowie auf Selbständige, die vorübergehend eine Tätigkeit in einem anderen als dem zuständigen Mitgliedstaat ausüben, anzuwendenden Rechtsvorschriften

Europäische Kommission, Entscheidung gemäß der Richtlinie 95/46/EG des Europäischen Parlaments und des Rates über die Angemessenheit des von den Grundsätzen des „sicheren Hafens" und der diesbezüglichen „Häufig gestellten Fragen" (FAQ) gewährleisteten Schutzes, vorgelegt vom Handelsministerium der USA (2000/520/EG)

Europäische Kommission, Entwurf des Gemeinsamen Beschäftigungsberichts: Anhang zur Mitteilung Jahreswachstumsbericht 2012, KOM(2011) 815 endg

Europäische Kommission, Geänderter Vorschlag für eine RL über Mindestvorschriften zur Erhöhung der Mobilität von AN durch Verbesserung der Begründung und Wahrung von Zusatzrentenansprüchen, KOM(2007) 603 endg

Europäische Kommission, Grünbuch „Angemessene, nachhaltige und sichere europäische Pensions- und Rentensysteme", KOM(2010) 365 endg

Europäische Kommission, 'Fitness check' on EU law in the area of Information and Consultation of Workers, Commission Staff Working Document 26/07/2013, SWD(2013) 293 final

Europäische Kommission, Grünbuch über die Modernisierung der europäischen Politik im Bereich des öffentlichen Auftragswesens Wege zu einem effizienteren europäischen Markt für öffentliche Aufträge, KOM(2011) 15 endg

Europäische Kommission, Grünbuch über die zusätzliche Altersversorgung im Binnenmarkt, KOM(97) 283 endg

Europäische Kommission, Grünbuch zu Dienstleistungen von allgemeinem Interesse, KOM(2003) 270 endg

Europäische Kommission, IP/12/409, 26/04/2012
Europäische Kommission, Konsultationspapier: European Accessibility Act (2012), verfügbar unter http://EG.europa.eu/justice/discrimination/files/ 2011-12-13_ consultation_background_document.pdf
Europäische Kommission, Leitlinien zur Anwendung der RL 2004/113/EG des Rates, im Lichte des Urteils des Gerichtshofs der Europäischen Union in der Rechtssache C-236/09 (Test-Achats), 13/01/2012
Europäische Kommission, MEMO/11/646, 29/09/2011
Europäische Kommission, MEMO/11/789, 15/11/2011
Europäische Kommission, Mitteilung – Vorübergehender Unionsrahmen für staatliche Beihilfen zur Erleichterung des Zugangs zu Finanzierungsmitteln in der gegenwärtigen Finanz- und Wirtschaftskrise, 2011/C 6/05
Europäische Kommission, Mitteilung hinsichtlich der Überprüfung der Arbeitszeitrichtlinie 93/104/EG über bestimmte Aspekte der Arbeitszeitgestaltung, KOM(2003) 843 endg
Europäische Kommission, Mitteilung über die Anwendung des Abkommens über die Sozialpolitik, KOM(93) 600 endg
Europäische Kommission, Mitteilung: „Einen arbeitsplatzintensiven Aufschwung gestalten", KOM(2012) 173 endg
Europäische Kommission, Mitteilung: Ein neuer Rahmen für die offene Koordinierung der Sozialschutzpolitik und der Eingliederungspolitik, KOM(2005) 706
Europäische Kommission, Mitteilung: Ein Qualitätsrahmen für Dienstleistungen von allgemeinem Interesse in Europa, KOM(2011) 900 endg
Europäische Kommission, Mitteilung: Ein Raum der Freiheit, der Sicherheit und des Rechts für die Bürger Europas: Aktionsplan zur Umsetzung des Stockholmer Programms, KOM(2010) 171 endg
Europäische Kommission, Mitteilung: European Disability Strategy 2010–2020: Erneuertes Engagement für ein barrierefreies Europa, KOM(2010(636 endg
Europäische Kommission, Mitteilung: Gemeinsame Grundsätze für den Flexicurity-Ansatz herausarbeiten: Mehr und bessere Arbeitsplätze durch Flexibilität und Sicherheit, KOM(2007) 359 endg
Europäische Kommission, Mitteilung: Strategischer Plan zur legalen Zuwanderung, KOM(2005) 669
Europäische Kommission, Mitteilung: Überprüfung der Arbeitszeit-RL (zweite Phase der Anhörung der Sozialpartner auf europäischer Ebene gemäß Artikel 154 AEUV), KOM(2010) 801 endg
Europäische Kommission, Vorschlag für eine RL des Rates über ein einheitliches Antragsverfahren für eine kombinierte Erlaubnis für Drittstaatsangehörige zum Aufenthalt und zur Arbeit im Gebiet eines Mitgliedstaates und über ein gemeinsames Bündel von Rechten für Drittstaatsangehörige, die sich rechtmäßig in einem Mitgliedstaat aufhalten, KOM(2007) 638 endg

Europäische Kommission, Vorschlag für eine RL des Rates zur Verwirklichung des Grundsatzes der Gleichbehandlung ungeachtet der Religion oder der Weltanschauung, einer Behinderung, des Alters oder der sexuellen Ausrichtung, KOM(2008) 426 endg

Europäische Kommission, Vorschlag für eine RL über die Bedingungen für Einreise und Aufenthalt von Drittstaatsangehörigen im Rahmen einer konzerninternen Entsendung, KOM(2010) 378 endg

Europäische Kommission, Vorschlag für eine RL über die Bedingungen für Einreise und Aufenthalt von Drittstaatsangehörigen zur Ausübung einer saisonalen Beschäftigung, KOM(2010) 379 endg

Europäische Kommission, Vorschlag für eine RL über die Durchsetzung der RL 96/71/EG über die Entsendung von AN im Rahmen der Erbringung von Dienstleistungen, KOM(2012) 131 endg

Europäische Kommission, Vorschlag für eine RL zur Änderung der Richtlinie 92/85/EWG des Rates vom 19. Oktober 1992 über die Durchführung von Maßnahmen zur Verbesserung der Sicherheit und des Gesundheitsschutzes von schwangeren Arbeitnehmerinnen, Wöchnerinnen und stillenden Arbeitnehmerinnen am Arbeitsplatz, KOM(2008) 600/4

Europäische Kommission, Vorschlag für eine RL zur Änderung der RL 2005/36/EG über die Anerkennung von Berufsqualifikationen und der Verordnung über die Verwaltungszusammenarbeit mithilfe des Binnenmarktinformationssystems, KOM(2011) 883 endg

Europäische Kommission, Vorschlag für eine RL zur Gewährleistung einer ausgewogeneren Vertretung von Frauen und Männern unter den nicht geschäftsführenden Direktoren/Aufsichtsratsmitgliedern börsennotierter Gesellschaften und über damit zusammenhängende Maßnahmen, KOM(2012) 614 endg

Europäische Kommission, Vorschlag für eine RL zur Verbesserung der Portabilität von Zusatzrentenansprüchen, KOM(2005) 507 endg

Europäische Kommission, Vorschlag für eine Verordnung des Rates über die Ausübung des Rechts auf Durchführung kollektiver Maßnahmen im Kontext der Niederlassungs- und der Dienstleistungsfreiheit, KOM(2012) 130 endg

Europäische Kommission, Weißbuch zu Dienstleistungen von allgemeinem Interesse, KOM(2004) 374 endg

Europäische Kommission, Weißbuch: Eine Agenda für angemessene, sichere und nachhaltige Renten, KOM(2012) 55 endg

Europäische Kommission, Vorschlag für eine Verordnung zum Schutz natürlicher Personen bei der Verarbeitung personenbezogener Daten und zum freien Datenverkehr, KOM(2012) 11 endg

Europäische Kommission, Sexuelle Belästigung am Arbeitsplatz in der Europäischen Union (1999)

Europäische Sozialpartner, Bericht über die Umsetzung der Europäischen Rahmenvereinbarung über Telearbeit (2006)

Europäischer Rat (Tampere), Schlussfolgerungen des Vorsitzes, 15. und 16. Oktober 1999, SN 200/99

Europäisches Parlament, Entschließung vom 15. Dezember 2011 über die Halbzeitüberprüfung der Strategie der Europäischen Union für Gesundheit und Sicherheit am Arbeitsplatz 2007–2012, 2011/2147 (INI)

Europäisches Parlament, Entschließung vom 15. November 2011, Europäische Plattform gegen Armut und soziale Ausgrenzung, 2011/2052 (INI) Europäisches Parlament, Legislative Entschließung vom 20. Oktober 2010 (erste Lesung), P7_TA (2010) 0373

Rat der EU, Beschluss des Rates 2012/238/EU vom 26. April 2012 über die Leitlinien für beschäftigungspolitische Maßnahmen der Mitgliedstaaten

Rat der EU, Justiz und Inneres, 3.018. Tagung, Luxemburg 3. bis 4. Juni 2010: Entwurf von Schlussfolgerungen des Rates zur Mitteilung der Kommission, 9935/10

Judikaturverzeichnis

Urteile des EuGH und des EuG

Abels: EuGH, 7. Februar 1985, Rs 135/83
Abler: EuGH, 20. November 2003, Rs C-340/01
Abrahamsson: EuGH, 6. Juli 2000, Rs C-407/98
Accardo: EuGH, 21. Oktober 2010, Rs C-227/09
ACCEPT: EuGH, 25. April 2013, Rs C-81/12
Adeneler: EuGH, 4. Juli 2006, Rs C-212/04
Age Concern England: EuGH, 23. September 2008, Rs C-388/07
Agorastoudis: EuGH, 7. September 2006, verbundene Rs C-187/05 bis C-190/05
Albany: EuGH, 28. Januar 1999, Rs C-67/96
Albron: EuGH, 21. Oktober 2010, Rs C-242/09
Allonby: EuGH, 13. Januar 2004, Rs C-256/01
Altmark: EuGH, 24. Juli 2003, Rs C-280/00
Álvarez: EuGH, 30. September 2010, Rs C-104/09
Amatori: EuGH, 6. März 2014, Rs C-458/12
Andersen: EuGH, 12. Oktober 2010, Rs C-499/08
Andersson: EuGH, 10. Februar 2011, Rs C-30/10
ANGED: EuGH, 21. Juni 2012, Rs C-78/11
Angelidaki: EuGH, 23. April 2009, Rs C-378/07
Angonese: EuGH, 6. Juni 2000, Rs C-281/98
Antonissen: EuGH, 26. Februar 1991, Rs C-292/89
Arblade: EuGH, 25. Juni 1998, Rs C-369/96 und C-376/96
Ardennen: EuGH, 17. November 2011, Rs C-435/10
ASNEF: EuGH, 24. November 2011, verbundene Rs C-468/10 und C-469/10
Asscher: EuGH, 15. Februar 1996, Rs C-107/94
Badeck: EuGH, 28. März 2000, Rs C-158/97
Barber: EuGH, 17. Mai 1990, Rs C-262/88
Barlett: EuGH, 5. Mai 2011, Rs C-537/09

Barsotti: EuGH, 4. März 2004, verbundene Rs C-19/01, C-50/01 und C-84/01

Bartsch: EuGH, 23. September 2008, Rs C-427/06

Baumbast: EuGH, 17. September 2002, Rs C-413/99

BECTU: EuGH, 26. Juni 2001, Rs C-173/99

Bernard: EuGH, 16. März 2010, Rs C-325/08

Betriu Montull: EuGH, 19. September 2013, Rs C-5/12

Bettray: EuGH, 31. Mai 1989, Rs 344/87

Beune: EuGH, 27. April 1994, Rs C-7/93

Bidar: EuGH, 15. März 2005, Rs C-209/03

Bilka: EuGH, 13. Mai 1986, Rs 170/84

Bollacke: EuGH, 12. Juni 2014, Rs C-118/13

Bork: EuGH, 4. Mai 1988, Rs 101/87

Bosman: EuGH, 15. Dezember 1995, Rs C-415/93

Bötel: EuGH, 4. Juni 1992, Rs C-360/90

Botzen: EuGH, 7. Februar 1985, Rs 186/83

Boyle: EuGH, 27. Oktober 1998, Rs C-411/96

Brachner: EuGH, 20. Oktober 2011, Rs C-123/10

Braun: EuGH, 30. Juni 1998, Rs C-394/96

Bressol: EuGH, 13. April 2010, Rs C-73/08

Brunnhofer: EuGH, 26. Juni 2001, Rs C-381/99

Bruno & Pettini: EuGH, 10. Juni 2010, verbundene Rs C-395/08 und C-396/08

Bulicke: EuGH, 8. Juli 2010, Rs C-246/09

Busch: EuGH, 27. Februar 2003, Rs C-320/01

C. D.: EuGH, 18. März 2014, Rs C-167/12

Cadman: EuGH, 3. Oktober 2006, Rs C-17/05

Campana: EuGH, 4. Juni 1987, Rs 375/85

Casteels: EuGH, 10. März 2011, Rs C-379/09

Chacón Navas: EuGH, 11. Juli 2006, Rs C-13/05

Chatzi: EuGH, 16. September 2010, Rs C-149/10

Christel Schmidt: EuGH, 11. August 1995, Rs C-98/94

Clean Car Autoservice: EuGH, 7. Mai 1998, Rs C-350/96

CLECE: EuGH, 20. Januar 2011, Rs C-463/09

Coleman: EuGH, 31. Januar 2008, Rs C-303/06

Collins: EuGH, 23. März 2004, Rs C-138/02

Coloroll: EuGH, 28. September 1994, Rs C-200/91

Colson: EuGH, 10. April 1984, Rs 14/83
Cornwall County Council: EuGH, 30. April 1996, Rs C-13/94
D'Hoop: EuGH, 11. Juli 2002, Rs C-224/98
Da Silva Martins: EuGH, 30. Juni 2011, Rs C-388/09
Daddy's Dance Hall: EuGH, 10. Februar 1988, Rs 324/86
Danfoss: EuGH, 17. Oktober 1989, Rs 109/88
Danosa: EuGH, 11. November 2010, Rs C-232/09
Decker: EuGH, 28. April 1998, 16. September 1997, Rs C-120/95
Defrenne II: EuGH, 8. April 1976, Rs 43/75
Dekker: EuGH, 8. November 1990, Rs C-177/88
Del Cerro Alonso: EuGH, 13. September 2007, Rs C-307/05
Dereci: EuGH, 15. November 2011, Rs C-256/11
Dethier: EuGH, 12. März 1998, Rs C-319/94
Dittrich: EuGH, 6. Dezember 2012, verbundene Rs C-124/11, C-125/11 und C-143/11
Dodl & Oberhollenzer: EuGH, 7. Juni 2005, Rs C-543/03
Dominguez: EuGH, 24. Januar 2012, Rs C-282/10
Elsner-Lakeberg: EuGH, 27. Mai 2004, Rs C-285/02
Enderby: EuGH, 27. Oktober 1993, Rs C-127/92
Federatie Nederlandse Vakbeweging: EuGH, 6. April 2006, Rs C-124/05
Fédération Française des Sociétés d'Assurance: EuGH, 16. November 1995, Rs C-244/94
Femarbel: EuGH, 11. Juli 2013, Rs C-57/12
FENIN: EuGH, 11. Juli 2006, Rs C-205/03 P
Feryn: EuGH, 10. Juli 2008, Rs C-54/07
Fiamingo: EuGH, 3. Juli 2014, verbundene Rs C-362/13, C-363/13, und C-407/13
Finalarte: EuGH, 25. Oktober 2001, verbundene Rs C-49/98, C-50/98, C-52/98 bis C-54/98 und C-68/98 bis C-71/98
Fitzwilliam: EuGH, 10. Februar 2000, Rs C-202/97
Förster: EuGH, 10. Juli 2008, Rs C-158/07
Francovich I: EuGH, 19. November 1991, verbundene Rs C-6/90 und C-9/90
Francovich II: EuGH, 11. Juli 1995, Rs C-479/93
Frilli: EuGH, 22. Juni 1972, Rs 1/72
Fuchs & Köhler: EuGH, 21. Juli 2011, verbundene Rs C-159/10 und C-160/10
Fujitsu/Siemens: EuGH, 10. September 2009 Rs C-44/08
Fuß I: EuGH, 14. Oktober 2010, Rs C-243/09

Fuß II: EuGH, 25. November 2010, Rs C-429/09

Gardella: EuGH, 4. Juli 2013, Rs C-233/12

Garland: EuGH, 9. Februar 1982, Rs 12/81

Gassmayr: EuGH, 1. Juli 2010, Rs C-194/08

Gavieiro Gavieiro: EuGH, 22. Dezember 2010, verbundene Rs C-444/09 und C-456/09

Georgiev: EuGH, 18. November 2010, verbundene Rs C-250/09 und Rs C-268/09

Gerster: EuGH, 2. Oktober 1997, Rs C-1/95

Giersch: EuGH, 20. Juni 2013, Rs C-20/12

Glöckner: EuGH, 25. Oktober 2001, Rs C-475/99

Gomes Viana: EuGH, 28. November 2013, Rs C-309/12

Gómez Rodríguez: EuGH, 7. Mai 1998, Rs C-113/96

Gómez-Limón Sánchez-Camacho: EuGH, 16. Juli 2009, Rs C-537/07

Gottwald: EuGH, 1. Oktober 2009, Rs C-103/08

Gouvernement Wallon: EuGH, 1. April 2008, Rs C-212/06

Graf: EuGH, 27. Januar 2000, Rs C-190/98

Grant: EuGH, 17. Februar 1998, Rs C-249/96

Griesmar: EuGH, 9. Januar 2001, Rs C-366/99

Gruber: EuGH, 14. September 1999, Rs C-249/97

Grunkin & Paul: EuGH, 14. Oktober 2008, Rs C-353/06

Hadj Ahmed: EuGH, 13. Juni 2013, Rs C-45/12

Hartlauer: EuGH, 10. März 2009, Rs C-169/07

Hartmann: EuGH, 18. Juli 2007, Rs C-212/05

Heinze: EuGH, 16. November 1972, Rs 14/72

Henke: EuGH, 15. Oktober 1996, Rs C-298/94

Hennigs: EuGH, 8. September 2011, verbundene Rs C-297/10 und Rs C-298/10

Hlozek: EuGH, 9. Dezember 2004, Rs C-19/02

Hoekstra: EuGH, 19. März 1964, Rs 75/63

Hofmann: EuGH, 12. Juli 1984, Rs 184/83 I: EuGH, 5. Juni 2014, Rs C-255/13

Höfner & Elser: EuGH, 23. April 1991, Rs C-41/90

Holst: EuGH, 11. Februar 2010, Rs C-405/08

Hörnfeldt: EuGH, 5. Juli 2012, Rs C-141/11

Hosse: EuGH, 21. Februar 2006, Rs C-286/03

Hughes: EuGH, 19. März 1992, Rs C-78/91

Hütter: EuGH, 18. Juni 2009, Rs C-88/08

I: EuGH, 5. Juni 2014, Rs C-255/13

Iida: EuGH, 8. November 2012, Rs C-40/11
Impact: EuGH, 15. April 2008, Rs C-268/06
Isbir: EuGH, 7 November 2013, Rs C-522/12
Isère: EuGH, 14. Oktober 2010, Rs C-428/09
ITC: EuGH, 11. Januar 2007, Rs C-208/05
Jaeger: EuGH, 9. September 2003, Rs C-151/02
JämO: EuGH, 30. März 2000, Rs C-236/98
Jauch: EuGH, 25. Oktober 2000, Rs C-215/99
Jeltes: EuGH, 11. April 2013, Rs C-443/11
Jiménez Melgar: EuGH, 4. Oktober 2001, Rs C-438/99
Johnston: EuGH, 15. Mai 1986, Rs 222/84
Jørgensen: EuGH, 6. April 2000, Rs C-226/98
Jouini: EuGH, 13. September 2007, Rs C-458/05
Junk: EuGH, 27. Januar 2005, Rs C-188/03
Juuri: EuGH, 27. November 2008, Rs C-396/07
Kalanke: EuGH, 17. Oktober 1995, Rs C-450/93
Kamberaj: EuGH, 24. April 2012, Rs C-571/10
Katsikas: EuGH, 16. Dezember 1992, verbundene Rs C-132/91, C-138/91 und C-139/91
Kattner: EuGH, 5. März 2009, Rs C-350/07
Kempf: EuGH, 3. Juni 1986, Rs 139/85
Kenny: EuGH, 28. Februar 2013, Rs C-427/11
KHS: EuGH, 22. November 2011, Rs C-214/10
Kiiski: EuGH, 20. September 2007, Rs C-116/06
Kirtruna: EuGH, 16. Oktober 2008, Rs C-313/07
Klarenberg: EuGH, 12. Februar 2009, Rs C-466/07
Kleist: EuGH, 18. November 2010, Rs C-356/09
Kohll: EuGH, 28. April 1998, Rs C-158/96
Kommission v Belgien: EuGH, 30. Juni 2011, Rs C-397/10
Kommission v Deutschland: EuGH, 18. Juli 2007, Rs C-490/04
Kommission v Frankreich 1988: EuGH, 30. Juni 1988, Rs 318/86
Kommission v Frankreich 2008: EuGH, 5. Oktober 2010, Rs C-512/08
Kommission v Italien: EuGH, 11. Juni 2009, Rs C-561/07
Kommission v Luxemburg: EuGH, 19. Juni 2008, Rs C-319/06
Kommission v Österreich: EuGH, 4. Oktober 2012, Rs C-75/11

Kommission v Portugal: EuGH, 12. Oktober 2004, Rs C-55/02
Kommission v Spanien: EuGH, 12. Juli 2012, Rs C-269/09
Kommission v UK 1994: EuGH, 2. März 1994, Rs C-383/92
Kommission v UK 2006: EuGH, 7. September 2006, Rs C-484/04
Kommission v UK 2007: EuGH, 18. Januar 2007, Rs C-127/05
Kommission v Ungarn: EuGH, 6. November 2012, Rs C-286/12
Kording: EuGH, 2. Oktober 1997, Rs C-100/95
Kraus: EuGH, 31. März 1993, Rs C-19/92
Kreil: EuGH, 11. Januar 2000, Rs C-285/98
Kristensen: EuGH, 26. September 2013, Rs C-476/11
Kücükdevici: EuGH, 19. Januar 2010, Rs C-555/07
L.N.: EuGH, 21. Februar 2013, Rs C-46/12
Larsson: EuGH, 29. Mai 1997, Rs C-400/95
Laval: EuGH, 18. Dezember 2007, Rs C-341/05
Lawrie Blum: EuGH, 3. Juli 1986, Rs 66/85
Leone: EuGH, 17. Juli 2014, Rs C-173/13
Levin: EuGH, 23. März 1982, Rs 53/81
Lewen: EuGH, 21. Oktober 1999, Rs C-333/97
Liikenne: EuGH, 25. Januar 2001, Rs C-172/99
Lock: EuGH, 22. Mai 2014, Rs C-539/12
Lommers: EuGH, 19. März 2002, Rs C-476/99
Lufthansa: EuGH, 10. März 2011, Rs C-109/09
Lyreco: EuGH, 27. Februar 2014, Rs C-588/12
M.G.: EuGH, 16. Januar 2014, Rs C-400/12
Maahanmuuttovirast: EuGH, 6. Dezember 2012, verbundene Rs C-356/11 und C-357/11
Mangold: EuGH, 22. November 2005, Rs C-144/04
Márquez Samohano: EuGH, 13. März 2014, Rs C-190/13
Marrosu & Sardino: EuGH, 7. September 2006, Rs C-53/04
Marschall: EuGH, 11. November 1997, Rs C-409/95
Maruko: EuGH, 1. April 2008, Rs C-267/06
Meerts: EuGH, 22. Oktober 2009, Rs C-116/08
Megner & Scheffel: EuGH, 14. Dezember 1995, Rs C-444/93
Meister: EuGH, 19. April 2012, Rs C-415/10
Menauer: EuGH, 9. Oktober 2001, Rs C-379/99

Merckx & Neuhuys: EuGH, 7. März 1996, verbundene Rs C-171/94 und C-172/94
Merino Gómez: EuGH, 18. März 2004, Rs C-342/01
Michaeler & Subito: EuGH, 24. April 2008, verbundene Rs C-55/07 und C-56/07
Miethe: EuGH, 12. Juni 1986, Rs 1/85
Molenaar: EuGH, 9. Dezember 1997, Rs C-160/96
Mono Car Styling: EuGH, 16. Juli 2009, Rs C-12/08
Morson & Jhanjan: EuGH, 27. Oktober 1982, verbundene Rs 35 und 36/82
Mouthaan: EuGH, 15. Dezember 1976, Rs 39/76
Müller-Fauré & Van Riet: EuGH, 13. Mai 2003, Rs C-385/99
Mustafa: EuGH, 18. April 2013, Rs C-247/12
Napoli: EuGH, 6. März 2014, Rs C-595/12
Neidel: EuGH, 3. Mai 2012, Rs C-337/10
Nolte: EuGH, 14. Dezember 1995, Rs C-317/93
Núñez: EuGH, 21. Februar 2008, Rs C-498/06
O.: EuGH, 12. März 2014, Rs C-456/12
O'Brien: EuGH, 1. März 2012, Rs C-393/10
O'Flynn: EuGH, 23. Mai 1996, Rs C-237/94
ÖGB: EuGH, 8. Juni 2004, Rs C-220/02
Onuekwere: EuGH, 16. Januar 2014, Rs C-378/12
Palacios de la Villa: EuGH, 16. Oktober 2007, Rs C-411/05
Paletta: EuGH, 30. Januar 1996, Rs C-206/94
Paquay: EuGH, 11. Oktober 2007, Rs C-460/06
Parviainen: EuGH, 1. Juli 2010, Rs C-471/08
Pavlov: EuGH, 7. Juli 2011, Rs C-101/10
Pedersen: EuGH, 19. November 1998, Rs C-66/96
Pereda: EuGH, 10. September 2009, Rs C-277/08
Personalrat Feuerwehr Hamburg: EuGH, 14. Juli 2005, Rs C-52/04
Petersen 2008: EuGH, 11. September 2008, Rs C-228/07
Petersen 2010: EuGH, 12. Januar 2010, Rs C-341/08
Petroni: EuGH, 21. Oktober 1975, Rs 24/75
Pfeiffer: EuGH, 5. Oktober 2004, verbundene Rs C-397/01 bis C-403/01
Plum: EuGH, 9. November 2000, Rs C-404/98
Pontini: EuGH, 29. Oktober 2009, Rs C-63/08
Poucet & Pistre: EuGH, 10. Juni 1992, verbundene Rs C-159/91 und C-160/91
Prigge: EuGH, 13. September 2011, Rs C-447/09

Raccanelli: EuGH, 17. Juli 2008, Rs C-94/07
Redmond Stichting: EuGH, 19. Mai 1992, Rs C-29/91
Rewe-Zentrale: EuGH, 17. Februar 1976, Rs 45/75
Reyes: EuGH, 16. Januar 2014, Rs C-423/12
Riksskatteverket: EuGH, 18. Oktober 2001, Rs C-441/99
Rinner-Kühn: EuGH, 13. Juli 1989, Rs 171/88
Robinson-Steele: EuGH, 16. März 2006, verbundene Rs C-131/04 und C-257/04
Rockfon: EuGH, 7. Dezember 1995, Rs C-449/93
Rodríguez Caballero: EuGH, 12. Dezember 2002, Rs C-442/00
Rodriguez Mayor: EuGH, 10. Dezember 2009, Rs C-323/08
Römer: EuGH, 10. Mai 2011, Rs C-147/08
Rosado Santana: EuGH, 8. September 2011, Rs C-177/10
Rosenbladt: EuGH, 12. Oktober 2010, Rs C-45/09
Royal Copenhagen: EuGH, 31. Mai 1995, Rs C-400/93
Rüffert: EuGH, 20. September 2007, Rs C-346/06
Runevič-Vardyn: EuGH, 12. Mai 2011, Rs C-391/09
Rush Portugesa: EuGH, 27. März 1990, Rs C-113/89
Rygaard: EuGH, 19. September 1995, Rs C-48/94
S.: EuGH, 12. März 2014, Rs C-457/12
Saint Prix: EuGH, 19. Juni 2014, Rs C-507/12
Sardino: EuGH, 7. September 2006, Rs C-53/04
Sass: EuGH, 18. November 2004, Rs C-284/02
Scattolon: EuGH, 6. September 2011, Rs C-108/10
Schempp: EuGH, 12. Juli 2005, Rs C-403/03
Schmidberger: EuGH, 12. Juni 2003, Rs C-112/00
Schönheit: EuGH, 23. Oktober 2003, verbundene Rs C-4/02 und C-5/02
Schultz-Hoff/Stringer: EuGH, 20. Januar 2009, verbundene Rs C-350/06 und C-520/06
SIMAP: EuGH, 3. Oktober 2000, Rs C-303/98
Sirdar: EuGH, 26. Oktober 1999, Rs C-273/97
Smits & Peerbooms: EuGH, 12. Juli 2001, Rs C-157/99
Sokoll: EuGH, 13. Februar 2014, Rs C-367/12
Sommer: EuGH, 21. Juni 2012, Rs C-15/11
Sozialhilfeverband Rohrbach: EuGH, 26. Mai 2005, Rs C-297/03

Specht: EuGH, 19. Juni 2014, verbundene Rs C-501/12, C-506/12, C-540/12 und C-541/12

Spijkers: EuGH, 18. März 1986, Rs 24/85

Stauder: EuGH, 12. November 1969, Rs 29/69

Stewart: EuGH, 21. Juli 2011, Rs C-503/09

Steymann: EuGH, 5. Oktober 1988, Rs 196/87

Stöckl: EuGH, 25. Juli 1991, Rs C-345/89

Süzen: EuGH, 11. März 1997, Rs C-13/95

Taylor: EuGH, 23. September 1999, Rs C-382/98

Tele Danmark: EuGH, 4. Oktober 2001, Rs C-109/00

Temco: EuGH, 27. September 2001, Rs C-51/00

Terhoeve: EuGH, 26. Januar 1999, Rs C-18/95

Test-Achats: EuGH, 1. März 2011, Rs C-236/09

TSN: EuGH, 13. Februar 2014, verbundene Rs C-512/11 und C-513/11

UEAPME: EuG, 11. März 1998, Rs T-135/96

Ugliola: EuGH, 15. Oktober 1969, Rs 15/69

UGT: EuGH, 29. Juli 2010, Rs C-151/09

Van der Woude: EuGH, 11. Mai 2000, Rs C-222/98

Van Duyn: EuGH, 4. Dezember 1974, Rs 41/74

Vander Elst: EuGH, 9. August 1994, Rs C-43/93

Vandorou: EuGH, 2. Dezember 2010, verbundene Rs C-422/09, C-425/09 und C-426/09

Vicoplus: EuGH, 10. Februar 2011, verbundene Rs C-307/09 und C-309/09

Viking: EuGH, 11. Dezember 2007, Rs C-438/05

Visciano: EuGH, 16. Juli 2009, Rs C-69/08

Wagner Miret: EuGH, 16. Dezember 1993, Rs C-334/92

Walrave & Koch: EuGH, 12. Dezember 1974, Rs 36/74

Watts: EuGH, 16. Mai 2006, Rs C-372/04

Webb: EuGH, 14. Juli 1994, Rs C-32/93

Wencel: EuGH, 16. Mai 2013, Rs C-589/10

Wiener Gebietskrankenkasse: EuGH, 11. Mai 1999, Rs C-309/97

Williams: EuGH, 15. September 2011, Rs C-155/10

Wippel: EuGH, 12. Oktober 2004, Rs C-313/02

Wolf: EuGH, 12. Januar 2010, Rs C-229/08

Wolff: EuGH, 12. Oktober 2004, Rs C-60/03

Z.: EuGH, 18. März 2014, Rs C-363/12
Zentralbetriebsrat der LKH Tirols: EuGH, 22. April 2010, Rs C-486/08

Urteile des EGMR

Demir & Baykara v Türkei: EGMR, 12. November 2008, Rs 34503/97
Halford v UK: EGMR, 25. Juni 1997, Rs 20605/92
Niemietz v Deutschland: EGMR, 16. Dezember 1992, Rs 13710/88

I. Einleitung

Die Beschäftigung mit dem europäischen Arbeits- und Sozialrecht kann eine ungewöhnliche Erfahrung für jemanden sein, der gut mit arbeits- und sozialrechtlichen Bestimmungen auf nationaler Ebene vertraut ist. Die EU kennt keinen kohärenten Ansatz zu Fragen des Arbeitsrechts und der sozialen Sicherheit, sondern greift vielmehr die „brennenden Fragen" heraus, für die die Divergenzen des innerstaatlichen Rechts in den MS besonders problematisch erscheinen. Ein kurzer geschichtlicher Überblick soll einen besseren Einblick in die Sozialpolitik der EU geben, die das herkömmliche Verständnis von diesem Politikbereich vielfach „auf den Kopf stellt".[1]

A. Entwicklung des europäischen Arbeits- und Sozialrechts

Die Geschichte der europäischen Sozialpolitik ist „mehr [als] eine Geschichte des Scheiterns als eine der großen Erfolge" beschrieben worden.[2] Ursprünglich enthielten die **Verträge** zur Gründung der Vorgängerorganisationen dessen, was heute die Europäische Union ist, keinerlei ausdrückliche Bestimmungen im Bereich des Arbeits- und Sozialrechts. Diese Verträge (der Vertrag zur Gründung der Europäischen Gemeinschaft für Kohle und Stahl 1951 und der Vertrag zur Gründung der Europäischen Wirtschaftsgemeinschaft 1957) hatten das klare und eindeutige Ziel, die **wirtschaftliche Zusammenarbeit** in Europa durch die Schaffung eines Binnenmarktes ohne Grenzen zwischen den einzelnen Mitgliedsstaaten zu erleichtern. Dementsprechend taucht der „Arbeitnehmer" in diesen Verträgen nur als Begünstigter einer *wirtschaftlichen Freiheit* auf – der Freizügigkeit von Personen, die im Detail in Abschnitt IV.A. behandelt wird.

Vor diesem Hintergrund war es letztlich der **Europäische Gerichtshof** (EuGH), der dem EWG-Vertrag erstmals eine reale „soziale Bedeutung" zuerkannte. Einerseits betraf dies die genannten Bestimmungen über die Freizügigkeit der Arbeitnehmer (AN)[3], deren Zielsetzung der Gerichtshof keineswegs ausschließlich in der finanziell möglichst effizienten örtlichen Aufteilung der menschlichen Ar-

---

[1] *Daly*, Whither EU Social Policy? An Account and Assessment of Developments in the Lisbon Social Inclusion Process, Journal of Social Policy 37/2007, 1.
[2] *Pochet*, Social Europe: Still binding regulations? Paper prepared for the EUSA Tenth Biennial International Conference, Montreal, Canada 17–19 May 2007, 2.
[3] Soweit im Weiteren diverse Begriffe in ihrer männlichen Form gebraucht werden, sind diese als geschlechtsneutral zu verstehen.

I. Einleitung

beitskraft in Europa sah. Zum anderen entwickelte der Gerichtshof eine „soziale" Begründung für die Interpretation dessen, was jetzt in Art 157 des Vertrags über die Arbeitsweise der Europäischen Union (AEUV) festgehalten ist: Diese etwas atypische Bestimmung, die bereits in der Originalversion des EWGV enthalten war, schrieb **gleiches Entgelt für Männer und Frauen** innerhalb der Gemeinschaft vor. In einer Grundsatzentscheidung (*Defrenne II*) entschied der EuGH, dass diese Bestimmung nicht auf die Regelung von Fragen des Wettbewerbs unter den MS beschränkt sei.[4] Vielmehr, so der Gerichtshof, sollte sie allen vom Recht der Gemeinschaft erfassten AN ein individuelles Recht auf Gleichbehandlung hinsichtlich der Bezahlung für abhängige Arbeit geben. Die Bedeutung dieser Entscheidung kann kaum überschätzt werden, da sie einzelnen Europäerinnen einen direkten Zugang zum Europäischen Gerichtshof und eine Möglichkeit verschaffte, ihre Rechte auch gegenüber einem einzelnen Arbeitgeber durchzusetzen.

Das *Defrenne*-Urteil wurde in einer Zeit gefällt, die heute manchmal als das „Goldene Zeitalter" des europäischen Arbeits- und Sozialrechts bezeichnet wird. In diesem Zeitraum, welcher in etwa den **1970er** Jahren entspricht, wurden im europäischen Kontext breit konzipierte Projekte zur Erreichung einer Harmonisierung arbeits- und sozialrechtlicher Bestimmungen erarbeitet.[5] Vor dem Hintergrund der schweren Folgen der globalen Ölkrise und konkreter Anhaltspunkte einer zunehmenden „Abwärtsspirale" im sozialen Bereich veröffentlichte die Europäische Kommission ihr erstes **sozialpolitisches Aktionsprogramm**. Dieses Dokument, das in Zusammenarbeit mit den europäischen Sozialpartnern geschaffen wurde, basierte auf Bemühungen einer schrittweisen Einführung eines gemeinsamen Systems von sozialen Mindeststandards. Diese sollten effektiv verhindern, dass wirtschaftliche Konkurrenz die einzelnen Staaten anregt oder sogar zwingt, das soziale Niveau ihrer ursprünglichen nationalen Normen zu senken. Die rechtlichen Grundlagen, auf die gesetzgeberische Maßnahmen gestützt wurden, waren einerseits die erwähnte Entgeltgleichheitsklausel, andererseits die Bestimmungen zur Angleichung der Rechtsvorschriften im Hinblick auf den EG-Binnenmarkt (nunmehr Art 115 AEUV).

Letzten Endes wurde nur ein geringer Anteil der im Aktionsprogramm enthaltenen Vorschläge tatsächlich angenommen.[6] Der eben erst begonnene Harmonisierungsprozess kam bald zum Stillstand, was iW in den politischen Realitäten der **1980er** Jahre begründet war. Dieser Zeitraum war in der nationalen Politik von

---

4 Ursprünglich hatte Frankreich auf die Aufnahme dieser Klausel gedrängt, um sich vor Wettbewerbsnachteilen zu schützen: Da keiner der anderen MS zu diesem Zeitpunkt eine vergleichbare Regelung in seinem nationales Recht kannte, gab es in Frankreich die begründete Angst, dass Unternehmen anderer MS zu niedrigeren Kosten arbeiten könnten, indem sie von billigen weiblichen Arbeitskräften profitierten. Vgl *Burri/Prechal*, EU Gender Equality Law (2008) 4.
5 Vgl *von Maydell* et al, Enabling Social Europe (2006) 24 ff.
6 Vgl *Daly*, Whither EU Social Policy? 3 ff.

einer nicht unerheblichen Rückkehr zu Prinzipien des **Marktliberalismus** geprägt, einem Konzept, das besonders vehement von der Regierung *Thatcher* in Großbritannien vertreten wurde. In der Praxis legte diese Regierung ihr Veto gegen jegliche weitere Harmonisierung im sozialen Bereich ein,[7] sodass die einzige aus dieser Zeit stammende gesetzgebende Aktivität arbeitsrechtlicher Natur den (politisch idR wenig kontroversen – s Abschnitt IX.A.) Bereich Sicherheit und Gesundheit betraf.

Diese politische Blockade setzte sich weitgehend auch in den frühen 1990er Jahren fort, bis stets vehementere Aufrufe zur Stärkung sozialer Maßnahmen in der europäischen Politik zur Lösung einer „Integration der zwei Geschwindigkeiten" führten – die im Wesentlichen darin bestand, dem Vereinigten Königreich die Möglichkeit der Ablehnung der von den anderen Mitgliedstaaten beschlossenen Harmonisierungsschritte zu bieten.[8] Dieser Prozess wurde durch die Verkündung der **Charta der sozialen Grundrechte der Arbeitnehmer** von 1989 als unverbindliche Liste von Grundrechten im sozialen Bereich eingeleitet. Dem folgte das **Abkommen über die Sozialpolitik** von 1992, welches als Protokoll dem Vertrag von Maastricht beigefügt wurde. Im Grunde enthielt dieses Abkommen bereits die Kompetenzbestimmungen, die jetzt im Sozialkapitel des AEUV enthalten sind und dem Rat – unter Ausschluss des Vereinigten Königsreichs – eine Gesetzgebungskompetenz für eine Reihe von sozialen Fragestellungen gaben.

Nach einem Regierungswechsel in Großbritannien konnten die Bestimmungen des Protokolls schließlich durch den **Vertrag von Amsterdam** im Jahr 1997 in den EGV eingegliedert werden. Seitdem hat iW keine nennenswerte Ausweitung der Kompetenzen der EU in diesem Bereich der Gesetzgebung stattgefunden. Demgegenüber hat sich das Primärrecht mit Blick auf die *sozialen Grundrechte* deutlich weiterentwickelt, insb mit der **EU-Grundrechtecharta**, die mit dem Inkrafttreten des Vertrags von Lissabon im Jahr 2010 rechtlich bindende Wirkung bekam. Darüber hinaus legte die politische Agenda der EU in den letzten Jahren zunehmend Wert auf die Präsentation sozialer Ziele als gleichberechtigt mit wirtschaftlichen Belangen. Ein prominentes Beispiel ist die **Lissabon-Strategie** aus dem Jahr 2000 mit ihrem Ziel, die EU zum „wettbewerbsfähigsten und dynamischsten wissensbasierten Wirtschaftsraum der Welt zu machen, ein dauerhaftes Wirtschaftswachstum mit mehr und besseren Arbeitsplätzen und einem größeren sozialen Zusammenhalt zu erzielen", und die Folgestrategie **Europa 2020** mit dem Leitmotiv „intelligentes, nachhaltiges und integratives Wachstum".[9]

Die *bis dato* vereinbarten sozialen **Mindeststandards** auf EU-Ebene erstrecken sich über weite Bereiche des nationalen Arbeitsrechts. In vielerlei Hinsicht sind die-

---

[7] Vgl *Pochet*, Social Europe 3.
[8] Vgl *Addison*, In the Beginning, There Was Social Policy: Developments in Social Policy in the European Union from 1972 through 2008 (2008) 4.
[9] Für Details s http://ec.europa.eu/europe2020/index_en.htm.

se Standards für bestimmte MS, deren innerstaatliche Systeme bereits von weiter fortgeschrittenen bzw strengeren Regeln ausgehen, kaum spürbar. Demgegenüber haben insbesondere EU-Standards der Gleichbehandlung zweifellos wesentliche Veränderungen in den Rechtsordnungen aller MS notwendig gemacht.[10] Darüber hinaus hat, wie sich in den folgenden Kapiteln deutlich zeigen wird, der aktivistische Ansatz des Gerichtshofs mitunter aus vagen und scheinbar schwachen Bestimmungen anspruchsvolle Standards für nationale Rechtssysteme abgeleitet.

B. Übersicht über die sozialpolitischen Bestimmungen des geltenden EU-Primärrechts

Ein Blick auf die EU-Gründungsverträge in ihrer derzeit geltenden Fassung zeigt, dass das heutige EU-Recht mit Verpflichtungen zur **sozialen Entwicklung** und des sozialen Schutzes durchzogen ist. Als Beispiel für die zunehmende Bedeutung dieser Werte in den Verträgen kann Art 3 Abs 3 EUV dienen, der es zum zentralen Ziel der Union erklärt, auf eine „in hohem Maße wettbewerbsfähige soziale Marktwirtschaft, die auf Vollbeschäftigung und sozialen Fortschritt abzielt, sowie ein hohes Maß an Umweltschutz und Verbesserung der Qualität der Umwelt" hinzuwirken, wofür sie ua die Bekämpfung von sozialer Ausgrenzung und Diskriminierungen, soziale Gerechtigkeit und sozialen Schutz, die Gleichstellung von Frauen und Männern, die Solidarität zwischen den Generationen und den Schutz der Rechte des Kindes fördern will. Obwohl die Bedeutung von Aussagen dieser Art für die **Auslegung** der Verträge (und letztlich EU-Recht in seiner Gesamtheit) nicht unterschätzt werden sollte, ist es bezeichnend, dass die Entwicklung sozialpolitischer Bestimmungen im Zuge der Primärrechtsänderungen seit dem Vertrag von Maastricht weitgehend auf die kontinuierliche Einführung solcher deklaratorischer Normen begrenzt war.

Mit anderen Worten wurde ihre Einführung nicht durch eine entsprechende Ausweitung der konkreten **Kompetenzen** der Union im arbeits- und sozialrechtlichen Bereich begleitet. Diese Kompetenzen sind derzeit über vier Kapitel des AEUV verteilt: Bestimmungen über die Freizügigkeit sind in Art 18 ff (für Unionsbürger im Allgemeinen) und 45 ff (für Arbeitnehmer) zu finden. Ihre Relevanz im Bereich des Arbeits- und Sozialrechts wird ausführlicher in Kapitel IV. behandelt. Darüber hinaus verlangt das Beschäftigungskapitel (Art 145 f) ein gewisses Maß an Zusammenarbeit in Fragen der Beschäftigungspolitik (s Kapitel II.), während das Sozialkapitel (Art 151 ff) das enthält, was man als Herzstück der sozialen Dimension der EU bezeichnen könnte; insb listet es eine Reihe von Kompetenzen für die Harmonisierung von (Mindest-)Standards auf, die im nächsten Abschnitt behandelt werden.

---

10 Vgl *de Witte*, From a „Common Principle of Equality" to „European Antidiscrimination", American Behavioral Scientist 53/12 (2010) 1720.

Schließlich muss daran erinnert werden, dass das EU-Primärrecht keineswegs auf die Gründungsverträge beschränkt ist, sondern insb *allgemeine Rechtsgrundsätze* (vgl Art 6 EUV) und die EU-Grundrechtecharta (GRC) umfasst – beides Rechtsgrundlagen für **soziale Grundrechte** als ein Maßstab für die Anwendung und Umsetzung von EU-Recht (s Kapitel III.).

C. Die EU-Kompetenzen im Bereich der Sozialpolitik

Als Vorbemerkung muss auf die allgemeinen Grenzen für gesetzgeberische Maßnahmen der europäischen Institutionen verwiesen werden. Zunächst schränkt das **Prinzip der begrenzten Einzelermächtigung** (Art 5 Abs 2 EUV) legislative Maßnahmen auf jene Bereiche ein, für die der Union eine Kompetenz explizit durch den AEUV verliehen wird. Für den Bereich der Sozialpolitik wird der EU und den MS durch Art 2 Abs 2 und Art 4 Abs 2 lit a–c AEUV eine **geteilte Zuständigkeit** zugeordnet. Dies bedeutet, dass es den MS in allen Rechtsbereichen, die im vorhergehenden Abschnitt erwähnt wurden, freisteht, jede Frage so weit zu regeln, wie sie noch nicht durch verbindliche Vorschriften der EU determiniert ist. Schließlich sind die Möglichkeiten des EU-Gesetzgebers, im Rahmen der geteilten Zuständigkeit tätig zu werden, – zumindest im Prinzip – durch die Grundsätze der **Subsidiarität** und der **Verhältnismäßigkeit** (Art 5 Abs 3 EUV) begrenzt, die im Wesentlichen eine Regelung durch die Union nur insoweit ermöglichen, als die gleichen Ziele nicht ausreichend durch Maßnahmen der einzelnen Mitgliedsstaaten realisiert werden können. Niemals darf die EU Vorschriften erlassen, die über das Maß des Erforderlichen für die Erreichung der genannten Ziele hinausgehen.

Ein erster Blick auf **Art 153 AEUV** zeigt, dass im Grunde weite Bereiche des nationalen Arbeits- und Sozialrechts einer (Teil-)Harmonisierung durch die EU innerhalb der Grenzen der Subsidiarität und der Verhältnismäßigkeit zugänglich sind. Allerdings muss beachtet werden, dass nicht alle in Art 153 Abs 1 enthaltenen Tatbestände „gleich stark" sind, was mit den Verfahren für die Verabschiedung von Gesetzen in den einzelnen Bereichen zu tun hat. Diese werden durch Abs 2 ff desselben Artikels bestimmt. Daraus ergibt sich, dass das **ordentliche Gesetzgebungsverfahren** nur für Fragen der

- Verbesserung der **Arbeitsumgebung, Sicherheit und Gesundheit**
- **Arbeitsbedingungen**
- **Information und Konsultation** der AN(-Vertreter)
- Integration von **aus dem Arbeitsmarkt ausgegrenzten Personen** und
- **Gleichstellung** von Männern und Frauen

Anwendung findet.

I. Einleitung

Abgesehen von der Beteiligung des Europäischen Parlaments als Gesetzgeber auf Augenhöhe mit dem Rat bedeutet die Anwendbarkeit des ordentlichen Gesetzgebungsverfahrens insb, dass der Rat mit *qualifizierter Mehrheit* entscheidet. Dies macht Maßnahmen in diesen Bereichen viel wahrscheinlicher als in den folgenden, die nur durch **einstimmigen Beschluss des Rates** geregelt werden können:

- **Soziale Sicherheit** und sozialer Schutz der AN
- **Beendigung** des Arbeitsverhältnisses
- **Vertretung** von AN und AG, einschließlich **Mitbestimmung**, und
- Arbeitsbedingungen für **Drittstaatsangehörige**.

Es versteht sich von selbst, dass Einstimmigkeit unter mittlerweile 27 nationalen Regierungen immer schwieriger zu erreichen ist. Dieser praktische Unterschied zeigt sich anschaulich zB im Bereich der kollektiven Vertretung der Belegschaft: Während Fragen der *Information und Konsultation* von Betriebsräten und ähnlichen Einrichtungen (Art 153 Abs 1 lit e AEUV) durch eine Reihe von Richtlinien (RL) in verschiedenen Bereichen bestimmt werden, sind die Rechte solche Einrichtungen auf *Mitbestimmung* (Art 153 Abs 1 lit f) in der EU-Gesetzgebung praktisch nicht vorhanden (s Kapitel IX.).

Schließlich sind die Bereiche der **Bekämpfung der sozialen Ausgrenzung** und der **Modernisierung der sozialen Sicherungssysteme** keiner Regelung durch gemeinsame Mindeststandards in einer RL zugänglich: Art 153 Abs 2 lit a AEUV beschränkt die gesetzgeberische Aktivität der EU auf „Maßnahmen […], die dazu bestimmt sind, die Zusammenarbeit zwischen den Mitgliedstaaten […] zu fördern", und schließt ausdrücklich jegliche Harmonisierung des Rechts der MS aus.

Zusätzlich enthält Art 153 Abs 5 eine negative Abgrenzung dieser Kompetenzen durch die ausdrückliche Nennung derjenigen Angelegenheiten, in denen Rechtsvorschriften durch die EU selbst durch einstimmigen Beschluss nicht erlassen werden können. Dies betrifft Fragen des **Entgelts**, der **Koalitionsfreiheit** und des **Arbeitskampfes** – dh Fragen von zentraler Bedeutung im arbeits- und sozialrechtlichen Bereich. Um zu verhindern, dass diese Einschränkungen die oben genannten Kompetenzgrundlagen ihrer Wirksamkeit berauben, hat der EuGH eine **enge Auslegung** dieser Ausnahmen angenommen. Das bemerkenswerteste Beispiel in dieser Hinsicht ist die stRsp, wonach ein Verbot der Diskriminierung bestimmter Gruppen von AN auch Gleichbehandlung in Entgeltfragen vorschreiben kann. Im Gegensatz dazu hat die Kommission wiederholte Aufforderungen zur Initiierung von Legislativmaßnahmen mit dem Ziel eines harmonisierten europäischen Mindestentgelts[11] mit Verweis auf den Mangel an EU-Kompetenz dafür abgelehnt.[12]

---

11 Vgl Europäisches Parlament, Entschließung vom 15. November 2011, Europäische Plattform gegen Armut und soziale Ausgrenzung, 2011/2052(INI).
12 Vgl *Eldring/Alsos*, European Minimum Wage: A Nordic Outlook (2012) 17 ff.

Nicht unerwähnt bleiben sollte jedoch, dass die Bedeutung von Art 153 Abs 5 letztlich fraglich erscheint, wenn man sich die breit formulierten Kompetenzgrundlagen in Art 115 (Angleichung von Rechtsvorschriften) und 352 AEUV (erforderliches Tätigwerden der EU in einem der Politikbereiche) vor Augen hält (welche jeweils Einstimmigkeit im Rat erfordern). Dies wurde geradezu überdeutlich, als sich die Kommission in ihrem VO-Vorschlag zum Recht auf kollektive Maßnahmen[13] auf Art 352 AEUV stützte, ohne den Ausschluss des Arbeitskampfrechts durch Art 153 Abs 5 auch nur zu erwähnen. Viele der nationalen Parlamente, die diesem Vorschlag eine „Gelbe Karte" erteilten, beriefen sich dabei dann auch auf eine Kompetenzüberschreitung durch die Kommission.[14]

Schließlich ist eine Besonderheit des Art 153 AEUV, dass die MS die auf dieser Basis ergangene EU-Gesetzgebung nicht durch nationale gesetzliche Vorschriften umsetzen müssen, sondern es den Sozialpartnern überlassen können, sie mittels **KollV** zu **implementieren**. Selbstverständlich bleibt die Verantwortung für die ordnungsgemäße Durchführung bei den MS (Art 153 Abs 3).

---

13 Europäische Kommission, Vorschlag für eine Verordnung über die Ausübung des Rechts auf Durchführung kollektiver Maßnahmen im Kontext der Niederlassungs- und der Dienstleistungsfreiheit, KOM(2012) 130 endg.
14 Vgl *Walter*, Monti II ist gescheitert, AuR 2013, 27 ff.

II. Beschäftigungspolitik

A. Zusammenarbeit auf EU-Ebene

1. Austausch von Beschäftigungsstrategien

EU-Recht im Allgemeinen kennt unterschiedliche Intensitätsgrade seines Einflusses auf das nationale Recht. Neben der **Harmonisierung** (Aufstellen verbindlicher Mindeststandards), wie sie in Art 153 vorgesehen ist, gibt es Bereiche, in denen Maßnahmen der Union auf die **Koordinierung** der nationalen Rechtsordnungen (zB im Bereich der sozialen Sicherheit: s Kapitel X.) beschränkt sind. Eine subtilere Form der Einflussnahme ist in Art 148 ff vorgesehen, die lediglich auf eine **Zusammenarbeit** im Bereich der Beschäftigungspolitik abzielen. In anderen Worten wurden der EU in diesem Bereich keine präskriptiven (*hard law*) Befugnisse gegenüber ihren Mitgliedstaaten verliehen, sondern nur ein Auftrag zur *Förderung* nationaler Maßnahmen im Einklang mit den Zielen der EU-Politik. Dies bedeutet, dass die EU gerade in dem Bereich, der wegen des beispiellosen Anstiegs der Arbeitslosigkeit in der jüngsten Vergangenheit zum geradezu allgegenwärtigen Mittelpunkt der europäischen Sozialpolitik geworden ist,[15] auf die Erlassung von sog *soft law* eingeschränkt ist.

Das zu diesem Zweck angewendete Verfahren wurde **Offene Methode der Koordinierung (OMK)** „getauft". Es ist eng mit der Ausweitung der Koordinierung der Wirtschaftspolitik (s Art 121 AEUV) verknüpft. Kurz zusammengefasst bezweckt die Methode die Stimulierung eines Austauschs und einer möglichen Angleichung der nationalen Strategien, die auf ein **hohes Maß an Beschäftigung** abzielen (Art 147). Das **Verfahren** ist in Art 148 festgelegt und bezieht iW alle wichtigen Akteure der EU mit ein: Ausgehend von einem (von Rat und Kommission erstellten) *Jahresbericht* verabschiedet der Europäische Rat (allgemein gehaltene) *Schlussfolgerungen* als Grundlage für die (konkreteren) *Leitlinien* des Rates. In diesem Prozess ist der Rat zur Anhörung zahlreicher Akteure verpflichtet. Die MS sind in der Folge aufgefordert, ihre nationale Beschäftigungspolitik mit Blick auf diese gemeinsamen Leitlinien zu entwerfen und nach Ablauf eines Jahres einen *Bericht* über deren Umsetzung zu erstellen. Der Rat bewertet die empfangenen Berichte und kann Empfehlungen an die einzelnen MS aussprechen. Der Kreis wird durch einen neuen Jahresbericht geschlossen, der aktuelle Entwicklungen, wie sie sich aus den nationalen Berichten ergeben, berücksichtigt.

---

15 Im Juni 2012 erreichte die durchschnittliche europäische Arbeitslosenquote mit 10,4 % ihren historischen Höhepunkt; die Quote der Eurozone war mit 11,2 % sogar noch höher. Vgl Eurostat-Angaben unter http://epp.eurostat.ec.europa.eu/statistics_explained/index.php/Unemployment_statistics.

Wichtig ist, dass es **keinerlei rechtliche Verpflichtung** zum Setzen von Maßnahmen oder Sanktionen gibt, die über die Mitgliedstaaten verhängt werden könnten. Das System setzt auf die Wirksamkeit von **gegenseitigem Lernen** und *peer pressure*. Der einzige Bereich, in dem Rechtsvorschriften im ordentlichen Gesetzgebungsverfahren erlassen werden können, ist Art 149, der konkrete Regelungen über Anreize für den Austausch von Informationen, die Entwicklung von Verfahren und die Bewertung von Erfahrungen ermöglicht. Gleichzeitig unterstreicht diese Bestimmung, dass materielle Harmonisierung ausgeschlossen ist. Es versteht sich von selbst, dass diese Form der Zusammenarbeit auf der Grundlage von *soft law* von Beobachtern sehr kontrovers beurteilt wird, wobei die Ansichten von einer Begrüßung als flexibles Mittel im Einklang mit dem Subsidiaritätsprinzip bis zur Einschätzung als bloßer „*beauty contest*" reichen, welcher einzelstaatlichen Politikern die Gelegenheit biete, ihre nationalen Reformprogramme zu präsentieren, ohne dass nennenswerte Aussichten auf konkrete Ergebnisse bestünden.[16]

Die OMK fungiert als Vehikel für die Verbreitung von Konzepten wie aktives Altern, lebenslanges Lernen, Gender Mainstreaming oder „Arbeit lohnend machen".[17] Die wichtigste Strategie, die von den EU-Institutionen konsequent vorangetrieben wird, ist das **Flexicurity**-Konzept. Dieses sieht vor, den traditionellen Konflikt zwischen *Flexibilität* als ein typisches Interesse der AG (vor allem in Bezug auf die unkomplizierte Einstellung und Freisetzung von Arbeitskräften) und *Sicherheit* im Interesse des Schutzes der AN zu beseitigen. Eine **Mitteilung der Kommission** des Jahres 2007[18] bezieht sich auf die zunehmende Segmentierung des europäischen Arbeitsmarktes, in dem ordentliche (sichere) Arbeitsplätze mit starkem Kündigungsschutz prekären (flexiblen) Formen der Beschäftigung gegenüberstehen. Dies führt zum Schutz privilegierter Gruppen von „Arbeitsmarktinsidern" auf Kosten von Außenseitern (insb Frauen, Migranten, jüngeren und älteren Beschäftigten), die keinen Zugang zu derart sicheren Arbeitsplätzen haben. Die von der Kommission angeführten Arbeitsmarktdaten lassen diese Tatsache als einen der primären Gründe für die zunehmenden Ungleichheiten unter der europäischen Arbeitnehmerschaft erscheinen. Entsprechend unterstreicht Anhang II der Mitteilung einige nationale Strategien, die im Rahmen der OMK für besondere Aufmerksamkeit gesorgt haben, indem Elemente der Sicherheit und Flexibilität verbunden und dadurch bemerkenswerte Arbeitsmarktindikatoren erreicht wurden.

Der zentrale Schwerpunkt der *Flexicurity*-OMK wurde auf das **dänische** Konzept des „goldenen Dreiecks" von flexiblen vertraglichen Vereinbarungen, großzügi-

---

16 Vgl *Borrás/Jacobsson*: The OMC and new governance patterns in the EU, Journal of European Public Policy 11/2 (2004) 194; *von Maydell* et al, Enabling Social Europe 123 ff.
17 Vgl *Heidenreich/Bischoff*, The Open Method of Co-ordination: A Way to the Europeanization of Social and Employment Policies?, Journal of Common Market Studies 46/3 (2008) 524.
18 Mitteilung der Kommission: Gemeinsame Grundsätze für den *Flexicurity*-Ansatz herausarbeiten: Mehr und bessere Arbeitsplätze durch Flexibilität und Sicherheit, KOM(2007) 359 endg.

gen Sozialversicherungssystemen und umfassender aktiver Arbeitsmarktpolitik gelegt. Dieses Konzept stellt vergleichsweise niedrige Hindernisse für die Beendigung von Arbeitsverhältnissen auf, was zu einer sehr hohen Fluktuation bei der Beschäftigung führt. Gleichzeitig wird der negative Effekt des Verlust eines Arbeitsplatzes durch umfangreiche Sozialleistungen abgefedert, während die Suche nach einer neuen Beschäftigung durch intensive verpflichtende Aktivierungsprogramme, einschließlich Job-Rotationssystemen, forciert wird (wobei ua Arbeitslose zur Vertretung von AN eingesetzt werden, die vorübergehend in Ausbildung sind, um ihren eigenen Arbeitsmarktstatus zu verbessern). Der Erfolg dieses Modells wird durch eine Erwerbsquote weit über derjenigen anderer Mitgliedstaaten, niedrige Arbeitslosigkeit, umfassende Beteiligung an lebenslangem Lernen und ein weit verbreitetes subjektives Sicherheitsgefühl unter der Arbeitnehmerschaft veranschaulicht. Die Kommission hat sich bei der Erstellung einer Vier-Säulen-Strategie als Leitfaden für andere MS weitgehend auf dieses System gestützt.[19]

Unter den anderen im Anhang der Mitteilung enthaltenen nationalen Beispielen erhält **Österreich** besondere Aufmerksamkeit für die Kombination eines relativ niedrigen Niveaus des Kündigungsschutzes mit einem starken Einfluss der Sozialpartnerschaft, die als Grundlage für begrüßenswerte Indikatoren in Bezug auf Beschäftigungs- und Arbeitslosenquoten und einen geringen Prozentsatz von (prekären) befristeten Arbeitsverhältnissen gesehen wird. Ausdrücklich wird auf die Reform des Abfertigungssystems und die erfolgreiche nahtlose Vermittlung von Arbeitskräften durch den Einsatz von Arbeitsstiftungen hingewiesen.

Letztlich wird die **Übertragbarkeit** eines arbeitsmarktpolitischen Ansatzes, der auf einzelstaatlicher Ebene erfolgreich ist, häufig **bezweifelt**:[20] Bestimmte Modelle wie das dänische haben sich vor einem spezifischen kulturell-historischen Hintergrund entwickelt, sind mit hohen Vorlaufkosten verbunden und haben letzten Endes einen erheblichen Anstieg der Arbeitslosigkeit als Folge der Wirtschaftskrise nicht verhindern können. Dennoch ist *Flexicurity* nach wie vor das Kernkonzept der aktuellen, gem Art 148 AEUV vom Rat verabschiedeten Leitlinien für die Beschäftigungspolitik der MS mit den Schlagwörtern „Erhöhung der Erwerbsbeteiligung von Frauen und Männern, Abbau der strukturellen Arbeitslosigkeit und Förderung der Arbeitsplatzqualität".[21] Im Einklang mit der EU-2020-Strategie ist es das zentrale Ziel der Leitlinien, eine Beschäftigungsquote von 75 % der Bevölkerung im Alter zwischen 20 und 64 Jahren bis 2020 zu erreichen.[22]

---

19 Vgl Seite 5 der erwähnten Mitteilung.
20 Vgl *Vannoni*, Adding Socialisation to the Recipe: the Final Ingredient for the OMC/EMPLOYEES, CES Working Papers 3/3 (2011).
21 Vgl Rat der EU, Beschluss des Rates 2012/238/EU vom 26. April 2012 über die Leitlinien für beschäftigungspolitische Maßnahmen der Mitgliedstaaten.
22 In der gegenwärtigen Situation würde dies allerdings die Schaffung von 17,6 Mio zusätzlichen Arbeitsplätzen erfordern. Vgl Europäische Kommission, Mitteilung: „Einen arbeitsplatzintensiven Aufschwung gestalten", KOM(2012) 173 endg, 2.

2. Behördliche Zusammenarbeit

Ein *Bottom-up*-Ansatz für eine Europäisierung der Beschäftigungspolitik führt über die Zusammenarbeit auf der Verwaltungsebene. Eine Rechtsgrundlage für diese Strategie, die im Grunde bereits durch Art 11 der FMR gefordert wird, wurde durch den **Beschluss Nr 573/2014/EU** über eine verstärkte Zusammenarbeit zwischen den öffentlichen Arbeitsverwaltungen (ÖAV) geschaffen. Dieser begründet die Errichtung eines EU-weiten Netz der öffentlichen Arbeitsverwaltungen, die auf der Grundlage des „Benchlearning" – Benchmarking der mitgliedstaatlichen Verwaltungspraxis auf der Grundlage gemeinsamer Indikatoren und gegenseitiges Lernen – kooperieren. Die proklamierten Ziele sind es, gefährdete Gruppen anzusprechen, nachhaltige Arbeit für ein besseres Funktionieren des Arbeitsmarktes zu schaffen, Fachkräftemangel zu identifizieren und die Abstimmung zwischen den Fähigkeiten der Arbeitsuchenden und den Bedürfnissen der Arbeitgeber zu verbessern, Mobilität zu fördern, Randgruppen zu integrieren und Arbeitsmarktinitiativen zu beurteilen (Art 3 des Beschlusses).

B. Nationale Beschäftigungspolitik: Kollisionen mit dem EU-Wettbewerbsrecht

Es sollte nicht unerwähnt bleiben, dass trotz des unterstützenden Ansatzes der EU zur aktiven nationalen Arbeitsmarktpolitik bestimmte typische Elemente einer solchen Politik höchst problematisch im Hinblick auf das EU-Wettbewerbsrecht sind. Insb stellt jegliche Form von **finanziellen Vorteilen**, die mit dem Ziel der Erhaltung oder Schaffung von Arbeitsplätzen **an bestimmte Unternehmen** gewährt werden, im Grunde eine **Verzerrung des Wettbewerbs** dar, die unvereinbar mit Art 107 AEUV ist. Um nicht Maßnahmen zu ersticken, die als entscheidend angesehen werden, um Ungleichgewichten in den nationalen Arbeitsmärkten zu begegnen, ermöglicht das auf der Grundlage von Art 107 Abs 3 angenommene Sekundärrecht eine Reihe von Ausnahmen vom Verbot der staatlichen Beihilfen, insb im Rahmen der **Gruppenfreistellungs-VO** 800/2008/EG. Letztere legt umfassende Möglichkeiten staatlicher Subventionen zur Unterstützung von KMU, der regionalen Entwicklung und benachteiligter Personengruppen (zB behinderter AN) fest.

Darüber hinaus wird den nationalen Regierungen derzeit mehr Spielraum gegeben, Vorteile zu gewähren, um die Folgen der Wirtschaftskrise zu bewältigen.[23]

---

23 Vgl die Mitteilung der Kommission „Vorübergehender Unionsrahmen für staatliche Beihilfen zur Erleichterung des Zugangs zu Finanzierungsmitteln in der gegenwärtigen Finanz- und Wirtschaftskrise", 2011/C 6/05.

III. Soziale Grundrechte

Auf internationaler Ebene wird üblicherweise zwischen Grundrechten (Menschenrechten) der sogenannten **ersten und** solchen der **zweiten Generation** unterschieden. Die erste Gruppe – *bürgerlich-politische Grundrechte* – bezwecken iW den Schutz des Einzelnen vor Eingriffen in ihre Freiheiten durch den Staat (oder durch Dritte, wobei der Staat es verabsäumt zu intervenieren). Dazu gehören zB das Recht auf Leben, die Freiheit vor Verfolgung sowie die Meinungs- und Vereinigungsfreiheit. Im Gegensatz dazu umfasst die zweite Generation – *soziale (oder sozioökonomische) Rechte* – Standards, die ein Staat aktiv zur Verfügung stellen muss, um dem Einzelnen ein menschenwürdiges Leben zu ermöglichen. Darunter fallen zum Beispiel die Bereitstellung von sozialem Schutz und die Gesundheitsversorgung.[24]

Für das EU-Recht spielen Grundrechte in den letzten Jahren im Allgemeinen eine zunehmende Rolle. Gegenwärtig ist eine umfassende Auflistung von Grundrechten als allgemeine Grundsätze des EU-Rechts in Art 6 EUV zu finden, der iW eine Kodifizierung der **Rsp** des EuGH ab den späten 1960er Jahren (beginnend mit *Stauder*) darstellt.[25] Diese Rsp hatte bereits die EMRK und die verfassungsrechtlichen Traditionen der MS als Quelle der Grundrechte identifiziert, die auch die EU in ihrem Zuständigkeitsbereich binden. Allerdings könnte die EMRK, ebenso wie die verfassungsrechtlichen Bestimmungen einiger Mitgliedstaaten (darunter auch Österreich), kaum als nennenswerte Quelle für *soziale Grundrechte* gesehen werden.

Umso bedeutsamer ist es, dass sich **Art 6 EUV** nun zusätzlich ausdrücklich auf die **EU-Grundrechtecharta** (GRC) als eigenen Grundrechtekatalog der Union stützt. Im Gegensatz zur EMRK deckt die GRC Grundrechte beider Generationen in umfangreicher Weise ab, wobei soziale Rechte vor allem in Kapitel IV – „Solidarität" – zu finden sind, aber auch in Kapitel III, welches das Recht auf Gleichheit in seinen unterschiedlichen Ausprägungen festschreibt.

Die Adressaten der Verpflichtungen aus der Charta sind gem deren Art 51 nicht nur die Institutionen der EU, sondern auch die Behörden der MS bei der Umset-

---

24 Vgl *Tushnet*, Reflections on Judicial Enforcement of Social and Economic Rights in the Twenty-First Century, NUJS Law Review 4 (2011) 177 ff.
25 Für einen Überblick über die Entwicklung s *Morano-Foadi/Andreadakis*, Reflections on the Architecture of the EU after the Treaty of Lisbon: The European Judicial Approach to Fundamental Rights. European Law Journal 17/5 (2011) 595 ff.

zung von EU-Recht. Dies entspricht dem Umfang, den der EuGH den allgemeinen Grundsätzen des EU-Rechts zuerkannt hat, und ist Ausgangspunkt für ein nicht unbedeutendes Maß an Rechtsunsicherheiten, die in Abschnitt V.C. behandelt werden.

Die Bestimmung des Art 51 war letztlich der Hauptgrund für die Auseinandersetzungen rund um die Umsetzung der GRC in eine **verbindliche Quelle des Primärrechts**. Der anhaltende Widerstand bestimmter MS führte schließlich zur Verabschiedung eines **Protokolls zum Vertrag von Lissabon**,[26] welche die Anwendbarkeit der Charta auf das Vereinigte Königreich und Polen einschränkt (der Tschechischen Republik soll auf der Grundlage einer politischen Vereinbarung derselbe Status zukommen). Das Protokoll schließt die Möglichkeit einer gerichtlichen Feststellung einer Verletzung des GRC durch die erwähnten MS aus. Außerdem ist festgelegt, dass das Solidaritätskapitel keine einklagbaren Rechte gegenüber diesen Staaten schafft. Entgegen dieser scheinbar weitreichenden territorialen Beschränkung der Anwendbarkeit der Grundrechte in der EU wird dem Protokoll häufig keine oder nur marginale reale Bedeutung zuerkannt: Schließlich ist die Charta ausdrücklich als eine bloße *Konkretisierung* der Rechte konzipiert, die bereits in Form von allgemeinen Prinzipien Bestandteil des EU-Rechts sind (s die Präambel der GRC). Dementsprechend wird erwartet, dass der EuGH sämtliche in der Charta festgehaltenen Rechte unterschiedslos auf alle MS anwendet.[27]

Durch die Einbeziehung von sozialen Rechten in die GRC hat die ältere **Gemeinschaftscharta der sozialen Grundrechte** der AN, die nie den Status bindenden EU-Rechts erlangt hat,[28] weitgehend ihren Status als primäre Quelle sozialer Rechte in der Union verloren. Schließlich wird noch eine weitere Grundrechtsquelle in den Gründungsverträgen (Art 151 AEUV) erwähnt: die **Europäische Sozialcharta**. Genau wie der EMRK wurde diese vom Europarat ausgearbeitet, jedoch variiert der Grad ihrer Ratifizierung in den MS.

Unsicherheiten bestehen bis heute bei der Frage, inwieweit auch Privatpersonen (insb AG) durch die Grundrechte gebunden sind: Der EuGH hat dies in einigen Diskriminierungsfällen bereits anerkannt (s Abschnitt V.C.), in anderen jedoch abgelehnt, ohne explizit auf die Gründe einzugehen.[29]

---

26 Protokoll Nr 30 über die Anwendung der Charta der Grundrechte der Europäischen Union auf Polen und das Vereinigte Königreich.
27 Vgl die Stellungnahme des Generalanwalts *Tizzano* zu Rs C-173/99 (*BECTU*) vom 8. Februar 2001.
28 Vgl *Bilen*, EU Charter: „Rival or Complementary?" (2005) 20 ff.
29 *Wietfeld*, Jahresurlaub unabhängig von einer Mindestarbeitszeit, EuZA 2012, 543 ff, mit Verweis auf die *Dominguez*-Entscheidung.

IV. EU-Grundfreiheiten

A. Freizügigkeit der AN

Wie oben angedeutet, stellte die Freizügigkeit der AN bereits bei der Gründung der Vorläuferorganisationen der EU in den 1950er Jahren eine der Säulen des europäischen Binnenmarktes dar. Neben der Dienstleistungs- und Niederlassungsfreiheit und den (neueren) Freizügigkeitsbestimmungen für alle EU-Bürger (s Abschnitt IV.B.) ist die AN-Freizügigkeit die wichtigste Grundlage für den freien Personenverkehr auf dem Territorium der EU. Derzeit sind die einschlägigen Bestimmungen in **Art 45 ff AEUV** und der **Freizügigkeits-VO** 492/2011 (FV) enthalten.[30] Bezüglich jener Aspekte der Freizügigkeit, welche nicht auf AN beschränkt sind, müssen zusätzlich die Bestimmungen der **Unionsbürger-RL** 2004/38/EG (UBR) beachtet werden.

1. Definition des Wander-AN

All die genannten Bestimmungen privilegieren *Arbeitnehmer*, die nicht in ihrer intraeuropäischen Mobilität durch nationale Gesetzgebung oder Praxis behindert werden dürfen. Der Begriff des AN in diesem Zusammenhang hat bis heute keine Konkretisierung im Vertragstext selbst erfahren, sondern wurde durch eine stattliche Anzahl von Entscheidungen des Europäischen Gerichtshofs definiert. Seit seinem Urteil in der Rs *Hoekstra* betont der EuGH die Notwendigkeit einer **autonomen Auslegung** des Begriffs, um eine Einschränkung der Grundfreiheit durch divergierende Definitionen unter nationalem Recht zu verhindern.[31]

In typischer Weise geht der Gerichtshof von einem **breiten Verständnis** des Begriffs „Arbeitnehmer" aus, um die Effektivität dieser zentralen Bestimmung des EU-Rechts zu gewährleisten (*Effet-utile*-Prinzip[32]). In der Rs *Lawrie Blum* hat der Gerichtshof den Wander-AN als eine natürliche Person identifiziert, die eine **wirtschaftliche Tätigkeit** ausübt. Dafür sind drei Kriterien maßgeblich:[33]

- die Verpflichtung der Arbeitsleistung für einen anderen

---

30 Die neue VO hat die VO 1612/68 ohne gröbere inhaltliche Veränderungen ersetzt.
31 Vgl *Rebhahn*, Die Arbeitnehmerbegriffe des Unionsrechts, EuZA 2012, 3 ff.
32 Vgl *Streinz*, Der effet utile in der Rechtsprechung des Gerichtshofes der Europäischen Gemeinschaften, in Festschrift Everling (II) (1995) 1491 ff.
33 Vgl *Runggaldier/Reissner*, Die Freizügigkeit der Arbeitnehmer im EG-Vertrag, in *Oetker/ Preis*, Europäisches Arbeits- und Sozialrecht B 2008, Rz 22 ff.

Der EuGH verlangt eine „echte und tatsächliche" Arbeitsleistung, was bedeutet, dass diese nicht völlig **unwesentlich** (Rs *Levin, Kempf*) oder **einem anderen Zweck untergeordnet** (Rs *Raccanelli, Bettray*) sein darf. Aus der zitierten Rsp kann gefolgert werden, dass der Gerichtshof weder ein Mindestmaß an zeitlicher Beanspruchung durch die Tätigkeit verlangt noch dass der Austausch von Dienstleistungen für Entgelt das dominante Ziel des Vertragsverhältnisses ist, solange der wirtschaftliche Gehalt der Tätigkeit nicht als absolut vernachlässigbar angesehen werden kann. Letzteres ist insb dann der Fall, wenn der Zweck der Tätigkeit in Wahrheit mehr in der Ausbildung oder (Re-)Integration des Betroffenen in den Arbeitsmarkt besteht als in der Bereitstellung von Dienstleistungen für den AG.[34]

- der Erhalt einer **Vergütung**
Das Entgelt, das der potentielle AN aus seinem Vertragsverhältnis bezieht, muss ebenfalls **wirtschaftlich relevant** sein. Es ist jedoch nicht erforderlich, dass die Vergütung in monetärer Form gewährt wird (so wurden in der Rs *Steymann* Sachleistungen als relevante Vergütung anerkannt). Ebenso irrelevant ist es, ob der AN die Stelle wirklich zur Erzielung einer Vergütung angenommen hat oder für ihn andere Ziele im Vordergrund stehen (etwa auch ein bewusstes Herbeiführen der Anwendbarkeit der Freizügigkeitsbestimmungen: Rs *L.N.*).

- die persönliche Abhängigkeit
Dieses Kriterium, das in den Rechtsordnungen aller MS herangezogen wird, um die Position eines AN von jener eines Selbständigen abzugrenzen, wird mit Blick auf das mit der Tätigkeit verbundene unternehmerische Risiko, die Freiheit, die Arbeitszeit selbst zu bestimmen, die organisatorische Integration in ein Unternehmen und evtl die eigene Beschäftigung von AN durch den Betroffenen beurteilt. Auf dieser Grundlage hat es der EuGH etwa in der Rechtssache *Asscher* abgelehnt, den Eigentümer eines Ein-Mann-Unternehmens als AN des eigenen Unternehmens zu sehen. In diesem Zusammenhang ist zu betonen, dass dort, wo die ersten beiden Kriterien erfüllt sind, der Mangel an persönlicher Abhängigkeit nicht zur Unanwendbarkeit des EU-Freizügigkeitsrechts führt, sondern lediglich zu einem Austausch der Rechtsgrundlage (denn Selbständige können sich auf die **Dienstleistungsfreiheit** berufen, die sie gegenüber den MS in eine gänzlich vergleichbare Rechtsposition versetzt).

2. Aufenthaltsrecht

Die Vorteile einer Einordung als AN nach der obigen Definition bestehen in einer Reihe von Ansprüchen, die Art 45 AEUV und die damit verbundenen Vorschriften des Sekundärrechts dem Betroffenen für den Fall zugestehen, dass dieser die Möglichkeit der Mobilität innerhalb der EU in Anspruch nimmt. Diese

---

34 Beispiele dazu finden sich bei *Gidro* et al, Aspects Regarding The Free Movement Of Workers In The Community Space, Curentul Juridic 44/2011, 18.

IV. EU-Grundfreiheiten

Ansprüche können in Aufenthaltsrechte im Hoheitsgebiet des Beschäftigungsstaates einerseits und die Anwendbarkeit eines umfassenden Schutzes vor Diskriminierung andererseits unterteilt werden.

Das Recht auf **Aufenthalt** (vgl Art 45 Abs 3 lit b–c AEUV, Art 7 Abs 1 lit a UBR) ist eine logische Voraussetzung für die Verrichtung von Arbeiten auf dem Gebiet eines anderen MS. Wichtig ist, dass dieses Recht nach Art 7 Abs 3 UBR für die Dauer einer vorübergehenden **Arbeitsunfähigkeit**, kurzfristigen **Arbeitslosigkeit** oder **Berufsausbildung** iZm der ursprünglich ausgeübten Tätigkeit **erhalten** bleibt. Der EuGH hat dem hinzugefügt, dass das Recht eigentlich schon dann bestehen muss, wenn eine Person in einem anderen MS tatsächlich Arbeit sucht (Rs *Antonissen, Collins*).[35] Im Einklang mit dieser Rsp verbietet nunmehr Art 14 Abs 4 lit b UBR die Ausweisung eines Arbeitssuchenden, welcher nachweisen kann, dass er eine echte Chance auf baldige Einstellung im betreffenden MS hat. Der AN-Status bleibt auch während einer schwangerschaftsbedingten Abwesenheit erhalten (Rs *Saint-Prix*).

Da für AN mit Familie das Aufenthaltsrecht von sehr eingeschränktem Wert wäre, wenn es nur für ihre eigene Person gelten würde, verdeutlicht das Sekundärrecht, dass der Anspruch gleichermaßen für die in Art 2 UBR genannten **Angehörigen** gilt: Ehepartner, eingetragene Lebenspartner, Kinder unter 21 Jahren und die unterhaltsberechtigten Kinder und Eltern des AN. Eine nachträgliche Trennung des gemeinsamen Haushaltes von Ehegatten ist ebenso irrelevant wie die Frage, ob ein unterhaltsberechtigtes Kind vermutlich fähig wäre, durch Arbeit seinen eigenen Unterhalt zu verdienen (Rs *Iida, Reyes*). Ihr Aufenthaltsrecht ist aber nicht bedingungslos: Wie sich aus Art 6 und 7 Abs 1 lit d UBR ergibt, ist Voraussetzung für einen über dreimonatigen Aufenthalt im Beschäftigungsstaat, dass besagte Angehörige entweder wirtschaftlich tätig sind oder über ausreichende Existenzmittel verfügen, um im Aufenthaltsstaat keine Sozialhilfeleistungen in Anspruch nehmen zu müssen. Art 12 UBR ermöglicht Familienmitgliedern, ihren Aufenthalt auch **nach dem Tod oder Wegzug** des AN **fortzusetzen**, wenn sie weiterhin die eben beschriebenen Bedingungen erfüllen. Ohne weitere Voraussetzungen sind die Kinder des AN für die Dauer aufenthaltsberechtigt, die notwendig ist, um eine bereits begonnene Ausbildung abzuschließen (Art 12 Abs 3 UBR).

Schließlich bringt der Status des AN einen Anspruch mit sich, auf dem Gebiet einer ehemaligen Beschäftigung (vgl Art 45 Abs 3 lit d AEUV, Art 17 UBR) zu **verbleiben**. Dieses Recht ist auf Fälle beschränkt, in denen die Arbeitsleistung dort aufgrund eines Anspruchs auf **Alters- oder Invaliditätsrente** oder aufgrund der Aufnahme einer **Beschäftigung in einem anderen MS** beendet wurde.

---

35 Zur Bedeutung dieser Rsp s *Woodruff*, The Qualified Right to Free Movement of Workers: How the Big Bang Accession Has Forever Changed a Fundamental EU Freedom, Duquesne Business Law Journal 10/2008, 127 ff.

3. Gleichbehandlung

Um die faktische Freizügigkeit der AN im europäischen Binnenmarkt zu garantieren, will das EU-Recht sicherstellen, dass Mobilität nicht daran scheitert, dass einer Person aus ihr konkrete Nachteile erwachsen. Zu diesem Zweck verpflichten die einschlägigen Bestimmungen die MS, solche AN in einer Reihe von Bereichen so zu behandeln, als würde es sich um ihre eigenen Staatsangehörigen handeln.

Zunächst einmal ist keine Diskriminierung bezüglich des **Zugangs** des AN **zum Arbeitsmarkt** des Ziel-MS erlaubt (s Art 45 Abs 3 lit a AEUV, Art 2 ff FV): Jede freie Stelle auf dem Hoheitsgebiet eines Mitgliedstaates muss grundsätzlich den Staatsangehörigen der anderen MS unter gleichen Bedingungen offenstehen. Art 23 UBR erstreckt diesen Arbeitsmarktzugang auf Familienangehörige des AN.

Gleichbehandlung hinsichtlich der **Arbeitsbedingungen** (Art 45 Abs 3 lit c AEUV, Art 7 FV) betrifft alle wesentlichen Elemente der Ausübung eines Arbeitsvertrags, wie Entgelt, Arbeitszeit, Zugang zu bestimmten Einrichtungen des AG. Darüber hinaus zeugen Art 7 Abs 2 und 7 Abs 3 der FV, die berufliche **Bildung**, **Steuern** und **soziale Vergünstigungen** betreffen, von einem Konzept der Nichtdiskriminierung in praktisch allen Bereichen, die die Rechtsposition des Einzelnen während des Aufenthalts in einem anderen Mitgliedstaat bestimmen. Die Judikatur des EuGH ist von einem weiten Verständnis von *sozialen Vergünstigungen* geprägt (erfasst sind etwa auch Fahrpreisvergünstigungen für kinderreiche Familien: Rs *Cristini*). Art 8 FV fügt Rechte auf Mitgliedschaft und Betätigung in Gewerkschaften hinzu.

In Kodifizierung der Rsp des EuGH garantiert das Sekundärrecht den **Kindern** des AN einen gleichberechtigten Zugang zu Allgemein- und Berufsausbildung. Basierend auf dem erwähnten Anspruch der Kinder, eine bereits begonnene **Ausbildung** „unter den bestmöglichen Bedingungen" abzuschließen (Art 10 FV), hatte der EuGH bereits in der Rs *Baumbast* entschieden, dass diese Bestimmung voraussetzt, dass derjenige Elternteil, der hauptsächlich mit der Erziehung der Kinder betraut ist, ebenfalls im Ausbildungsstaat verbleiben kann. Dies wird nun explizit von Art 12 Abs 3 UBR vorgeschrieben.

Art 45 erlaubt **Ausnahmen** von der Gewährung all dieser Vorteile nur in zwei eng definierten Fällen. Einer davon betrifft die Beschäftigung in der **öffentlichen Verwaltung** (Art 45 Abs 4). Im Einklang mit der allgemeinen Position des EuGH zu Ausnahmen von allgemeinen Bestimmungen des EU-Rechts ist der Begriff der öffentlichen Verwaltung einer einschränkenden Auslegung zu unterziehen. Dieser umfasst daher keineswegs sämtliche Arbeitsverhältnisse mit einer öffentlichen Einrichtung als AG, sondern nur solche Aufgaben, die eine „unmittelbare oder mittelbare Teilnahme an der **Ausübung hoheitlicher Befugnisse** und an der Wahrnehmung solcher Aufgaben mit sich bringen, die auf die Wahrung der **allgemeinen Belange des Staates** oder anderer öffentlicher Körperschaften gerichtet sind". Anders formuliert bezieht sich der Ausdruck „öffentliche Verwaltung" nur auf Kernfunktionen, die ein Staat vernünftigerweise nicht Privatpersonen oder -unternehmen überlassen würde. Markante Beispiele sind die Beschäftigung in der Justiz, der Polizei oder im diplomatischen Dienst.[36]

Niemals kann sich ein MS erfolgreich auf diese Ausnahme berufen, wenn die öffentliche Stelle, die als AG fungiert, iW eine Bereitstellung von Dienstleistungen für die Bürger ohne Ausübung von Hoheitsgewalt betreibt (s Rs *Lawrie Blum* zu öffentlichen Schulen). Unabhängig vom rechtlichen Status der Position, für die der AN rekrutiert wird, ist es notwendig, den genauen Charakter der Arbeit zu beachten: Nur dort, wo ein MS begründet ein bestimmtes Maß an Loyalität für die in Frage stehenden Aufgaben fordern kann, erlaubt Art 45 Abs 4 AEUV, dass sie den Individuen vorbehalten werden, die mit dem MS durch das Band der Staatsangehörigkeit verbunden sind.[37]

Die Argumentation hinter der dargestellten Rsp bedeutet logischerweise, dass die Bestimmung ausschließlich eine Beschränkung des **Zugangs** zu öffentlichen Funktionen rechtfertigt. Im Gegensatz dazu kann keinerlei andere Form der Diskriminierung von Ausländern, denen bereits Zugang zu dieser Funktion gewährt wurde, auf Art 45 Abs 4 gestützt werden (s Rs *ÖGB*).

Die andere mögliche Ausnahme ergibt sich aus Art 45 Abs 3, welcher Einschränkungen aus Gründen des Schutzes der **öffentlichen Ordnung, Sicherheit und Gesundheit** erwähnt. In Übereinstimmung mit dem erwähnten Konzept der stets engen Interpretation von Ausnahmen verlangt der EuGH bereits seit den 1970er Jahren, dass die Ausweisung eines Wander-AN aus Gründen der öffentlichen Ordnung oder Sicherheit nur auf ein **persönliches Verhalten** gestützt werden kann, das dessen Anwesenheit auf dem Hoheitsgebiet eines MS in Widerspruch zu grundlegenden Interessen des Staates bringt (vgl Rs *van Duyn*). Dieser Grundsatz wird nun in Art 27 UBR näher umschrieben, während Art 29 klarstellt, dass Anliegen der öffentlichen Gesundheit eine Ausweisung nur im Falle von Krankheiten mit epidemischem Potenzial rechtfertigen.[38]

4. Anwendung von Art 45 AEUV

Genau wie jeder anderen der Grundfreiheiten der EU ist der Freizügigkeit der AN vom EuGH eine **unmittelbare Anwendbarkeit** zuerkannt worden. Dies bedeutet, dass der Einzelne sich ungeachtet der Tatsache, dass das nationale Recht das Prinzip des Diskriminierungsverbots unzureichend umgesetzt hat, direkt auf

---

36 Zu weiteren Beispielen vgl *Pravita*, The Access of EU Citizens to the Public Service: A Comparative Analysis, Review of European Studies 2/2 (2010) 19.
37 Vgl *Runggaldier/Reissner*, EAS B 2008, Rz 184 ff.
38 Vgl *Carrera/Faure Atger*, Implementation of Directive 2004/38 in the context of EU Enlargement: A proliferation of different forms of citizenship?, CEPS Special Report (2009) 18.

die Vertragsbestimmungen stützen kann. Aufgrund des Status von Art 45 AEUV als Bestimmung des Primärrechts deckt die unmittelbare Wirkung auch sog **horizontale** Fälle (zwischen Privaten) ab. Im Ergebnis werden sogar einzelne AG direkt durch den Vertrag verpflichtet und können für eine weniger günstige Behandlung eines AN aus Gründen der Staatsangehörigkeit zur Rechenschaft gezogen werden – auch wenn sie im Einklang mit dem auf sie anwendbaren innerstaatlichen Recht handeln (s Rs *Walrave & Koch, Bosman, Angonese*). Einem AN, der Opfer von Diskriminierung gegenüber den Staatsangehörigen des Beschäftigungsstaates wurde, müssen genau die Rechte oder Vorteile gewährt werden, die für die privilegierte Gruppe vorgesehen sind.

Es sei auch darauf hingewiesen, dass der Umfang des Art 45 nicht auf den „klassischen" Fall eines AN beschränkt ist, der die Staatsangehörigkeit eines MS besitzt und gegen Beschränkungen vorgeht, mit denen er bei der Arbeit in einem anderen MS konfrontiert ist. Vielmehr fällt eine Situation in den Anwendungsbereich des EU-Freizügigkeitsrechts, sobald ein **grenzüberschreitendes Element** in irgendeiner bedeutsamen Weise beteiligt ist. Der EuGH hat einen Rückgriff auf Art 45 AEUV zB dann zugelassen, wenn ein AN durch seinen eigenen Herkunftsstaat aufgrund einer Beschäftigung im Ausland weniger günstig behandelt wird (vgl Rs *Terhoeve, Kraus*) oder die bloße Verlegung des Wohnsitzes in einen anderen MS Nachteile mit sich bringt (s Rs *Hartmann*). Die einzige Fallgestaltung, die nach der Auffassung des EuGH außerhalb des Geltungsbereichs der Verträge anzusiedeln ist, betrifft sog **umgekehrte Diskriminierungen** – also Maßnahmen, die ausschließlich die eigenen Staatsangehörigen eines MS diskriminieren. Dies ist der Fall, wenn ein MS die Vorteile, die Wander-AN zustehen, der eigenen Bevölkerung verweigert. In der Praxis ist dies für die Familienzusammenführung besonders relevant: Das EU-Recht gibt AN keinen Anspruch, Angehörige aus Drittländern in ihren eigenen MS zu bringen (s Rs *Morson & Jhanjan*). Hat jedoch ein AN während der Arbeit in einem anderen MS von seinem Recht auf Familienzusammenführung nach den Bestimmungen der UBR Gebrauch gemacht, muss diesen Familienmitgliedern auch gestattet werden, ihn bei der Rückkehr in seinen Heimatstaat zu begleiten (Rs *O.*). Im Ergebnis kann die Familienzusammenführung so über den Umweg einer kurzfristgen Arbeitsaufnahme im EU-Ausland erreicht werden.

Der Gerichtshof hat auch **Dritten** die Möglichkeit gewährt, sich auf Art 45 AEUV zu berufen, wann immer sie als Folge der Ausübung des Rechts eines AN auf Freizügigkeit einer Beeinträchtigung unterliegen. Dabei kann es sich um einen AG handeln, die in seiner Freiheit beschränkt wird, Staatsangehörige anderer MS zu beschäftigen (wie im Falle *Clean Car Autoservice*) oder staatliche Leistungen für deren Anstellung zu erhalten (Rs *Sàrl*); um einen Arbeitsvermittlungsdienst, der Subventionen nur für die Vermittlung von AN auf inländische Arbeitsplätze erhält (wie bei *ITC*); oder um einen früheren Ehegatten, dessen Unterhaltszahlungen an einen AN nach dessen Verzug in einen anderen MS einer ungünstigeren steuerlichen Behandlung unterliegen (wie in der Rs *Schempp*).

5. Mittelbare Diskriminierung

Ein weiterer Aspekt von herausragender Bedeutung für die Verwirklichung der Gleichbehandlung[39] ist die Tatsache, dass nicht nur unmittelbare (direkte) Diskriminierung (weniger günstige Behandlung aus dem alleinigen Grund der Staatsangehörigkeit) durch den Vertrag verboten ist. Vielmehr bezieht die stRsp des EuGH auch subtilere Formen der Ungleichbehandlung mit ein, bei denen das **Kriterium** für die Unterscheidung „**scheinbar neutral**" ist, tatsächlich aber Wander-AN stärker beeinträchtigt. Dies ist das Konzept der *mittelbaren* (*indirekten*) *Diskriminierung*, die im Grunde die Anwendung solcher Kriterien verbietet, die entweder zu einem überproportional höheren Anteil ausländische Staatsangehörige betreffen oder zu verstärkt negativen Folgen für Ausländer führen. Selbstverständlich sind derart versteckte Formen der Diskriminierung in der jüngeren Rsp sehr viel häufiger anzutreffen als die eher unstrittigen Fälle der unmittelbaren Diskriminierung.

Das wohl offensichtlichste Beispiel der mittelbaren Diskriminierung ist es, wenn ein Vorteil davon abhängig gemacht wird, dass der Begünstigte einen **Wohnsitz** auf dem Gebiet des Beschäftigungs-MS hat. Weitere Beispiele aus der Rsp haben etwa die Berücksichtigung nur inländischer früherer **Beschäftigungszeiten** für die Berechnung bestimmter Leistungen (Rs ÖGB), die Anerkennung nur von Wehrdienstzeiten in den Streitkräften des Beschäftigungsstaates (Rs *Ugliola*) oder die Erstattung von Bestattungskosten nur für Begräbnisse im Inland (Rs *O'Flynn*) betroffen. Schließlich kann auch **Kompetenz in der Landessprache** als Einstellungsvoraussetzung eine mittelbare Differenzierung aus Gründen der Staatsangehörigkeit darstellen (s Rs *Angonese*).

Insb das letztgenannte Beispiel der Sprachkompetenz veranschaulicht die unhaltbaren Ergebnisse, die sich aus einer strikten Anwendung des Gleichbehandlungsgrundsatzes in jenen Fällen ergeben würden, in denen die Beherrschung einer Sprache schlicht eine wesentliche Voraussetzung für die Ausübung einer bestimmten Tätigkeit darstellt (vgl auch den Verweis auf Sprachkenntnisse in Art 3 FV). Im Hinblick auf Fälle dieser Art hat der EuGH eine „*rule of reason*" entwickelt, nach der Differenzierungen, die potentiell aus Gründen der Staatsangehörigkeit diskriminieren, einer objektiven Rechtfertigung zugänglich sind.

Die notwendigen Zutaten für eine solche objektive Rechtfertigung sind einerseits ein **rechtmäßiges Ziel,** zum anderen die Verhältnismäßigkeit der Maßnahme. Erstere Anforderung ist nur erfüllt, wenn sich von einem Staat eingeführte Differenzierungen aus **zwingenden Gründen des Allgemeininteresses** ergeben. Ist es ein privater AG, der mittelbar diskriminierende Kriterien verwendet, kann er sich auch auf betriebliche Erfordernisse des Unternehmens stützen. Das (sehr viel

---

39 Vgl auch die in Kapitel V. behandelten Gleichbehandlungsnormen.

problematischere) Erfordernis der **Verhältnismäßigkeit** verlangt, dass die Unterscheidung **angemessen** und **erforderlich** sein muss, um das rechtmäßige Ziel zu erreichen. Dies bedeutet, dass es erstens vertretbar sein muss, davon auszugehen, dass die fragliche Maßnahme zur Erreichung des erklärten Zieles führt, und dass zweitens der Nachteil für Migranten nicht über das hinausgehen darf, was zur Zielerreichung unerlässlich ist. So konnte in der oben angeführten Rs *Angonese* durchaus eine Bescheinigung der Sprachkenntnisse eines Bewerbers für eine Stelle in einer Bank gefordert werden; das Erfordernis eines bestimmten Zertifikats, welches nur im Sitzstaat des AG erworben werden konnte, war jedoch unverhältnismäßig. Bzgl der Voraussetzungen für den Erhalt von Hochschulstipendien in Luxemburg fand es der EuGH unverhältnismäßig, dass Kinder eines AN durch die bloße Tatsache ausgeschlossen waren, dass sie im Ausland lebten: Nach Ansicht des Gerichtshof könnte das legitime Ziel der Beschränkung auf Personen, die später voraussichtlich einen Teil des Luxemburger Arbeitsmarktes ausmachen, auch durch flexiblere Bedingungen erreicht werden (Rs *Giersch*).

Die komplexesten Fragen der mittelbaren Diskriminierung aufgrund der Staatsangehörigkeit ergeben sich im Hinblick auf berufliche Anforderungen, die ein MS für die Ausübung einer bestimmten Tätigkeit auf seinem Hoheitsgebiet aufstellt. In diesem Bereich hat die EU spezifische Vorschriften über die **Anerkennung von Berufsqualifikationen** erlassen, die jetzt in der **RL 2005/36/EG** zu finden sind. Diese regelt, unter welchen Voraussetzungen EU-Bürgern Zugang zu reglementierten Berufen in anderen MS gegeben werden muss – sei es im Rahmen einer unselbständigen oder einer selbständigen Erwerbstätigkeit. Dabei wird das Prinzip der Gleichbehandlung von Qualifikationen (Art 12) durch die Möglichkeit des Beschäftigungsstaates beschränkt, sog **Ausgleichsmaßnahmen** – einen Anpassungslehrgang oder eine Eignungsprüfung – zu verlangen. Dies ist allerdings nur zulässig, falls die im Herkunftsstaat erworbene Qualifikation entweder eine kürzere Ausbildungsdauer erfordert oder sich die in diesem Rahmen belegten Fächer wesentlich von den im Aufnahmemitgliedsstaat vorgesehenen unterscheiden (Art 14 der RL). Doch können diese Vorschriften des Sekundärrechts die Prüfung von nationalen Beschränkungen iSd Art 45 AEUV nicht gänzlich ersetzen. So hat der EuGH festgestellt, dass relevantes Wissen, das ein Antragsteller nachweislich durch überwachte Praxis erworben hat, nicht völlig außer Acht gelassen werden darf, auch wenn es die in der RL enthaltene Definition von „Berufserfahrung" nicht erfüllt (Rs *Vandorou*).

Vor kurzem hat die **Kommission** einen **Vorschlag**[40] für eine weitere Überarbeitung der aktuellen Normen veröffentlicht. Zu den wichtigsten vorgeschlagenen Neuerungen zählt die Einführung eines *europäischen Berufsausweises*, der es dem Inhaber er-

---

40 Vorschlag für eine RL zur Änderung der RL 2005/36/EG über die Anerkennung von Berufsqualifikationen und der Verordnung über die Verwaltungszusammenarbeit mithilfe des Binnenmarktinformationssystems, KOM(2011) 883 endg.

IV. EU-Grundfreiheiten

möglichen würde, eine bestimmte in einem MS erworbene Qualifikation leichter nachzuweisen.[41] Außerdem sollen die für gewisse Berufe (insb im Gesundheitsbereich) bestehenden einheitlichen Mindestanforderungen überarbeitet werden.[42]

6. (Markt-)Zugangsbeschränkungen

Ganz offensichtlich hat die Einbeziehung von Fällen der mittelbaren Diskriminierung in den durch Art 45 AEUV gebotenen Schutz den Einfluss, den das EU-Freizügigkeitsrecht auf verschiedenste Bestimmungen des nationalen Rechts, KollV und interne Arbeitsplatzregulierungen einzelner AG hat, ganz wesentlich erhöht. In jüngerer Zeit hat der EuGH im Interesse der tatsächlichen Gewährleistung der AN-Mobilität innerhalb Europas eine weitere Ausdehnung des Anwendungsbereichs dieses Artikels zugelassen: In Übereinstimmung mit seiner Rsp im Bereich der sonstigen wirtschaftlichen Freiheiten (insb der Dienstleistungs- und der Niederlassungsfreiheit) sieht der Gerichtshof den Nachweis einer (mittelbaren oder unmittelbaren) Diskriminierung nicht mehr als notwendige Voraussetzung für einen Verstoß gegen den Grundsatz der AN-Freizügigkeit an. Vielmehr sieht der EuGH, gestützt auf den Wortlaut des Art 45 Abs 1 AEUV, diese Vorschrift als verletzt an, sobald eine nationale Maßnahme geeignet ist, die Ausübung des Rechts eines AN auf **Freizügigkeit** zu **unterbinden**, zu **behindern** oder **weniger attraktiv zu machen** – es sei denn, dies ist durch ein rechtmäßiges Ziel gerechtfertigt. Die Beurteilung einer solchen möglichen Rechtfertigung entspricht vollständig der oben beschriebenen Verhältnismäßigkeitsprüfung.

Das genaue Ausmaß dieses Konzepts der Gewährleistung des *Zugangs* zum Arbeitsmarkt eines anderen MS ist durch beträchtliche Unklarheiten geprägt. Gewissheit besteht, solange nachteilige Folgen an die reine Tatsache der **Bewegung über die Grenzen** zwischen den MS geknüpft sind – zB wenn die Verlegung des Wohnsitzes eines AN in einen anderen MS zu einer Verpflichtung führt, ausstehende Steuern sofort bezahlen (Rs *Kommission v Spanien 2012*). Darüber hinaus sah allerdings der EuGH eine Verletzung von Art 45 in zwei Fällen mit Bezug auf Profifußballer (*Bosman* und *Bernard*) schon in der bloßen Tatsache, dass ihr Transfer zu einem anderen Fußballverein die Zahlung einer (sehr hohen) Ablösesumme durch den neuen AG an den ehemaligen erfordert hätte – was ihre **Aussichten auf einen AG-Wechsel** praktisch auf null reduzierte. Obwohl diese Bestimmung nationale Fußballclubs in der gleichen Weise betraf wie ausländische, entschied der Gerichtshof, dass eine derart starke Einschränkung der Bewegungsfreiheit nicht mit dem Grundsatz des freien Personenverkehrs vereinbar ist – es sei denn, objektive Gründe könnten sie in dieser Form rechtfertigen.

---

41 Vgl die Seiten 7 ff des Vorschlags.
42 Letzterer Vorschlag stößt vor allem von deutscher Seite auf Widerstand, da er beträchtliche Änderungen des deutschen Ausbildungssystems erfordern würde. Vgl EU-Agenda: Nachrichten zum Europäischen Sozial- und Arbeitsrecht, ZESAR 2012, 100, 255.

Im Gegensatz dazu kann das Recht auf Marktzugang nicht geltend werden, wenn die negativen Folgen eines AG-Wechsels des AN auf lediglich **ungewissen und mittelbaren Möglichkeiten** beruhen – wie es nach dem Urteil des EuGH beim Verlust eines Anspruchs auf Abfindung wegen Selbstkündigung des AN der Fall war (Rs *Graf*).

7. Räumlicher Geltungsbereich des Grundsatzes

Durch spezifische Abkommen ist die Anwendbarkeit der AN-Freizügigkeit auf den **EWR** und die **Schweiz** erweitert worden.[43] Bestimmte Freizügigkeitsrechte auch für türkische Staatsangehörige wurden in das **EU-Türkei-Assoziierungsabkommen** und dessen Zusatzprotokoll aufgenommen:[44] Während die Erstzulassung türkischer AN zum Arbeitsmarkt eines MS nach wie vor eine Frage des nationalen Rechts ist, berechtigt das Abkommen einmal zugelassene und beschäftigte AN, im Beschäftigungsstaat zu verbleiben und sich letztendlich auch in anderen MS aufzuhalten.

Im Zusammenhang mit EU-**Erweiterungen** ist es gängige Praxis, den Zugang der Staatsangehörigen der jeweils neuen MS zum Arbeitsmarkt der anderen Staaten während einer Übergangszeit zu **begrenzen**. Die Beitrittsverträge der letzten Jahrzehnte gestatteten den jeweils „alten" MS, AN aus den neuen Mitgliedstaaten im Rahmen eines „2+3+2-Szenarios" Freizügigkeitsrechte vorübergehend zu verwehren: In den ersten zwei Jahren ohne Angabe von Gründen, dann über drei weitere Jahre auf der Grundlage einer Mitteilung an die Kommission und schließlich weitere zwei Jahre im Falle des Nachweises einer erheblichen Störung des nationalen Arbeitsmarkts oder der Gefahr einer solchen. Trotz dieser scheinbar strengen Voraussetzungen haben viele MS die maximale Dauer von sieben Jahren für den Ausschluss der Staatsangehörigen der Beitrittsländer von 2004 und 2007 voll ausgeschöpft und ein Großteil beschränkt gegenwärtig den Zugang von AN aus dem jüngsten EU-Mitglied Kroatien.[45] In der Übergangsphase müssen die Bedingungen für den Marktzugang der neuen EU-Bürger mindestens so günstig sein wie jene von Drittstaatsangehörigen und ihren Bewerbungen auf freie Stellen muss Vorrang vor jenen von Nicht-EU-Bürgern gegeben werden (Rs *Sommer*).

---

43 Vgl das Abkommen über den Europäischen Wirtschaftsraum 1994 und das Abkommen zwischen der Europäischen Gemeinschaft und ihren Mitgliedstaaten einerseits und der Schweizerischen Eidgenossenschaft andererseits über die Freizügigkeit 2002.
44 Vgl das mit der VO (EWG) Nr 2760/72 des Rates vom 19. Dezember 1972 im Namen der Gemeinschaft geschlossene, gebilligte und bestätigte Zusatzprotokoll.
45 Zu den Hintergründen und dem tatsächlichen Effekt dieser Beschränkungen vgl *Woodruff*, The Qualified Right to Free Movement of Workers 127 ff, sowie *Rebhahn/Schörghofer*, Werkvertrag und Arbeitskräfteüberlassung im Lichte des Urteils Vicoplus, wbl 2012, 373.

8. Ausblick

Trotz der langen Geschichte und umfangreichen Rechtsprechung zur AN-Freizügigkeit bewertet die Kommission deren Nutzung in der Praxis als relativ unterentwickelt – unter den vier Freiheiten des Binnenmarktes ist sie die am wenigsten genutzte. Die EU-Arbeitskräfteerhebung 2011[46] zeigte, dass nur 3,1 % der erwerbsfähigen Bürger in einem anderen MS lebten und 15 % erklärten, sie würden Arbeit in einem anderen MS nicht einmal in Erwägung ziehen. Die Antwort der Kommission war ein Vorschlag für eine RL, die innerhalb von nur einem Jahr verabschiedet wurde und bis zum 21. Mai 2016 umzusetzen ist: **RL 2014/54/EU** verpflichtet die MS, einfach zugängliche Informationen über die Rechte und Möglichkeiten der Arbeitskräftemigration in mindestens zwei Sprachen der EU bereitzustellen, effektive gerichtliche und Verwaltungsverfahren für Diskriminierungsfälle (mit der Möglichkeit der Einbeziehung der Sozialpartner oder von NGOs) zu schaffen und eine nationale Behörde für die Überwachung und Förderung der Freizügigkeit, Forschung und Zusammenarbeit auf EU-Ebene zu benennen.

B. Unionsbürgerfreizügigkeit

Wie oben angeführt, war die Freizügigkeit der AN zunächst iW ein Mittel, um die MS zu zwingen, Hindernisse für die Schaffung eines funktionierenden Binnenmarktes abzuschaffen. Das zunehmende Bewusstsein über einen *sozialen* Aspekt der Freizügigkeit und des Diskriminierungsverbots in einer weit verstandenen europäischen Gemeinschaft ebnete schließlich den Weg zu einer Erweiterung des Modells auf die **wirtschaftlich nicht aktive EU-Bevölkerung**. Die schrittweise Verwirklichung einer faktischen Freizügigkeit auf dem Gebiet der EU stellt jedoch weiterhin eine Herausforderung für die MS dar. Angesichts der immer noch „relativ unterentwickelten" Solidarität unter den MS[47] sind diese häufig nur ungern bereit, Gleichbehandlung auch solchen Personen zu gewähren, die nicht zumindest als AN oder Dienstleister einen Beitrag zum Wirtschaftsleben des MS liefern. Davon zeugt ein Bericht der Kommission aus dem Jahre 2008, welcher feststellte, dass kein einziger MS die Bestimmungen der **Unionsbürger-RL** voll umgesetzt hatte, und keine einzige Bestimmung der RL vollständig von allen Staaten implementiert worden war.[48] Entsprechend dieser abweichenden Ausgangslage sind die Freizügigkeitsrechte wirtschaftlich nicht aktiver Personen gegenüber den beschriebenen umfangreichen Rechten der AN weiterhin durch bestimmte **Einschränkungen** geprägt.

---

46 Eurostat, EU-Arbeitskräfteerhebung für das Jahr 2011.
47 *White*, Revisiting Free Movement of Workers, Fordham International Law Journal 20 (2010) 122.
48 Europäische Kommission, Bericht über die Anwendung der Richtlinie 2004/38/EG des Europäischen Parlaments und des Rates über das Recht der Unionsbürger und ihrer Familienangehörigen, sich im Hoheitsgebiet der Mitgliedstaaten frei zu bewegen und aufzuhalten, KOM(2008) 840/3. Vgl im Einzelnen *Carrera/Faure-Atger*, Implementation of Directive 2004/38 in the context of EU Enlargement, 1 ff.

1. Aufenthaltsrecht

Der Vertrag von Maastricht begründete das Konzept der **Unionsbürgerschaft**, die durch den Vertrag von Lissabon einen prominenten Platz im II. Abschnitt des AEUV erhalten hat. **Art 21 AEUV** sieht nun ein Recht der Bürger auf Freizügigkeit und Aufenthalt im Hoheitsgebiet der MS vor – „vorbehaltlich der in den Verträgen und in den Durchführungsvorschriften vorgesehenen **Beschränkungen und Bedingungen**". Diese Formulierung zeigt den vorsichtigen Ansatz bei der Gewährung von Freizügigkeitsrechten an Nicht-AN, wobei der Wortlaut scheinbar jede Form der Beschränkung in den Durchführungsbestimmungen der EU und/oder der MS legitimiert. Letztere waren natürlich nicht gewillt, die starke Rechtsposition der Wander-AN (welche insb den Zugang zu sozialstaatlichen Leistungen und Vergünstigungen beinhaltet) auf wirtschaftlich nicht aktive Bürger auszuweiten.

Freilich ist der EuGH einem entsprechend breiten Verständnis des Vorbehalts in Art 21, welches das Prinzip im Grunde jeder praktischen Wirksamkeit beraubt hätte, nicht gefolgt. Die Entscheidung in der Rs *Baumbast* hat klargestellt, dass auch in diesem Bereich nur *verhältnismäßige* Einschränkungen akzeptiert werden können. Eine nähere Determinierung der Grenzen der Unionsbürgerfreizügigkeit erfolgte schließlich durch die im Jahr 2004 verabschiedete UBR.

Diese RL schafft ein Modell unterschiedlicher Stufen des Aufenthalts in einem MS der EU mit unterschiedlichen Voraussetzungen für das Recht auf Freizügigkeit. Im Detail gesteht Art 6 UBR einen Aufenthalt bis zu **drei Monaten** praktisch ohne weitere Voraussetzungen zu. Nur wenn ein **längerer** Aufenthalt angestrebt wird, wird dessen Zulässigkeit von einem Nachweis **ausreichender Existenzmittel** für den Unterhalt des Unionsbürgers und der Vorlage einer gültigen **Krankenversicherung** abhängig gemacht (Art 7 Abs 1). Es muss betont werden, dass Ressourcen schon dann „ausreichend" im Sinne dieser Bestimmung sind, wenn sie verhindern, dass der Berechtigte Sozialhilfeleistungen des Aufnahmestaates in Anspruch nehmen muss. Im Gegensatz dazu ist der Bezug anderer Sozialleistungen von diesem MS ohne Beeinträchtigung des Aufenthaltsrechts möglich (vgl Rs *Trojani*). Eine geringfügige Abschwächung des Nachweiserfordernisses ist für Studenten vorgesehen. Wichtig ist, dass selbst dann, wenn sich die Existenzmittel zu einem späteren Zeitpunkt als unzureichend herausstellen, um den Lebensunterhalt des Unionsbürgers im Aufenthaltsstaat zu finanzieren, ein Antrag auf Sozialhilfe nicht zu einer *automatischen* Ausweisung führen darf (Art 14 Abs 3 implementiert Rsp des EuGH[49]). Schließlich, nach **fünf Jahren** Aufenthalt in einem bestimmten MS, erreicht ein Unionsbürger einen Status, der ihn ohne weitere

---

[49] Dies erfordert eine Prognose darüber, ob die finanziellen Schwierigkeiten der betroffenen Person voraussichtlich nur vorübergehend bestehen. Vgl *Windisch-Graetz*, Anmerkung zu OGH, Rs 10 ObS 172/10g, ZESAR 2012, 191.

IV. EU-Grundfreiheiten

Voraussetzungen zum **Daueraufenthalt** auf dem Territorium des Aufenthaltsstaats berechtigt (Art 16 UBR). Dieser Status geht nur nach Abwesenheit von dessen Territorium über mindestens zwei Jahre verloren.

In Bezug auf die Rechte von **Familienangehörigen** und die ausnahmsweise Möglichkeit der **Ausweisung** aus Gründen der **öffentlichen Ordnung, Sicherheit oder Gesundheit** unterscheidet die UBR nicht zwischen AN und anderen Bürgern (s zu den jeweiligen Voraussetzungen Unterabschnitt IV.A.2.). Die Ausweisung eines Daueraufenthaltsberechtigten ist nur aus „schwerwiegenden Gründen der öffentlichen Ordnung oder Sicherheit" möglich; im Falle von zehn Jahren Aufenthalt nur aus „zwingenden Gründen der öffentlichen Sicherheit" (Art 28). Zu beachten ist, dass für die Zeiträume von fünf bzw zehn Jahren nach Art 16 und 28 jeweils nur Zeiten eines **rechtmäßigen Aufenthalts** berücksichtigt werden. Auch eine Freiheitsstrafe für die Verletzung des Rechts des Wohnsitzstaats unterbricht den Erwerb des privilegierten Status (s Rs *Onuekwere, M.G.*).

Eben in diesem Bereich hat der EuGH kürzlich erstmals aus Art 21 AEUV einen über die UBR hinausgehenden Schutz des Verbleibes im *eigenen MS* abgeleitet. Der Staat verstößt gegen dieses Recht, wenn er nahe Angehörige seiner Staatsbürger (Eltern, minderjährige Kinder) ausweist und dadurch letztere nahezu zwingt, ihnen zu folgen und das Land zu verlassen. Dies gilt selbst dann, wenn diese Staatsangehörigen noch nie ihr Recht auf Freizügigkeit ausgeübt haben (s Rs *Dereci*). Ob die Anwesenheit von Drittstaatsangehörigen für einen EU-Bürger so wichtig ist, dass deren Ausweisung „die praktische Wirksamkeit der Unionsbürgerschaft beeinträchtigen kann", hängt nicht vom Grad der Verwandtschaft ab, sondern muss auf Einzelfallbasis beurteilt werden. Die bloße Tatsache, dass es wirtschaftlich wünschenswert erscheint, dass zB ein Kind von seiner Großmutter aus einem Drittstaat betreut wird, ist nicht ausreichend (Rs *S.*); jedoch muss die Auslegung von EU-Recht in diesem Bereich stets auf die Achtung der **Grundrechte** (insb Art 7 und 24 GRC) Bedacht nehmen (Rs *Maahanmuuttovirasto*).

2. Gleichbehandlung

Wichtig ist, dass anders als bei AN das Recht eines Unionsbürgers auf Aufenthalt in anderen MS nicht automatisch einen Anspruch auf Gleichbehandlung in dem breiten Verständnis von Art 45 mit sich bringt.

Grundsätzlich bezieht **Art 18 AEUV** das Verbot der Diskriminierung für alle EU-Bürger in einer umfassenden Weise auf den „**Anwendungsbereich der Verträge**". Daraus hat der EuGH gefolgert, dass sich das Gleichbehandlungsgebot auf alle Situationen erstreckt, die durch den AEUV – wenn auch nur sporadisch – reguliert sind. Insb hat der Gerichtshof aus der Einfügung eines Kapitels über Bildung (Art 165 ff AEUV) abgeleitet, dass eine Ungleichbehandlung in Bezug auf Stipendien oder den Zugang zum Hochschulstudium nunmehr eine potentielle

Verletzung des Art 18 darstellt (s Rs *Bidar, Bressol*). Noch viel bedeutsamer ist eine in der jüngsten Rsp geprägte Feststellung, dass die bloße Ausübung des Rechts auf Freizügigkeit nach Art 20 die Situation eines Unionsbürgers in den Anwendungsbereich der Verträge bringt und somit zur Anwendbarkeit von Art 18 führt (s Rs *Förster*).

Es versteht sich von selbst, dass das Diskriminierungsverbot in diesem Bereich nicht über den Umfang des Schutzes der Freizügigkeit von AN hinausgehen kann. Dementsprechend können auch hier Maßnahmen, die nur **mittelbar diskriminierende** Wirkung haben, durch eine **sachliche Rechtfertigung** legitimiert werden. Das Gleiche gilt für grundsätzlich nicht diskriminierende Maßnahmen, die als **Zugangsbeschränkungen** gewertet werden (s Unterabschnitt IV.A.6.; die Anwendbarkeit dieses Konzepts auch auf die Freizügigkeit der wirtschaftlich nicht aktiven Bevölkerung wurde in der Rs *Grunkin & Paul* bestätigt). Von besonderer finanzieller Bedeutung für Staaten wie Belgien und Österreich ist die Frage der Zugangsbeschränkungen für andere EU-Bürger an den heimischen Universitäten. In der Rs *Bressol* hielt der EuGH fest, dass eine sachliche Rechtfertigung für eine solche Regelung im Bereich des Medizinstudiums denkbar ist, wenn ein Staat anhand objektiver Daten aufzeigt, dass ein Großteil der ausländischen Studenten erwartungsgemäß nach Studienabschluss in den Herkunfts-MS zurückkehren wird, was zu einem Ärztemangel im Ausbildungsstaat führen kann.

Die Beurteilung etwaiger Rechtfertigungsgründe folgt der Verhältnismäßigkeitsprüfung, wie sie für AN beschrieben wurde (Voraussetzung eines rechtmäßigen Ziels, der Angemessenheit und der Erforderlichkeit der Maßnahme). Doch mit Blick auf Befürchtungen der MS, einem europaweiten „Sozialtourismus" Tür und Tor zu öffnen, hat der EuGH diesen zugestanden, Gleichbehandlung nur solchen Personen zuteilwerden zu lassen, die – wenn auch nicht als AN im betroffenen MS beschäftigt – irgendeine Form von engerer Verbindung zu dem betreffenden MS nachweisen können. Diese müssen sich demnach auf eine „**tatsächliche Verbundenheit mit dem räumlichen Arbeitsmarkt**" (Rs *D'Hoop*) oder einen „gewissen Grad an **Integration in die Gesellschaft**" (Rs *Bidar, Gottwald*) berufen können.

Art 24 Abs 2 UBR konkretisiert diese vagen Kriterien des EuGH durch die Angabe zweier expliziter Ausnahmen vom Diskriminierungsschutz: Einerseits müssen Personen, die ihr grundsätzlich bedingungsloses Recht auf Aufenthalt in den ersten drei Monaten in Anspruch nehmen, **keine Sozialhilfeleistungen** gewährt werden.[50] Bei **Studienbeihilfen** ist ein Ausschluss sogar darüber hinaus bis zu

---

50 Danach muss der Aufenthaltsstaat entweder Sozialhilfeleistungen zuerkennen oder dem Antragsteller einen weiteren Aufenthalt wegen Nichterfüllung der Kriterien von Art 12 UBR untersagen (s oben).

dem Zeitpunkt möglich, zu dem der Unionsbürger (nach fünfjährigem Daueraufenthalt) den Status eines ständig Aufenthaltsberechtigten erwirbt. Der EuGH interpretiert den Begriff „Studienbeihilfen" einschränkend, sodass von Art 24 Abs 2 nur Leistungen zur Finanzierung des Lebensunterhalts erfasst sind. Pauschale Fahrpreisermäßigungen, die ohne Rücksicht auf soziale Bedürftigkeit gewährt werden, gehören nicht dazu (Rs *Kommission v Österreich 2012*).

Schließlich bringt das Aufenthaltsrecht eines EU-Bürgers in einem MS den Zugang von dessen **Familienangehörigen** zu Beschäftigung und Bildung mit sich, wie er für Wander-AN in Unterabschnitt IV.A.3. beschrieben wurde.

C. Andere wirtschaftliche Grundfreiheiten der EU: Kollisionen mit nationalem Arbeitsrecht

In den letzten Jahren war die breit geführte Debatte über die soziale Dimension der EU in Wahrheit weniger auf die Freizügigkeit der AN oder wirtschaftlich nicht aktiven Personen fokussiert, sondern vielmehr auf Fragen der Freizügigkeit von *Unternehmen* – auf Grundlage der **Niederlassungs-** (Art 49 ff AEUV) und der **Dienstleistungsfreiheit** (Art 56 ff AEUV). Dies hat seine Ursache in der Befürchtung des Entstehens von **Sozialdumping** – in dem Sinne, dass Unternehmen mit ihrem natürlichen Interesse an Kostenreduzierung MS mit niedrigeren sozialen Standards vorziehen, wenn sie die Wahl haben.[51] Diejenigen Staaten, die auf nationaler Ebene vergleichsweise hohe Standards für AN vorschreiben, fürchten dementsprechend eine Abwanderung von Unternehmen und einen entsprechend großflächigen Verlust von Arbeitsplätzen. Der Wettbewerb zwischen MS, die versuchen, attraktive Bedingungen für Unternehmen zu schaffen, droht in weiterer Folge zur vielzitierten Abwärtsspirale im sozialen Bereich zu führen. Zu einem erheblichen Grad haben Bedenken ebendieser Art den Anstoß zur Harmonisierung unterschiedlichster Aspekte des Arbeitsrechts in der EU gegeben.

Doch kann die vereinzelte Harmonisierung von Mindeststandards, wie sie in den weiteren Kapiteln dieses Buches skizziert wird, kaum als ausreichend angesehen werden, um die großen Unterschiede zwischen den Arbeits- und Beschäftigungsbedingungen in der einzelnen EU-MS deutlich zu reduzieren – Unterschiede, die sich im Laufe der letzten Erweiterungen noch beträchtlich verstärkt haben. Um dies zu veranschaulichen, genügt ein Blick auf das einzelstaatlich vorgeschriebene Mindestarbeitsentgelt (ein Bereich, der von einer Vereinheitlichung durch die EU prinzipiell ausgeschlossen ist – s Abschnitt I.C.), welches im Jahr 2011 von 123 € in Bulgarien bis zu 1.758 € in Luxemburg reichte.[52]

---

51 Vgl *Reich*, Free movement vs social rights in an enlarged Union – the Laval and Viking cases before the ECJ (2007) 3.
52 Vgl die Eurostat-Daten unter http://epp.eurostat.ec.europa.eu/statistics_explained/index.php?title=File:MW_EUR_July_2011.png&filetimestamp=20110805142929.

Vor diesem Hintergrund haben nationale Regierungen und Gewerkschaften ein zentrales **Interesse an der Beibehaltung bestimmter Einschränkungen** der wirtschaftlichen Freiheiten der EU, um einer Erosion der nationalen Standards im sozialen Bereich entgegenzuwirken. Die enormen Kontroversen um diese Frage haben sich am sichtbarsten in den Diskussionen über die jüngste **Rsp** des EuGH zur Dienstleistungs- und Niederlassungsfreiheit niedergeschlagen. Insb wurde das sogenannte **Laval-Quartett** (Rs *Viking, Laval, Rüffert* und *Kommission v Luxemburg*) zum Angelpunkt einer vehementen Kritik, der zufolge die EU gegenwärtig eine Politik des aggressiven Marktliberalismus anstatt von sozialen Werten betreibt.

1. Dienstleistungsfreiheit

Art 56 ff AEUV verleiht einem (selbständigen) Anbieter von Dienstleistungen das Recht, seine Aktivitäten auf dem Gebiet eines anderen MS zu verfolgen, und gewährt ihm einen Anspruch auf Gleichbehandlung, der iW dem entspricht, was für AN in Abschnitt IV.A. beschrieben wurde. Der offensichtliche Unterschied zur Freizügigkeit der AN besteht in der Tatsache, dass die durch Art 56 Begünstigten ihre Dienste häufig nicht (ausschließlich) durch eigene Arbeit erbringen, sondern der Betrieb ihres Unternehmens den Einsatz von AN erfordert. Dementsprechend muss ein solches **Unternehmen** im Interesse der Wirksamkeit der Grundfreiheit auch **berechtigt** sein, seine AN in das Hoheitsgebiet eines anderen MS zu **entsenden**. Das wird vom EuGH in stRsp anerkannt.

Dies ist die Ausgangssituation, die Anlass zu einem offensichtlichen Interessenkonflikt hinsichtlich der Frage gibt, **welche Rechtsvorschriften** auf AN zur Anwendung kommen sollen, die auf dieser Grundlage vorübergehend in einem anderen MS tätig werden. Schließlich würde einerseits eine Verpflichtung zur Beachtung sämtlicher Regelungen des Arbeitsrechts des Aufnahmestaates es für viele Unternehmen unrentabel machen, den ohnehin idR kostspieligen und riskanten Schritt des Vordringens auf einen ausländischen Markt zu unternehmen.[53] Andererseits würde die Anwendung niedrigerer sozialer Standards auf entsandte AN auf Basis einer fremden Rechtsordnung einen Wettbewerbsnachteil für die heimischen AN bedeuten, was zu ernsthaften Sozialdumpinggefahren führt.

a) Die Rom I-VO als Ausgangspunkt

Die **Verordnung 593/2008** über das auf vertragliche Schuldverhältnisse anzuwendende Recht (**Rom I**) wurde auf der Grundlage von Art 81 AEUV erlassen, um **Normenkollisionen** bei grenzüberschreitenden Sachverhalten im EU-Raum in einheitlicher Weise zu lösen. Für Arbeitsverträge schreibt Art 8 der genannten

---
53 Vgl *Reich*, Free movement vs social rights in an enlarged Union 18.

IV. EU-Grundfreiheiten

Verordnung grundsätzlich vor, dass sie unter die *lex loco laboris* fallen, dh das Recht des Staates, **in dem die Arbeit „gewohnheitsmäßig" ausgeführt wird**. Davon wird nur in den Fällen abgewichen, in denen der Vertrag „als Ganzes" eine engere Verbindung mit einem anderen Staat aufweist (s Art 8 Abs 4). Die Möglichkeit der Parteien, die Anwendung einer anderen Rechtsordnung durch eine Rechtswahl gem Art 3 zu bewirken, wird durch Art 8 Abs 1 maßgeblich beschränkt: Dieser begründet die ungebrochene Anwendbarkeit aller **zwingenden Bestimmungen** jener Rechtsordnung, die sonst nach diesem Artikel zuständig wäre, soweit diese Bestimmungen auf den Schutz der AN abzielen. Es versteht sich von selbst, dass das nationale Arbeitsrecht voll von solchen zwingenden Bestimmungen ist – man denke nur an Vorschriften zu Arbeitszeit, Sicherheit und Gesundheit am Arbeitsplatz, Abfertigungsansprüchen etc.

Im Ergebnis ist für reguläre Arbeitsleistung auf dem Gebiet eines bestimmten MS die Anwendbarkeit der verbindlichen Bestimmung des dortigen Arbeitsrechts gewährleistet. Im Gegensatz dazu legt Art 8 Abs 2 für den klassischen Fall der **Entsendung**, in dem ein AN nur vorübergehend in einem anderen Mitgliedstaat tätig wird, ausdrücklich fest, dass dies keiner Änderung des Staates der gewöhnlichen Beschäftigung gleichkommt, sodass die Regeln des **Herkunftsstaats** weiterhin gelten.

Allerdings entzieht diese Regelung dem vorübergehenden[54] Beschäftigungsstaat nicht vollständig die Möglichkeit der Anwendung von Vorschriften des innerstaatlichen Rechts auf entsandte AN, sofern diese Vorschriften als **Eingriffsnormen** nach Art 9 angesehen werden können.[55] Eingriffsnormen werden als Regelungen von entscheidender Bedeutung für den Schutz der öffentlichen Interessen eines Staates, „insbesondere seiner politischen, sozialen oder wirtschaftlichen Organisation" definiert. Selbstverständlich kann ein solch wichtiges Interesse ua im Schutz von AN bestehen.[56]

b) Die Dienstleistungs-RL

Ohne bezüglich des Umfangs von Art 9 der Rom I-Verordnung ins Detail zu gehen, ist klar, dass die Berufung auf diese Bestimmung des Sekundärrechts keine

---

54 Was eine klare Intention der Parteien erfordert, dass der AN in vorhersehbarer Zeit an seinen ursprünglichen Arbeitsort zurückkehrt. Vgl *Burger*, Arbeitszeit- und Entgeltrecht bei kurzzeitigen Auslandsdienstreisen, ZAS 2012, 5.

55 Vgl dazu *Leible/Lehmann*, Die Verordnung über das auf vertragliche Schuldverhältnisse anzuwendende Recht (Rom I), RIW 2008, 528 ff.

56 Es muss betont werden, dass das eben skizzierte Ergebnis nur für die vertraglichen Verpflichtungen zwischen den Parteien eines Arbeitsvertrags gilt. Im Gegensatz dazu folgen Bestimmungen des öffentlichen Rechts (zB eine Verpflichtung, eine Arbeitserlaubnis für einen bestimmten AN zu erhalten) in der Regel dem Territorialprinzip. Außervertragliche Schuldverhältnisse werden durch die Rom II-Verordnung 864/2007 geregelt, die ua in ihrem Art 9 eine spezielle Regel über die Haftung für Schäden durch kollektive Maßnahmen enthält (*lex loco damni*). Vgl *Deinert*, Arbeitskampf undertaking anwendbares Recht, ZESAR 2012, 311 ff.

nationale Maßnahme rechtfertigen kann, die gegen EU-Primärrecht verstößt. Ebenso offensichtlich ist, dass die Anwendung der komplexen arbeitsrechtlichen Standards des Zielstaats auf entsandte AN prinzipiell geeignet ist, die Ausübung der **Dienstleistungsfreiheit** durch das AG-Unternehmen zu behindern oder zumindest weniger attraktiv zu machen (Marktzugangsbeschränkung – s Unterabschnitt IV.A.6). Der EuGH erfordert daher in stRsp, dass eine solche Maßnahme objektiv durch ein **rechtmäßiges Ziel** (dh Schutz der AN[57]) **gerechtfertigt** ist und nicht über das Maß des Angemessenen und Erforderlichen hinausgeht.

Bereits in der Rs *Rush Portuguesa* hat der Gerichtshof grundsätzlich anerkannt, dass die Anwendung der **wichtigsten Inhalte des nationalen Arbeitsrechts** (Mindestlöhne, Sicherheit am Arbeitsplatz etc) als ein erforderliches und geeignetes Mittel zur Erreichung des Ziels des AN-Schutzes angesehen werden kann. Im Gegensatz dazu sah der EuGH keine Erforderlichkeit, zusätzliche Arbeitsgenehmigungen für entsandte Drittstaatsangehörige zu verlangen (Rs *Vander Elst*) oder Beiträge zu einem Schlechtwetter-Ausgleichsfonds zu erheben, wo ein vergleichbarer Ausgleichsmechanismus für das Schlechtwetterrisiko bereits nach dem anwendbaren Recht des Herkunftsstaats vorgesehen war (Rs *Arblade*).

Das letztgenannte EuGH-Urteil begründete das Postulat des **Verbots einer Doppelbelastung** des AG. Dieses scheinbar simple Prinzip führte in Wahrheit zu einer Situation erheblicher Rechtsunsicherheit: Schließlich muss theoretisch vor der Anwendung jeder Vorschrift des Zielstaats der Entsendung erforscht werden, ob nicht das auf den Arbeitsvertrag anwendbare Recht (des Herkunftsstaats) bereits einen vergleichbaren Schutz bietet und das freizügigkeitsberechtigte Unternehmen dadurch einer Doppelbelastung ausgesetzt wäre.

Der systematisch nahe liegendste Kontext, um solchen Problemen der Rechtsunsicherheit zu begegnen, wäre wohl jener der Dienstleistungs-RL, die im Allgemeinen Einzelfragen zu den in Art 56 ff AEUV enthaltenen Grundsätzen näher determiniert. Der ursprüngliche Ansatz der Kommission in diesem Sinne („**Bolkestein-Vorschlag**") war stark auf die weitestmögliche Gewährleistung der Freizügigkeit für Unternehmen ausgerichtet und ging von einem *Herkunftslandprinzip* aus. Dieser Vorschlag stieß auf heftigen Widerstand und löste Protestkundgebungen in Brüssel aus, worauf er schließlich von der Kommission zurückgezogen wurde.[58] Der überarbeitete Vorschlag, der schließlich als **RL 2006/123/ EG** (die nunmehr geltende Dienstleistungs-RL) verabschiedet wurde, klammerte die Behandlung der Frage schlichtweg aus: Art 1 Abs 6–7 dieser RL stellt klar,

---

57 Im Gegensatz dazu verstößt das Ziel, die Wettbewerbsfähigkeit heimischer Unternehmen zu schützen, als solches gegen EU-Binnenmarktrecht und kann nicht Grundlage für eine objektive Rechtfertigung sein (Rs *Finalarte*).
58 Vgl *Dølvik/Visser*, Free Movement, Equal Treatment and Workers' Rights: Can the European Union Solve its Trilemma of Fundamental Principles?, Industrial Relations Journal 40/6 (2009) 492 ff.

dass sie Fragen des Arbeitsrechts und der Kollektivverhandlungen „nicht berührt".[59]

c) Die Entsende-RL
aa) Anwendung des Arbeitsrechts des Zielstaats

In Anbetracht der steigenden praktischen Bedeutung des Phänomens der Entsendung von AN[60] hat die EU Mitte der 1990er Jahre eine eigene RL zu ihrer Regulierung erlassen. Art 1 der **RL 96/71/EG (Entsende-RL – ER)** beruht auf einem Konzept der Entsendung, das nicht nur die erwähnten Fälle von AN betrifft, die „mitgenommen" werden, wenn der **AG in einem anderen MS** aktiv wird: gleichermaßen erfasst sind die **Überlassung** eines AN eines Unternehmens an ein anderes Unternehmen der gleichen Gruppe sowie die gewerbsmäßige AN-Überlassung durch ein Leiharbeitsunternehmen.[61] Damit deckt die RL Fälle ab, in denen die *AN-Freizügigkeit* (Art 45 AEUV) nicht anwendbar ist (s Rs *Rush Portuguesa*): Der AN verbleibt dabei grundsätzlich auch während der vorübergehenden Arbeitsleistung im EU-Ausland in seinem ursprünglichen Arbeitsverhältnis. Daher hat er keinen Zugang zum Arbeitsmarkt des Zielstaats.

Das Herzstück der ER ist ihr **Art 3,** die den Zielstaat **verpflichtet,** bestimmte Regeln seiner **innerstaatlichen Rechts- und Verwaltungsvorschriften** auch auf AN, die in sein Hoheitsgebiet entsandt werden, anzuwenden. In der Bauwirtschaft (in der Entsendungen von AN ein alltägliches Phänomen sind[62]) müssen auch die Bestimmungen allgemein gültiger KollV[63] auf entsandte AN ausgedehnt werden. Die von diesen Pflichten umfassten Bereiche sind in Abs 1 des Art 3 aufgelistet und umfassen zentrale Inhalte des nationalen Arbeitsrechts (den sog **„harten Kern"**[64]): Arbeitszeit, Urlaub, Mindestentgelt, Bedingungen der Entsendung, Sicherheit und Gesundheit sowie Diskriminierungsschutz. Um die Einhal-

---

59 Außerdem ist Leiharbeit als wichtige Form der Entsendung generell ausgenommen. Vgl *Vandenbrande/Vaes,* Implementing the New Temporary Agency Work Directive (2009) 18.
60 Rund eine Million AN werden jährlich innerhalb der EU entsandt. Obwohl sich ihr Anteil damit auf weniger als ein Prozent der aktiven Bevölkerung beläuft, machen entsandte Arbeitnehmer 18,5 % der „mobilen Arbeitnehmerschaft" der EU aus und sind ein entscheidender Faktor in der wirtschaftlichen Entwicklung (zB zur Bewältigung temporärer Engpässe beim Arbeitskräfteangebot). Vgl Europäische Kommission, Vorschlag für eine RL über die Durchsetzung der RL 96/71/EG über die Entsendung von AN im Rahmen der Erbringung von Dienstleistungen, KOM(2012) 131 endg, 5 ff.
61 Zu Problemen der Definition der RL vgl *Rieble/Vielmeier,* Umsetzungsdefizite der Leiharbeitsrichtlinie, EuZA 2011, 486 ff.
62 Vgl *Cremers,* In search of cheap labour in Europe: Working and living conditions of posted workers (2010) 21.
63 Die RL spricht von „Tarifverträgen", während in anderen EU-Rechtsakten (zB der Betriebsübergangs-RL) der Ausdruck „Kollektivvertrag" gebraucht wird. Die beiden Begriffe sind in der EU-rechtlichen Terminologie inhaltlich gleichbedeutend.
64 Vgl *Malmberg,* Posting Post Laval: International and National Responses (2010), abrufbar unter http://ucls.nek.uu.se, 4.

tung all dieser Vorschriften sicherzustellen, muss der MS weiters effektive Sanktionen und Verfahren iSd Art 5 der RL vorsehen.

Im Interesse der Vermeidung von Bürokratie in Fällen, in denen die Entsendung von sehr beschränkter Dauer ist, enthalten die weiteren Absätze des Art 3 mehrere Ausnahmen bezüglich Entgelt und Jahresurlaub. Nach Art 3 Abs 2 ER sind Entsendungen von **bis zu acht Tagen** zum Zwecke von Erstmontage- und Einbauarbeiten generell ausgenommen („Montageprivileg"). Darüber hinaus hat der Zielstaat die *Möglichkeit*, Entsendungen von bis zu **einem Monat** sowie die Ausübung nur **unwesentlicher Tätigkeiten** durch die betroffenen AN nicht seinen Rechtsvorschriften zu unterwerfen (vgl Art 3 Abs 3–5). Diese Option besteht nicht für Fälle der gewerblichen AN-Überlassung.

bb) Verbot von weitergehenden Maßnahmen

Bis zu diesem Punkt könnte der Ansatz der Entsende-RL den Anschein erwecken, eine „Minimalharmonisierung" darzustellen, die nur bestimmte Mindeststandards für die entsandten AN festlegt und dabei nicht ausschließt, dass der Zielstaat sie freiwillig auch in weitere Schutzmechanismen seiner nationalen Rechtsordnung einbezieht. Dies scheint durch Art 3 Abs 7 über die mögliche „Anwendung von für die Arbeitnehmer günstigeren Beschäftigungs- und Arbeitsbedingungen" bestätigt zu werden.[65] Aus einer solchen Perspektive wäre die RL wohl von begrenzter Relevanz in der Praxis, weil der Zielstaat – nicht zuletzt mit Blick auf den Schutz der Wettbewerbsfähigkeit seiner inländischen Unternehmen – idR ohnehin bemüht sein wird, innerstaatliches Recht in umfassender Weise anzuwenden.

Die überragende Bedeutung, die der RL mittlerweile zukommt, ist auf die dem diametral entgegengesetzte Auffassung des **EuGH** zurückzuführen, der in der RL auch eine „Maximalharmonisierung" erblickt, in der **abschließend** geregelt ist, in welchen Bereichen es dem vorübergehenden Beschäftigungsstaat erlaubt ist, seine Rechtsvorschriften auf entsandte AN auszuweiten.[66] Nach dieser Interpretation gibt **Art 3 Abs 7** nicht dem *Zielstaat* das Recht, günstigere Vorschriften jeglicher Art gegenüber den entsendenden AG durchzusetzen. Vielmehr wird dieser Absatz als reine Bestätigung der Anwendbarkeit **höherer Standards des *Herkunftsstaats*** angesehen (s Rs *Laval*). Abgesehen von teleologischen Argumenten stützt der Gerichtshof seine Auslegung auf die Regelung in Art 3 Abs 10, nach der eine weitergehende Anwendung des Rechts des Zielstaats in zwei spezifischen Fällen erlaubt ist: Diese Bestimmung wäre in der Tat überflüssig, wenn schon Art 3 Abs 7 günstigere Regelungen pauschal autorisieren würde.

---

65 Vgl *Kilpatrick*, Laval's regulatory conundrum: collective standard-setting and the Court's new approach to posted workers, European Law Review 2009, abrufbar unter http://ssrn.com/abstract=1524666, 844; *Dølvik/Visser*, Free Movement, Equal Treatment and Workers' Rights 496 ff.
66 Vgl *Runggaldier/Sacherer*, Arbeitsrechtliche Fragen im Zusammenhang mit grenzüberschreitendem Arbeitskräfteeinsatz am Beispiel des geplanten Brennerbasistunnelbaus, ZESAR 2005, 363 ff.

IV. EU-Grundfreiheiten

Was nun die beiden Ausnahmetatbestände des **Art 3 Abs 10** (Schutz der **öffentlichen Ordnung** des Zielstaats und Bestimmungen in **allgemein** anwendbaren **KollV**[67]) betrifft, so geht der EuGH von seinem üblichen Konzept der engen Auslegung von Ausnahmen aus (s Rs *Kommission v Luxemburg 2008*). Dies ist der marginale Spielraum, der dem Zielstaat nunmehr bei der Frage der Einbeziehung von entsandten AN in sein Arbeitsrecht zugestanden ist, da ansonsten der ohnehin verpflichtend anzuwendende „harte Kern" (Art 3 Abs 1) gleichzeitig die Obergrenze des Zulässigen bildet.

Das bedeutet zum einen eine **Beschränkung auf die in Art 3 Abs 1 aufgezählten Rechtsbereiche**. Der Aufnahme-MS darf zB nicht verlangen, dass Zahlungen an den AN geleistet werden, die nicht unter das Konzept der „Mindestlohnsätze" nach Art 3 Abs 1 lit c der RL fallen. Nach der Rsp des EuGH bedeutet dies den Ausschluss sämtlicher Vergütungsbestandteile, die „das Verhältnis zwischen der Leistung des AN und der Gegenleistung des AG verändern" (s Rs *Isbir* zu Geldeinlagen in Wertpapiere oder andere Vermögensbeteiligungen zugunsten des AN nach dem deutschen Vermögensbildungsgesetz). Andererseits ermöglicht es die Zulässigkeit von Durchsetzungsmaßnahmen nach Art 5 etwa, die Eingliederung entsandter AN in eine externe Urlaubskasse für einen bestimmten Sektor vorzuschreiben (Rs *Kommission v Deutschland 2007*[68]). In diesem Sinne können auch administrative Barrieren gerechtfertigt sein, wenn sie unbedingt erforderlich sind, um eine angemessene Kontrolle der Einhaltung der nach Art 3 Abs 1 ER anwendbaren Vorschriften zu ermöglichen. Dies gilt für die Verpflichtung, bestimmte Dokumente über die Entsendung in der Sprache des Zielstaates bereitzuhalten, aber nicht für die Anforderung, dass diese von einer Person mit Wohnsitz in diesem MS verwahrt werden müssen (s die genannten Rs *Kommission v Deutschland* und *Kommission v Luxemburg*). Ebenso rechtfertigt keines der Elemente in Art 3 Abs 1 (oder Art 5) die Anwendung gesetzlicher Regeln über eine automatische Anhebung von Ist- Gehältern oder von Bestimmungen über Teilzeitarbeit und befristete Arbeitsverträge (s Rs *Kommission v Luxemburg 2008*).

Zum anderen umfasst Art 3 Abs 1 nur solche Mindestnormen, die das **Gesetz** oder (in der Bauwirtschaft) ein **KollV obligatorisch für alle vergleichbaren inländischen Unternehmen** in der gleichen Weise vorschreibt (vgl Art 3 Abs 8 ER). Daher handelt es sich bei Untergrenzen für Gehaltssätze dann nicht um Mindestentgelt nach Art 3 Abs 1 lit c, wenn von ihnen unter bestimmten Voraussetzungen, die für ausländische Unternehmen schwieriger zu erfüllen sind, abge-

---

[67] Diese Bestimmung ist die Grundlage für die in den MS übliche Anwendung von KollV auf entsandte AN auch außerhalb des Bausektors. Vgl *Dølvik/Visser*, Free Movement, Equal Treatment and Workers' Rights 498 ff.

[68] Diese Maßnahme hatte der EuGH bereits von Inkrafttreten der ER für verhältnismäßig erachtet: s dazu Rs *Finalarte*. Da der EuGH die RL in *Kommission v Deutschland 2007* unerwähnt ließ, ist nicht gänzlich klar, ob die offenbare Zulässigkeit der Regelung auch nach diesem Standard auf Art 3 Abs 1 lit b oder auf Art 5 beruht.

wichen werden kann – etwa der Abschluss eines Unternehmens-KollV mit einer inländischen Gewerkschaft (s Rs *Laval*).

Der hier skizzierte Ansatz des EuGH gibt Art 3 ER den Status einer **Konkretisierung des Art 56 AEUV,** wie sie im Rahmen der Dienstleistungs-RL letztlich ausgeblieben ist. Anders formuliert ist eine Beschränkung der Freizügigkeit gestützt auf das rechtmäßige Ziel der Schutz der AN[69] genau und ausschließlich in den Bereichen gerechtfertigt, die in Art 3 Abs 1 genannt sind. Die wichtigste Folge dessen ist, dass das Verbot des Rückgriffs auf Maßnahmen, die über das nach der ER Zulässige hinausgehen, **unmittelbar und horizontal anwendbar** ist. Das bedeutet, dass individuelle Unternehmen, die sich in ihrer Dienstleistungsfreiheit beschränkt sehen, sich direkt auf die Standards der ER berufen können, und zwar nicht nur gegenüber einer staatlichen Institution in einem Prozess der **öffentlichen Auftragsvergabe**[70] (Rs *Rüffert*), sondern selbst gegenüber **gewerkschaftlichen Vereinigungen**, die das Unternehmen durch kollektive Maßnahmen zur Einhaltung höherer Standards des Zielstaates zwingen wollen (Rs *Laval*).

Solche gewerkschaftlichen Arbeitskampfmaßnahmen könnten jedoch auch durch ein anderes rechtmäßiges Ziel, vor allem die **Ausübung eines Grundrechts**, gerechtfertigt werden. Dies wurde vom EuGH in der Rs *Laval* prinzipiell anerkannt. Im Einklang mit seinem „*Schmidberger*-Ansatz" stellte der Gerichtshof fest, dass Grundrechtsausübung selbstverständlich die Grundlage für eine Rechtfertigung bilden kann, dass aber auch diese Begründung die Notwendigkeit einer **Verhältnismäßigkeitsprüfung** nicht ausschließt.[71] Genauer gesagt stellen kollektive Maßnahmen wie Streik, Blockaden und Boykotts gegen ein entsendendes Unternehmen aus einem anderen MS nur dann eine angemessene und erforderliche Maßnahme dar, wenn sie als *Ultima Ratio* eingesetzt werden, nachdem weniger restriktive Mittel (insb *Bona-fide*-Verhandlungen) gescheitert sind.[72] Darüber hinaus scheint man aus dem *Laval*-Urteil ableiten zu können, dass das von der Gewerkschaft verfolgte Ziel im Schutz oder der Stärkung der Rechte ihrer Mitglieder gegen ihren AG bestehen muss,[73] nicht einer Erhöhung der finanziellen Belastung eines Unternehmens eines anderen MS, um die Wettbewerbsfähigkeit der Unternehmen sicherzustellen, in denen ihre Mitglieder beschäftigt sind.

---

69 Vgl *Windisch-Graetz*, Lohn- und Sozialdumping bei grenzüberschreitenden Entsendungen, DRdA 2008, 231.

70 Die Zulässigkeit sozialer und ökologischer Bedingungen im öffentlichen Beschaffungswesen im Verhältnis zu den wirtschaftlichen Freiheiten der EU ist eine der entscheidenden Fragen in den aktuellen Beratungen über Standards für die Beschaffung: vgl Europäische Kommission, Grünbuch über die Modernisierung der europäischen Politik im Bereich des öffentlichen Auftragswesens. Wege zu einem effizienteren europäischen Markt für öffentliche Aufträge, KOM(2011) 15 endg.

71 Dazu im Gegensatz steht das Urteil in *Albany* (s Abschnitt IX.C.), dem zufolge Kollektivverhandlungen vom EU-Wettbewerbsrecht unabhängig von Verhältnismäßigkeitserwägungen schlichtweg nicht berührt werden.

72 Vgl *Kilpatrick*, Laval's regulatory conundrum 853.

73 Vgl *Malmberg*, Posting Post Laval 9.

IV. EU-Grundfreiheiten

Wie bereits angedeutet gehören die beschriebenen Entscheidungen zu den am **heftigsten umkämpften** in der jüngeren EuGH-Rsp[74] – vor allem wegen der starken Einschränkungen, die sich daraus für die Vereinigungsfreiheit und das Recht auf Kollektivverhandlungen ergeben, wie sie in einer Reihe von internationalen Grundrechtsinstrumenten verankert sind (vgl die ILO-Konventionen C 87 und C 98; Art 11 EMRK; Art 12 und 28 GRC). Obwohl keine der genannten Quellen ein Recht auf kollektive Maßnahmen ohne Einschränkungen kennt, ist es sehr umstritten, ob der Schutz der wirtschaftlichen Freiheiten der EU als hinreichender Rechtfertigungsgrund etwa nach der Ausnahmeregelung der EMRK anzusehen ist.[75] Vor diesem Hintergrund wurden die Urteile in *Laval* und *Viking* (s Unterabschnitt IV.C.2.) auch vom ILO-Sachverständigenausschuss kritisiert, weil sie Gewerkschaften mit der Androhung von hohen Schadenersatzklagen wegen Verletzung von EU-Recht konfrontieren, wenn diese die Ausübung ihres Grundrechtes auf Streik beabsichtigen.[76]

2. Niederlassungsfreiheit

Im Prinzip **ähnliche** Probleme eines Konfliktes zwischen den EU-Grundfreiheiten und den Rechten, die sich aus dem innerstaatlichen kollektiven Arbeitsrecht ergeben, stellen sich im Hinblick auf Art 49 AEUV. Die *Niederlassungsfreiheit* ist betroffen, wenn ein Unternehmen nicht nur vorübergehend Dienstleistungen in einem anderen MS erbringen, sondern letztlich seinen Sitz dorthin verlegen möchte. Gem der Rom I-Verordnung würde dies zur Anwendung einer anderen Rechtsordnung auf das Arbeitsverhältnis führen – und zwar häufig einer mit niedrigeren Schutzstandards für die AN. In diesem Zusammenhang hat der EuGH in einem Parallelfall zur Rs *Laval* (Rs *Viking*) ein Urteil gefällt, aus dem hervorgeht, dass eine Rechtfertigung durch gewerkschaftliche Rechte unter Art 49 AEUV nach denselben einschränkenden Kriterien geprüft wird wie im Falle des Art 56.

Dementsprechend stellt eine **Arbeitskampfmaßnahme** zur Verhinderung der Verlagerung eines Unternehmens in einen anderen MS eine **Beschränkung der Niederlassungsfreiheit** als direkt und horizontal wirkende Grundfreiheit des EU-Rechts dar. Eine solche Beschränkung kann nur zulässig sein, wenn sie durch die Ausübung eines **Grundrechts** und/oder das Ziel des **AN-Schutzes gerechtfertigt** ist. Daher kann die Beschränkung gerechtfertigt sein, wenn eine Gewerkschaft eine konkrete Verschlechterung der Arbeitsbedingungen ihrer Mitglieder als Folge des Umzugs verhindern will. Im Gegensatz dazu ist die Absicht, ein Exempel gegen Standortverlagerungen im Allgemeinen zu setzen, kein rechtmäßiges Ziel. Selbst wenn das Ziel im Prinzip rechtmäßig ist, muss die gewählte Maß-

---

74 Vgl *Dølvik/Visser*, Free Movement, Equal Treatment and Workers' Rights 491 ff mwN.
75 Vgl insb das Urteil des EuGH in *Demir & Baykara*.
76 Report of the Committee of Experts on the Application of Conventions and Recommendations (2010), ILOLEX No 062010GBR087.

nahme verhältnismäßig sein, was bedeutet, dass einem Streik echte Bemühungen vorausgehen müssen, die Streitigkeit durch Verhandlungen mit dem betreffenden Unternehmen beizulegen. Da der EuGH die Entscheidung über die Verhältnismäßigkeit in der Rs *Viking* dem nationalen Gericht überließ, gingen in der Folge die Meinungen selbst im Hinblick auf die Rechtfertigung in diesem speziellen Fall auseinander.[77]

3. Räumlicher Geltungsbereich

Im Rahmen der EU-Erweiterung 2004 wurden die **Übergangsregelungen** für die Freizügigkeit der neuen EU-Bürger erstmals auch auf die Dienstleistungsfreiheit ausgedehnt: Österreich und Deutschland wurde ein Recht zugestanden, während der „2+3+2"-Übergangszeit (s Unterabschnitt IV.A.7) auch die Entsendung von AN aus den neuen Mitgliedstaaten in mehreren Sektoren zu verbieten (vgl Art 24 der Beitrittsakte von 2003 iZm ihrem Anhang XII). In *Vicoplus* entschied der EuGH, dass mit Blick auf die Natur der Entsendung **jedem anderen „alten MS"** die Einführung vergleichbarer Beschränkungen parallel zur Beschränkung der AN-Freizügigkeit erlaubt sein muss.[78] Dementsprechend können kroatische AN gegenwärtig von der Arbeitsaufnahme in anderen MS auch im Rahmen der Entsendung ausgeschlossen werden.

4. Ausblick

Inmitten einer scheinbar unaufhörlichen Debatte über Grundfreiheiten, Grundrechte und Sozialdumping im Lichte des *Laval*-Quartetts und der Folge-Rsp hat die Kommission kürzlich **zwei Legislativvorschläge** vorgelegt, um die Situation zu entschärfen. Nur einer davon wurde letztlich als RL verabschiedet:

RL 2014/67/EU zur Durchsetzung der Entsende-RL enthält im Wesentlichen Maßnahmen der Zusammenarbeit unter den MS, um Mindeststandards für entsandte AN zu gewährleisten und Missbrauch zu verhindern, ohne dabei Unternehmen ihres Rechts auf freien Dienstleistungsverkehr zu berauben. Insb verpflichtet Art 4 der Richtlinie die MS, anhand einer Gesamtbeurteilung zu ermitteln, ob ein AG tatsächlich AN von einer MS (in dem er selbst nennenswerte wirtschaftliche Tätigkeiten ausführt) in einen anderen entsendet – oder nur behauptet, dies zu tun. Die Bewertungskriterien für „echte Entsendung" beruhen auf der Rsp des EuGH (Rs *Fitzwilliam*, *Plum*) und beinhalten

- für die **entsendenden Unternehmen**: ihren Sitz; den Ort der Verwaltungstätigkeit; den Ort, wo AN eingestellt werden; die Zahl der Verträge und das auf sie anwendbaren Recht sowie den Umsatz, der in verschiedenen MS erzielt wird.

---

77 Vgl *Reich*, Free movement vs social rights in an enlarged Union 21 ff.
78 Krit *Peneva-Gädeke*, Begriff der Arbeitnehmer-Entsendung – Zugang polnischer Arbeitnehmer zum Arbeitsmarkt früherer Unionsmitgliedstaaten, EuZW 2011, 352.

- für die **entsandten AN**: den zeitlichen Umfang der Tätigkeiten in einem anderen MS; den Ort des gewöhnlichen Arbeitsleistung; die voraussichtliche Wiederaufnahme der Arbeit im Entsende-MS; die Art der Tätigkeiten; die Bereitstellung von Transport und Unterkunft im Aufnahme-MS und eine frühere Besetzung der gleichen Stelle mit derselben oder einer anderen entsandten Person.

Aufnahme-MS müssen **Informationen** über die für die Entsendung in ihr Hoheitsgebiet einschlägigen Rechtsnormen für die Behörden anderer MS und die entsendenden Unternehmen auf einer einzigen, benutzerfreundlichen Website und „unter Berücksichtigung der Nachfrage auf dem dortigen Arbeitsmarkt in den wichtigsten Sprachen" zur Verfügung stellen (Art 5). In diesem Zusammenhang können auch **Unternehmen** verpflichtet werden, bestimmte Informationen über ihre Entsendeaktivitäten offenzulegen, sofern dies den freien Dienstleistungsverkehr nicht unverhältnismäßig einschränkt (Art 9). **Kontrollen und Untersuchungen** für die Bekämpfung von Missbrauch müssen von einem MS auf Ersuchen eines anderen (oder auf eigene Initiative) kostenlos und unter Einhaltung bestimmter Qualitätsstandards (Art 6, 10) durchgeführt werden. Auch von einem anderen MS verhängte **Verwaltungsstrafen** müssen anerkannt und kostenlos eingetrieben werden (Art 15-19). Die Zusammenarbeit zwischen den Behörden wird über das Binnenmarkt-Informationssystem (IMI) organisiert.

AN haben ein Recht auf wirksame Rechtsmittel, mit der Möglichkeit der Einbeziehung von Gewerkschaften oder interessierten Organisationen, und müssen vor Viktimisierung vonseiten des AG geschützt werden (Art 11). Innerhalb der Grenzen der Verhältnismäßigkeit können die MS auch eine Haftung von Generalunternehmen für Lohnansprüche gegen einen direkten Unterauftragnehmer vorschreiben;[79] für Unternehmen in der Baubranche sind sie sogar verpflichtet, dies zu tun (Art 12).

Die RL muss bis zum 18. Juni 2016 in nationales Recht umgesetzt werden.

Der andere Vorschlag der Kommission („*Monti-II*-Vorschlag") hatte zum Zweck, Mechanismen zur Beilegung von Arbeitsstreitigkeiten in grenzüberschreitenden Situationen nutzbar zu machen und ein Frühwarnsystem sowie einen Rahmen für behördliche Zusammenarbeit im Falle solcher Streitigkeiten zu schaffen. Nach Erhalt einer „Gelben Karte" der nationalen Parlamente für diesen umstrittenen[80] zweiten Vorschlag wurde dieser von der Kommission zurückgezogen.[81]

---

[79] Dass eine solche Haftungsregelung nicht der Entsende-RL widerspricht, wurde vom EuGH bereits in der Rs Wolff bestätigt.
[80] Vgl etwa die Stellungnahme des EGB, abrufbar unter http://etuc.org/a/9917.
[81] Vgl *Walter*, AuR 2013, 27 ff.

V. Drittstaatsangehörige am Arbeitsmarkt der EU

Um das Bild der Arbeitsmigration in der EU zu vervollständigen, wird in diesem Kapitel ein Überblick über die Regeln gegeben, nach denen **Drittstaatsangehörige (DSA)** in der Union eine Beschäftigung aufnehmen können. Gesetzgeberische Maßnahmen in diesem Bereich gehen zurück auf das 1999 ins Leben gerufene **Tampere-Programm**, benannt nach der Tagung des Europäischen Rates, in der die wichtigsten Ziele umrissen wurden. Dieses Programm wurde von einem Aufruf zur Einführung von klar definierten Rechten für sich rechtmäßig in der EU aufhaltende DSA begleitet, die im Prinzip vergleichbar mit den Rechten der EU-Bürger sein sollten.[82] Als Vorbemerkung sei darauf hingewiesen, dass der größte Teil dieses Kapitels nicht für **Großbritannien, Irland** und **Dänemark** gilt, die sich an der Schengen-Zusammenarbeit nur in begrenztem Umfang beteiligen.[83]

Die aktuellen Regeln für das **Aufenthaltsrecht** Drittstaatsangehöriger ähneln in der Tat jenen, die für EU-Bürger durch die Unionsbürger-RL vorgesehen sind: Für einen Aufenthalt von weniger als drei Monaten kann man ein „**Schengen-Visum**"[84] auf relativ unkomplizierte Weise erhalten. Für diesen Zeitraum kann sich der Inhaber des Visums in der EU frei bewegen, kommt aber nicht in den Genuss von besonderen Rechten auf Gleichbehandlung. Umgekehrt, wenn ein DSA (aus welchem Grund auch immer) seit über fünf Jahren rechtmäßig in der EU verweilt, wird ihm nicht nur fortgesetzter Aufenthalt, sondern auch ein umfassender Gleichbehandlungsanspruch (einschließlich des Zugangs zum Arbeitsmarkt) im Rahmen der **Daueraufenthaltsrichtlinie (2003/109/EG)** gewährt. Darüber hinaus wird die Regelung dieses Bereichs iW den MS überlassen. Dies betrifft vor allem die Frage, ob und unter welchen Bedingungen DSA die erstmalige Aufnahme einer Arbeit auf EU-Territorium gewährt wird.

Bereits im Jahr 2001 hat die Kommission versucht, einige gemeinsame Standards zu schaffen, und einen **Vorschlag** für eine RL über die **Bedingungen für die Einreise und den Aufenthalt** von DSA zur Ausübung einer unselbständigen oder selbständigen **Erwerbstätigkeit** vorgelegt. Doch erwies es sich als unmöglich, ausreichende politische Unterstützung für diesen Vorschlag zu gewinnen, wes-

---

82 Europäischer Rat (Tampere), Schlussfolgerungen des Vorsitzes, 15. und 16. Oktober 1999, SN 200/99.
83 Vgl Protokoll Nr 21 über die Position des Vereinigten Königreichs und Irlands und Protokoll Nr 21 über die Position Dänemarks, beide dem EUV und dem AEUV beigefügt.
84 S Art 5 des Schengen-Durchführungsabkommens von 1985.

V. Drittstaatsangehörige am Arbeitsmarkt der EU

halb er schließlich im Jahr 2006 **zurückgezogen** wurde. In der Folge war die europäische Migrationsgesetzgebung eher auf Sicherheitsmaßnahmen und Zulassungsbeschränkungen als auf wirtschaftliche Migration konzentriert.[85] Im Bereich der legalen Zuwanderung wurden in den Jahren 2004 und 2005 vereinzelte Vorschriften für bestimmte Kategorien von Drittstaatsangehörigen erlassen: Diese Regeln gelten für **Familienangehörige** von bereits ansässigen Drittstaatsangehörigen, **Daueraufenthaltsberechtigte, Studenten** und **Forscher**.[86]

In ihrem Aktionsplan 2005[87] sieht die Kommission vor, Arbeitsmigration gemäß einem sektoralen Ansatz zu regulieren,[88] beginnend mit den „weniger problematischen" Kategorien. Die ersten beiden unter dieser neuen Agenda erfolgreich verabschiedeten RL befasst sich mit hochqualifizierter Beschäftigung (s Abschnitt V.A.) und Saisonarbeit (s Abschnitt V.B.), zwei weitere Legislativvorschläge der Kommission mit konzerninterner Entsendung und der Einreise für Forschung und Ausbildung.[89]

Ein neuer Impuls wurde in diesem Prozess der zunehmenden EU-rechtlichen Determinierung durch den Vertrag von Lissabon gegeben, der die **Kompetenzgrundlage** für Rechtsetzung in dieser Materie verstärkt. **Art 79** AEUV erlaubt nun den Rückgriff auf das ordentliche Gesetzgebungsverfahren, außerdem erhält der EuGH die Zuständigkeit für die Interpretation der so ergangenen Rechtsakte. Generell betont der Wortlaut des Art 79 verstärkt den gemeinsamen politischen Ansatz, hält aber auch explizit das Recht der MS fest, „festzulegen, wie viele DSA aus Drittländern in ihr Hoheitsgebiet einreisen dürfen". Schließlich sei ein ehrgeiziger Vorstoß der Kommission aus dem Jahr **2010** erwähnt, als diese in einem neuen **Aktionsplan**[90] unter anderem ihre Absicht bekanntgab, 2013 den Entwurf eines EU-Einwanderungskodex zu veröffentlichen. Der Rat hingegen hat dieses Vorpreschen der Kommission ohne Grundlage in den politischen Vereinbarungen vehement abgelehnt.[91]

Im Folgenden werden die drei RL, die *bis dato* im Rahmen der jüngeren Agenda verabschiedet wurden, skizziert. Im Hinblick auf ihre kurze bisherige Gültigkeitsdauer (nur zwei von ihnen waren bis Mitte 2011 umzusetzen) fehlt es bisher an Rsp zu den Bestimmungen dieser RL.

---

85 Vgl *Carrera* et al, Labour Immigration Policy in the EU: A Renewed Agenda for Europe 2020, CEPS Policy Brief No 240/2011, 2 ff.
86 Vgl RL 2003/86/EG, 2004/114/EG und 2005/71/EG.
87 Kommission, Mitteilung: Strategischer Plan zur legalen Zuwanderung, KOM(2005) 669.
88 Vgl *Pascouau/McLoughlin*, EU Single Permit Directive: a small step forward in EU migration policy (2012) 1.
89 KOM(2010) 378 endg und KOM (2013) 151 endg.
90 Kommission, Mitteilung: Ein Raum der Freiheit, der Sicherheit und des Rechts für die Bürger Europas: Aktionsplan zur Umsetzung des Stockholmer Programms, KOM(2010) 171 endg.
91 Rat der EU, Justiz und Inneres, 3.018. Tagung, Luxemburg 3. bis 4. Juni 2010: Entwurf von Schlussfolgerungen des Rates zur Mitteilung der Kommission, 9935/10.

A. Hochqualifizierte Beschäftigung

Im Gegensatz zu der idR sehr vorsichtigen Haltung der europäischen Entscheidungsträger zur Zulassung von Drittstaatsangehörigen zu ihren Arbeitsmärkten hat die steigende Nachfrage nach qualifizierten Arbeitskräften in einer Reihe von Wirtschaftssektoren die Annahme der so genannten **Blue-Card-RL (2009/50/EG – BCR)** erleichtert. Die Erhöhung der internationalen Attraktivität der EU für hochqualifizierte Fachkräfte wird als zwingend notwendig angesehen, um die (erwarteten) Folgen des demografischen Wandels auszugleichen.[92] Rechtsvorschriften in diesem Bereich sind durch den Hintergrund eines globalen „*battle for the brains*" gekennzeichnet, also eine Situation, in der nationale Einwanderungssysteme um die begrenzte Anzahl von Personen mit im Wirtschaftsleben benötigten Qualifikationen werben, die bereit sind, bei der Arbeitssuche Grenzen zu überqueren. Dabei ist die EU vor allem mit der Konkurrenz der attraktiven Regelungen in Nordamerika und Australien konfrontiert.[93]

In dieser Hinsicht wird allgemein bezweifelt, ob die BCR in ihrer letztlich angenommenen Fassung das Potenzial hat, im internationalen Wettbewerb zu bestehen. Am bedeutsamsten ist in dieser Hinsicht, dass das Konzept der Kommission im Sinne einer Harmonisierung und Ersetzung von nationalen Regelungen letztlich von mehreren Regierungen nicht akzeptiert wurde, mit dem Ergebnis, dass die Blue Card als Anspruch nach EU-Recht **nur zusätzlich zu bestehenden nationalen Regelungen** eingeführt wurde. Diese Systeme stehen daher weiterhin untereinander im Wettbewerb, da jeder MS viel attraktivere Bedingungen als die in der RL vorgesehenen für den Zugang zu seinem Arbeitsmarkt gewähren kann.[94] Ein noch bedeutenderer Abstrich ist, dass die Blue Card für ihren Inhaber nun nur eine **Arbeits- und Aufenthaltserlaubnis in *einem* MS** darstellt, sodass der wohl größte Wettbewerbsvorteil der EU – Zugang zu einem Binnenmarkt, der größer ist als der jeglichen industrialisierten Drittstaats – nicht genutzt wurde.[95]

Die BCR gewährt ein Zugangsrecht nicht schon für eine abstrakte Qualifikation: Art 5 verlangt von einem Antragsteller, einen gültigen **Arbeitsvertrag** oder zumindest ein **verbindliches Vertragsangebot** für **hochqualifizierte Beschäftigung** über mindestens ein Jahr vorzuweisen. Der Begriff „hochqualifizierte Beschäftigung" wird in Art 2 lit b der RL erläutert, der insb den Nachweis einer höheren beruflichen Qualifikation (vgl Art 2 lit g-i) fordert. Das für diese Arbeit vereinbarte Entgelt muss mindestens das Eineinhalbfache des nationalen Durch-

---

[92] Vgl *Ball*, The blue card directive and its impact on EU and home state societies (2010), abrufbar unter http://law.uwe.ac.uk/slsa/, 6.
[93] Vgl *Doomernik* et al, The Battle for the Brains: Why Immigration Policy is not Enough to Attract the Highly Skilled, Brussels Forum Paper Series (2009), abrufbar unter http://www.gmfus.org/publications/index.cfm, 3 ff.
[94] Vgl *Ball*, The Blue Card Directive 8 ff.
[95] Vgl *Collett*, Beyond Stockholm: Overcoming the Inconsistencies of Immigration Policy, European Policy Centre Working Paper No 32/2009, 36.

schnittsentgelts (das 1,2-Fache in Berufen mit einem besonderen Bedarf an qualifizierten Arbeitskräften) betragen (s Art 5 Abs 3–5 BCR). Auch die Erfüllung dieser eher strengen Voraussetzungen gibt einem DSA noch kein absolutes Recht auf Ausstellung einer Blue Card: Art 6 erlaubt den MS, **Zulassungsquoten** festzulegen, die zu einer Ablehnung von neuen Anträgen führen, wenn das für einen Zeitraum von zB einem Jahr festgesetzte Volumen erreicht ist. Darüber hinaus ermöglicht Art 8 die Vorschrift einer **Bevorzugung von EU-Bürgern**, bevor eine freie Stelle mit einem DSA besetzt werden darf.

Der restriktive rechtliche Rahmen für einen Blue-Card-Inhaber während der **ersten beiden Jahre** im Beschäftigungsstaat ist in Art 12 BCR festgelegt: Während dieser Zeitspanne **müssen alle ursprünglichen Anforderungen** für den Erhalt einer Blue Card weiterhin erfüllt werden. Der DSA ist auch **nicht** berechtigt – selbst für hochqualifizierte Arbeit –, ohne Zustimmung des MS, der die Blue Card ausgestellt hat, zu einem **anderen AG** zu wechseln. Erst nach diesen zwei Jahren reicht es aus, einen Arbeitsplatzwechsel den zuständigen Behörden mitzuteilen (Art 12 Abs 2). Eine einmalige Phase der **Arbeitslosigkeit** darf nicht zur sofortigen Ausweisung eines Blue-Card-Inhabers führen: Art 13 BCR berechtigt diesen, bis zu drei Monaten unter Beibehaltung seines Status nach einer neuen hochqualifizierten Beschäftigung zu suchen. Der zentrale Anspruch auf **Gleichbehandlung** ist in Art 14 Abs 1 festgehalten: Er bezieht sich auf Arbeitsbedingungen, Gewerkschaftsrechte, Bildung, Anerkennung von Qualifikationen, soziale Sicherheit, Zugang zu öffentlichen Gütern und Dienstleistungen und Freizügigkeit im Hoheitsgebiet der MS der Beschäftigung. Abs 2 nimmt davon Stipendien und Sozialhilfe aus und ermöglicht eine Beschränkung des Hochschulzugangs.

Der Hauptvorteil des Erhalts einer Blue Card auch für die Arbeit in MS mit einer großzügigeren nationalen Regelung ist der **privilegierte Zugang** des Inhabers zu Rechten aus anderen RL, nämlich dem Recht auf **Familienzusammenführung** (Art 15 BCR) und der Erlangung des Status eines **Daueraufenthaltsberechtigten** (Art 16: Vor allem müssen die fünf Jahre ununterbrochenen Aufenthalts nicht in einem einzigen MS zurückgelegt werden.). Schließlich wird ein Recht auf grenzüberschreitende **Freizügigkeit nach 18 Monaten** zugestanden (Art 18 BCR). Allerdings wurden auch deren Bedingungen im Zuge der Ausarbeitung der RL deutlich verwässert: Für alle MS, in denen der DSA arbeiten will, ist eine **separate Blue Card** erforderlich, die der AN innerhalb eines Monats nach der Einreise in das jeweiligen Hoheitsgebiet beantragen muss. Die betroffenen MS können alle oben angeführten Beschränkungen anwenden. Wird der Antrag abgelehnt, ist eine Rückübernahme durch den Staat, der die Blue Card ausgestellt hat, garantiert.

Das Scheitern einer Einigung auf gemeinsame Zulassungsbedingungen, die echte Freizügigkeit für die Begünstigten für alle MS akzeptabel machen würde, ist einer der wichtigsten **Kritikpunkte**, die zur BCR vorgebracht werden. Ein weiterer ist, dass die RL nicht einmal die Mindestanforderungen der für alle Arbeitsmigranten vorgesehenen **internationalen Standards** sicherstellt: Das Übereinkommen des Europarats von 1977 über die Rechtsstellung der Wander-AN verlangt von den Vertragsparteien, dass Arbeitslosigkeit bis zu *fünf Monaten* nicht zur Ausweisung von ehemaligen AN führt und dass diese nicht für mehr als *ein Jahr* an einen bestimmten AG gebunden werden. Schließlich wirft jede Regelung, die auf die Anwerbung hochqualifizierter Personen auch aus weniger entwickelten Ländern gerichtet ist, Bedenken einer Verstärkung von **Brain-Drain** mit schwerwiegenden Folgen für die betroffenen Länder aus. Die RL überlässt es den MS, eine Politik der „Anwerbung unter ethischen Gesichtspunkten" zu verfolgen (Art 8 Abs 4 BCR) – eine Bestimmung von zweifelhafter Wirksamkeit in einer Situation des Wettbewerbs um qualifizierte Migranten selbst unter den MS der EU.[96]

In ihrer Evaluation vom Mai 2014[97] findet die Kommission, dass die Anzahl der bis dato ausgegebenen Blue Cards beschränkt war.[98] Die teils einschneidenden Beschränkungen, denen die AN bei der Bewerbung immer noch gegenüberstehen, haben zum einen mit mangelhafter Umsetzung zu tun (dies trotz der Reformen, die auf die 20 von der Kommission eingeleiteten Vertragsverletzungsverfahren folgten), andererseits auch mit dem weiten Spielraum, den die Minimumstandards der RL den MS einräumen.

B. Saisonarbeit

RL **2014/36/EU** bildet die Grundlage für die Förderung von befristeter Migration in von den MS bestimmten Sektoren, die von saisonal veränderlichem Arbeitsbedarf geprägt sind – wie Land- und Gartenbau oder Tourismus. Gegen Vorlage eines gültigen Arbeitsvertrags oder bindenden Angebots mit bestimmten Mindestinhalten und des Nachweises einer ausreichenden Versicherungsdeckung und Unterkunft profitieren Drittstaatsangehörige nicht nur von einem **Aufenthaltsrecht** über das 90-tägige Schengen-Visum hinaus, sondern auch von **Gleichbehandlungsrechten** im Hinblick auf Arbeitsbedingungen, Sozialleistungen, Steuern, Ausbildung und Anerkennung von Diplomen. Gleichzeitig gibt Art 23 der RL den MS einen weiten Spielraum, um diese Gleichbehandlung im Bezug auf Wohnraumunterstützung, Arbeitslosen- und Familienleistungen, familienbezogene Steuervergünstigungen, Ausbildungsmöglichkeiten und –unterstützungen **einzuschränken**. Die Dauer dieses Status ist abhängig von der Art der Saisonar-

---

96 Vgl *Ball*, The Blue Card Directive 11 ff; *Carrera* et al, Labour Immigration Policy in the EU 10.
97 Mitteilung der Kommission über die Anwendung der Richtlinie 2009/50/EG über die Bedingungen für die Einreise und den Aufenthalt von Drittstaatsangehörigen zur Ausübung einer hochqualifizierten Beschäftigung, KOM(2014) 287 endg.
98 Von den 15 261 blauen Karten, welche 2013 erteilt wurden, stammten 14 197 allein aus Deutschland. Eine deutliche Mehrheit ging an AN aus Asien und mehr als drei von vier waren männlich.

beit und einer Maximaldauer, die von den MS zwischen fünf und neun Monaten festgesetzt werden kann (Art 14).

Auch die Saisonarbeits-RL erlaubt überdies die Festsetzung von Zulassungsquoten und die Bevorzugung von EU-AN nach dem Recht der MS. Andere Gründe für eine Verweigerung oder einen Entzug der Saisonarbeitsberechtigung können insb frühere Verstöße gegen die relevanten Vorschriften durch AG oder AN darstellen (vgl Art 7-9).

C. Illegale Beschäftigung

Ein weiteres Problem von hoher Priorität in der Arbeitsmigrationspolitik ist die Bekämpfung der Beschäftigung von Ausländern, die sich illegal im Hoheitsgebiet der EU aufhalten. Sicherzustellen, dass wirksame Maßnahmen von jedem MS ergriffen werden, um dieses Phänomen einzudämmen, kann als Voraussetzung für die Annehmbarkeit der Schaffung einer gewissen Freizügigkeit für DSA für die MS gesehen werden. Die **AG-Sanktionen-RL (2009/52/EG)** enthält bestimmte Mindeststandards zu diesem Zweck. Sie beinhaltet einerseits **administrative Pflichten** der AG, um deren Kontrolle zu erleichtern, wie etwa die formelle Meldung jedes Arbeitsverhältnisses eines DSA und die Bereithaltung einer Kopie der Aufenthaltsbewilligung des AN (Art 4), andererseits **Sanktionen** für festgestellte Verstöße (Art 5 ff der RL). Dies umfasst obligatorische **finanzielle** Sanktionen einschließlich der Kosten der Abschiebung des DSA in sein Herkunftsland, welche „gegebenenfalls" durch die in Art 7 aufgezählten Maßnahmen ergänzt werden sollten (zB den Ausschluss des AG von öffentlichen Zuwendungen oder öffentlichen Aufträgen, die Schließung des Unternehmens oder den Entzug der für dessen Betrieb notwendigen Lizenz).

Strafrechtliche Verfolgung ist in den in Art 9 der RL angeführten Fällen erforderlich: Wiederholte Verstöße, illegale Beschäftigung einer erheblichen Anzahl von DSA, ausbeuterische Arbeitsbedingungen und die Beschäftigung von Minderjährigen oder Opfern von Menschenhandel. In einer Evaluierung der Umsetzung der RL vom Mai 2014[99] fand die Kommission, dass in diesem Bereich die größten Diskrepanzen zwischen den MS bestehen: So variiert die maximale Strafhöhe zwischen 500 € in Lettland und 500.000 € in Deutschland. Die Sanktionen sind mit der obligatorischen Nachzahlung ausstehender Löhne, Steuern und Sozialleistungen gemäß Art 6 ff zu verbinden. Um eine Umgehung zu verhindern, haftet ein als Hauptauftragnehmer fungierendes Unternehmen auch dann für alle Zahlungen, wenn DSA mittelbar von einem Subunternehmer (Art 8) rekrutiert werden. Schließlich will Art 13 der RL die **Durchsetzung** von Ansprüchen des

---

99 Mitteilung der Kommission betreffend die Anwendung der RL 2009/52/EG vom 18. Juni 2009 über Mindeststandards für Sanktionen und Maßnahmen gegen Arbeitgeber, die Drittstaatsangehörige ohne rechtmäßigen Aufenthalt beschäftigen, KOM(2014) 286 endg, 4.

DSA gegen seinen AG erleichtern, was auch die Erteilung einer befristeten Aufenthaltserlaubnis beinhalten kann. Dies wird mit der systematischen Information des AN über seine Rechte und der gesetzlichen Vermutung einer Beschäftigungsdauer von mindestens drei Monaten im Falle von Nachweisschwierigkeiten kombiniert (Art 6 Abs 2–3). Hierzu stellte die Kommission fest, dass es auf nationaler Ebene kaum Reformen zur Umsetzung dieser Garantien gab und dass weiterhin Bedenken wegen praktisch schwacher oder nicht-existenter Mechanismen in zahlreichen MS bestehen.[100]

Auch die AG-Sanktionen-RL ist vermehrt der **Kritik** unterzogen worden, unter anderem aufgrund ihrer Beschränkung auf Drittstaatsangehörige, die sich illegal in einem MS aufhalten, und aufgrund der abschreckenden Wirkung, die sie voraussichtlich auf die Beschäftigung von Ausländern im Allgemeinen haben wird. Obwohl die Anzahl der entdeckten illegalen AN jüngst deutlich zurückgegangen ist,[101] betont die Kommission, dass unklar ist, inwiefern dies einen Rückgang der offensichtlich viel höheren Dunkelziffer anzeigt und falls ja, ob es sich nur um ein zeitlich begrenztes Phänomen aufgrund der Wirtschaftskrise der letzten Jahre handelt.[102]

D. (Andere) legale Beschäftigung

Schließlich hat die EU vor kurzem eine RL zur Schaffung bestimmter Mindestnormen für Personen angenommen, die – aus welchem Grund auch immer – zur Beschäftigung in der EU zugelassen sind und nicht unter spezifische Bestimmungen wie die Blue-Card-RL fallen.

Die **Single-Permit-RL (2011/98/EU)** hat sowohl einen prozeduralen als auch einen rechtsbegründenden Aspekt. Ersterer erfordert, dass die DSA, die in den persönlichen Geltungsbereich fallen (vgl Art 3), auf Basis einer kombinierten Genehmigung zugelassen werden, die sowohl ihr **Aufenthaltsrecht** als auch ihre **Arbeitserlaubnis** beinhaltet (Art 4 ff der RL). Dies soll eine erhebliche Vereinfachung nicht nur für den Antragsteller bewirken, sondern auch für die Behörden anderer MS, die damit in der Lage sein werden, den rechtlichen Status eines Migranten leichter zu überprüfen. Dies wird durch das Verbot der Ausgabe zusätzlicher nationaler Genehmigungen in Art 6 Abs 2 gewährleistet. Im **Verfahren** zur Erlangung der kombinierten Genehmigung werden dem DSA bestimmte Rechte gewährt, vor allem über die Gründe für eine Ablehnung informiert zu werden, Zugang zu einem Rechtsbehelf zu haben und nur verhältnismäßige Gebühren vorgeschrieben zu bekommen (Art 8–10 der RL). Das Recht auf eine Ent-

---
100 Ibid, 7.
101 Von 608,870 im Jahr 2008 auf 386,230 2013. Die hauptsächlich betroffenen Sektoren sind in allen MS quasi ident: Bau, Land- und Gartenbau, Haushalt/Reinigung, Gastronomie und Fremdenverkehr.
102 Mitteilung der Kommission betreffend die Anwendung der RL 2009/52/EG vom 18. Juni 2009, 2.

scheidung innerhalb einer angemessenen Frist wurde in der Endfassung deutlich abgeschwächt: Im Vergleich zur nationalen Praxis mehrerer MS, Anträge innerhalb von einigen Tagen zu bearbeiten, gesteht die RL den Behörden der MS vier Monate für Entscheidung zu, wobei eine weitere Verlängerung in Ausnahmefällen möglich ist (Art 5 Abs 2).[103]

Der zweite Aspekt der Single-Permit-RL behandelt die **Rechte**, die einem DSA im Beschäftigung-MS gewährt werden müssen. Neben dem Ziel, den Einzelnen vor Ausbeutung zu schützen, sollen es auch für EU-Bürger einen Schutz ihrer Wettbewerbsposition am heimischen Arbeitsmarkt bedeuten, wenn die Beschäftigung von Ausländern nicht zu minderwertigen („billigeren") Bedingungen erfolgen kann.[104] Abgesehen von der **Freizügigkeit innerhalb der Grenzen** des MS der Beschäftigung (Art 11 der RL) wird dem DSA daher **Gleichbehandlung** in den in Art 12 Abs 1 aufgelisteten Bereichen zugesichert: Arbeitsbedingungen, Vereinigungsfreiheit, Bildung, Anerkennung von Diplomen, Sozialversicherung, Steuern, Zugang zu öffentlich angebotenen Gütern und Dienstleistungen und zu Arbeitsämtern. Auch hier gibt es eine Reihe von **Ausnahmen** von diesem umfassenden Ansatz, vor allem für Studien- und Unterhaltsbeihilfen (s Art 12 Abs 2 der RL).

Die Wirksamkeit der durch die RL festgesetzten Mindeststandards wird besonders mit Blick auf die zahlreichen Ausnahmen von ihrem persönlichen Geltungsbereich bezweifelt, insb den Ausschluss von entsandten AN (vgl Art 3 Abs 2 lit c der RL).[105] Die RL war bis Dezember 2013 in nationales Recht umzusetzen.[106]

---

103 Vgl *Pascouau/McLoughlin*, EU Single Permit Directive 2.
104 Vgl Europäische Kommission, Vorschlag für eine RL des Rates über ein einheitliches Antragsverfahren für eine kombinierte Erlaubnis für Drittstaatsangehörige zum Aufenthalt und zur Arbeit im Gebiet eines Mitgliedstaates und über ein gemeinsames Bündel von Rechten für Drittstaatsangehörige, die sich rechtmäßig in einem Mitgliedstaat aufhalten, KOM(2007) 638 endg, 2 ff.
105 Vgl *Pascouau/McLoughlin*, EU Single Permit Directive 4.
106 Siehe etwa die Reform des österr Ausländerbeschäftigungsgesetzes (BGBl I Nr. 72/2013).

VI. Gleichbehandlung

Wie oben bereits erwähnt, ist das EU-Gleichbehandlungsrecht wahrscheinlich der Bereich, der die weitestreichenden Anpassungen des Rechts der MS erfordert hat – und weiterhin erfordert. Der Mechanismus der umfassenden Gleichbehandlung als einfaches, aber wirksames Mittel zur Erweiterung der Vorteile, die einer bestimmten privilegierten Gruppe gewährt werden, auf eine breitere Gruppe von Personen ist im heutigen EU-Recht allgegenwärtig.

Art 21 der GRC legt das Grundrecht auf Gleichbehandlung und das entsprechende Verbot der Diskriminierung aus einer Reihe von Gründen nieder. Die – nicht abschließende – Aufzählung in diesem Artikel nennt Diskriminierung aufgrund des Geschlechts, der Rasse, der Hautfarbe, der ethnischen oder sozialen Herkunft, genetischer Merkmale, der Sprache, der Religion oder Weltanschauung, der politischen oder sonstigen Anschauung, der Zugehörigkeit zu einer nationalen Minderheit, des Vermögens, der Geburt, einer Behinderung, des Alters und der sexuellen Ausrichtung. Dabei ähnelt die Auflistung **internationalen Menschenrechtsstandards**, wie Art 28 des Internationalen Paktes über bürgerliche und politische Rechte der UNO. Im Gegensatz dazu schreibt die EMRK als traditionell wichtigste Grundrechtsquelle der EU in ihrem Art 14 Gleichbehandlung als nur akzessorisches Recht vor, was bedeutet, dass eine Diskriminierung nur in Bezug auf die Gewährung der in den anderen Artikeln der Konvention genannten Rechte verboten ist. Eine umfassende Verpflichtung zur Gleichbehandlung wäre im 12. Zusatzprotokoll zur EMRK enthalten, das jedoch nur in bescheidenem Umfang ratifiziert wurde.[107]

Wie oben erwähnt betrifft das älteste Postulat der Nichtdiskriminierung (außerhalb der Frage der Diskriminierung aufgrund der Staatsangehörigkeit im Anwendungsbereich des Binnenmarktes) das gleiche Entgelt für Männer und Frauen. Dieses diente als Ausgangspunkt für weitere differenziertere Regelungen zugunsten von Gruppen, die idR auf dem Arbeitsmarkt benachteiligt sind.

A. Diskriminierung aufgrund des Geschlechts

Die zentrale Rolle der Geschlechtergleichheit in der EU-Rechtsordnung ist fest in den **Gründungsverträgen** verankert, die, abgesehen von einer wachsenden Zahl

---

107 Vgl *O'Brien*, Equality's False Summits: New Varieties of Disability Discrimination, „Excessive" Equal Treatment and Economically Constricted Horizons, European Law Review 36/2011, 46.

VI. Gleichbehandlung

von deklaratorischen Bestimmungen (vgl zB Art 2 f EUV) die **Zuständigkeit** der Union festlegen, detailliertere Vorschriften in diesem Bereich zu erlassen (vgl Art 19, 153 Abs 1 lit i und 157 AEUV; die beiden Letzteren ermöglichen eine Rechtssetzung durch das ordentliche Gesetzgebungsverfahren). Außerdem erklären Art 21 und (spezifischer) **Art 23 der GRC** den Schutz vor Diskriminierung auf Grund des Geschlechts zu einem Grundrecht der Union.

Im Sekundärrechtsbereich sind RL über einzelne Aspekte der Gleichstellung der Geschlechter seit Mitte der 1970er-Jahre verabschiedet worden, von denen einige 2006 zu einer umfangreicheren RL zusammengefasst wurden (s Unterabschnitt V.A.1.b.), womit dieser Rechtsbereich derzeit durch **vier RL** geregelt ist. Schließlich muss auf die zentrale Rolle der **Rsp** bei der Entwicklung des Grundsatzes verwiesen werden, die einen bedeutenden Anteil dessen ausmacht, was später als Sekundärrecht kodifiziert wurde. Mit mehr als 200 bindenden Urteilen ist die Geschlechtergleichheit einer der zahlenmäßig bedeutendsten Bereiche des Arbeitsrechts in der europäischen Judikatur.[108]

Gegenwärtig ist dieser juristische Ansatz nur ein Bestandteil einer breiter verfolgten Politik der Förderung der Gleichstellung und Chancengleichheit in der EU, die auch zu den zentralen arbeitsmarktbezogenen Zielen der EU-2020-Strategie zählt. Obwohl die Erwerbsbeteiligung von Frauen in allen MS der Europäischen Union immer noch deutlich niedriger ist als die der Männer, kann auf eine stark steigende Tendenz in den letzten Jahrzehnten verwiesen werden. Derzeit beträgt die Erwerbsquote von Frauen im erwerbsfähigen Alter um die 65 %; dem stehen 78 % für Männer gegenüber.[109] Gleichzeitig bleibt das geschlechtsspezifische Entgeltgefälle hoch – und das gerade in den Ländern, die eine hohe weibliche Erwerbsbeteiligung aufweisen.[110]

1. Diskriminierung in Beschäftigung und Beruf
a) Gleiches Entgelt für gleiche Arbeit

Wie im ersten Kapitel angedeutet, wurde Art **157 AEUV** ursprünglich als Maßnahme zum Schutz des fairen Wettbewerbs zwischen den MS konzipiert. Im Zuge der Entwicklungen in der Judikatur und einiger Vertragsänderungen hat sich sein Charakter jedoch grundlegend verändert. Das Ziel der Förderung der Erwerbsbeteiligung von Frauen und die Anerkennung des gleichen Entgelts als subjektives

---

108 Vgl *Burri/Prechal,* EU Gender Equality Law 18.
109 Vgl Eurostat-Daten, abrufbar unter http://epp.eurostat.ec.europa.eu/statistics_explained/index.php/People_outside_the_labour_market und das Hintergrundpapier „Achieving the Europe 2020 employment target" zur 2011 abgehaltenen Konferenz der Europäischen Kommission zur Gleichbehandlung von Männern und Frauen, abrufbar unter http://ec.europa.eu/justice/gender-equality/files/conference_sept_2011/background-paperiachieving-the-europe-2020-targets_en.pdf.
110 Vgl http://epp.eurostat.ec.europa.eu/statistics_explained/index.php/Gender_pay_gap_statistics. Mit über 23 % ist der österreichische *gender pay gap* der zweithöchste in der EU.

A. Diskriminierung aufgrund des Geschlechts

Grundrecht des Einzelnen bereits in der Rs *Defrenne II* erfordern den direkten Zugang von Personen, die sich diskriminiert sehen, zum Schutz, den Art 157 bietet. Dementsprechend wurde ihm, ebenso wie dem Verbot der Diskriminierung aufgrund der Staatsangehörigkeit (s Unterabschnitt IV.A.4), **unmittelbare und horizontale Wirkung** zuerkannt, und seine Elemente sind Gegenstand einer autonomen Auslegung durch den EuGH.

Diese **autonome Auslegung** betrifft vor allem die Begriffe „AN" und „Entgelt" in Art 157 Abs 1 AEUV. In Bezug auf Ersteren kann auf den AN-Begriff verwiesen werden, wie er im Freizügigkeitsrecht geprägt (Unterabschnitt IV.A.1) und vom EuGH für Fälle der Diskriminierung aufgrund des Geschlechts unverändert übernommen wurde (s insb Rs *Allonby* für die Bedeutungslosigkeit der Qualifizierung eines Vertragsverhältnisses nach nationalem Recht). Was den Begriff des Entgelts betrifft, geht der EuGH von einem weiten Verständnis aus, für das wirtschaftliche und nicht formale Kriterien ausschlaggebend sind. Dementsprechend muss Gleichbehandlung nicht nur für das **Grundentgelt** eines AN sichergestellt werden, sondern auch für darüber **hinausgehende** Leistungen jeder Art, einschließlich freiwilliger Zahlungen (etwa Weihnachtsgeld – s Rs *Lewen*). Wiederum sind **Sachleistungen** monetären Leistungen gleichgestellt (s Rs *Garland* zur kostenlosen Nutzung von Verkehrsmitteln). Letztlich umfasst der Begriff alles, was ein AN als Gegenleistung für die Tätigkeiten erhält, die er im Rahmen seines Arbeitsvertrags ausübt; ausgenommen sind nur Zahlungen, die den AN für tatsächliche Kosten oder Unannehmlichkeiten entschädigen sollen (s Rs *JämO* zu einem Bonus für eine ungünstige Lage der regelmäßigen Arbeitszeit). Im Gegensatz dazu fällt Entgeltfortzahlung für Zeiträume, in denen der AN an der Ausübung seiner Arbeit gehindert ist (zB bei Krankheit – Rs *Rinner-Kühn* – oder Schulungen für AN-Vertreter – Rs *Bötel*) sehr wohl unter den Begriff des Entgelts. Das Gleiche gilt für Abfindungen, wenn der Arbeitsvertrag beendet wird (Rs *Gruber*).

Der praktisch relevanteste Bereich der Entgeltdiskriminierung ist die Gewährung **betrieblicher Rentenleistungen** an ehemalige AN (vgl Rs *Bilka, Schönheit*). Diese Renten können problemlos als Entgelt kategorisiert werden, wenn sie von einem privaten AG gezahlt werden – egal, ob aus eigenen Mitteln oder über eine externe Versicherung (s Rs *Coloroll, Menauer*). Im Gegensatz dazu kann sich die Einordnung einer Leistung schwierig gestalten, wenn sie AN einer öffentlichen Einrichtung oder eines öffentlichen Unternehmens gewährt und durch öffentliche Stellen verwaltet wird. Auch hier kann es sich im weiteren Sinne um eine Gegenleistung für die Arbeit der (ehemaligen) AN des öffentlichen Dienstes handeln, genauso gut jedoch um eine allgemeine Sozialversicherungsleistung mit dem Zweck des Schutzes gegen das Risiko des Alters.

VI. Gleichbehandlung

Um eine **Abgrenzung** zwischen der betrieblichen Altersversorgung einerseits und (öffentlichen) **Sozialversicherungsrenten** andererseits zu ermöglichen, hat der EuGH in der Rs *Beune* drei Kriterien entwickelt:

- die Beschränkung der Leistung auf eine **bestimmte** Gruppe von AN,
- ihre Abhängigkeit von **Vordienstzeiten** und
- ihre Berechnung in Bezug auf das **letzte Gehalt des AN**.

Das Vorliegen dieser Kriterien sieht der Gerichtshof als Beweis dafür an, dass Überlegungen der allgemeinen sozialen Sicherheit nicht entscheidend für die Vergabe der Rente sind. In dem Fall stellt diese Entgelt im Sinne von Art 157 Abs 1 AEUV dar und muss ohne Diskriminierung gewährt werden.

b) Andere Aspekte der Beschäftigung

Der Grundsatz des gleichen Entgelts nimmt aufgrund seines Primärrechtsstatus und der entsprechenden horizontalen Anwendbarkeit nach wie vor eine herausragende Position im europäischen Antidiskriminierungsrecht ein. Doch hat die kontinuierliche Entwicklung des Sekundärrechts im Bereich der Diskriminierung aufgrund des Geschlechts diesem mittlerweile einen Anwendungsbereich verschafft, der weit über Fragen des Entgelts hinausgeht. Für den Bereich Beschäftigung und Beruf ist ein umfassendes Gebot der Nichtdiskriminierung nunmehr in der **RL 2006/54/EG (Geschlechterdiskriminierungs-RL, GDR)** enthalten, welche früheres Sekundärrecht und Rsp kodifiziert.[111] Neben den Domänen des **Entgelts** (Art 4) und **betrieblichen Systemen der sozialen Sicherheit**[112] (Art 5 ff), die beide weitgehend auch unter Art 157 AEUV fallen, deckt die RL praktisch alle Aspekte des Arbeitsverhältnisses ab, in denen eine Diskriminierung denkbar ist. Art 14 nennt die erfassten Bereiche:

- **Zugang** zu **Beschäftigung** und beruflichem Aufstieg
- **Berufsausbildung**
- **Arbeits-** und **Entlassungsbedingungen**[113] und
- Mitgliedschaft in **AN-Organisationen**.

Der letzte Punkt zeigt, dass AG nicht die einzigen Adressaten der RL sind. In der Praxis ist dieser Punkt freilich weitaus weniger relevant als die zentralen Fragen des gleichberechtigten Zugangs zu Beschäftigung und des Rechts auf gleiche Arbeitsbedingungen.

---

111 Dazu *Burri/Prechal*, EU Gender Equality Law 8 ff.
112 Zu beachten ist in diesem Zusammenhang, dass der Begriff „soziale Sicherheit" nicht als Verweis auf ein staatliches System zu verstehen ist, sondern als eine vom AG gewährte Ergänzung zum Schutzstandard des Sozialsystems (s die Definition in Art 2 Abs 1 lit f GDR). Vgl auch die Abgrenzung der betrieblichen Altersversorgung in Art 7 Abs 2, die auf die oben im Rahmen des Art 157 AEUV beschriebene Rsp rekurriert.
113 „Entlassung" im EU-rechtlichen Sinne ist weit zu verstehen und keinesfalls auf fristlose Beendigungen des Arbeitsverhältnisses begrenzt (wie das nach österreichischer Terminologie der Fall wäre).

Bezüglich des persönlichen Anwendungsbereichs wendet der EuGH seine autonome Definition eines AN auch im Rahmen der GDR an. In den Bereichen der sozialen Sicherheit und des Zugang zu einer Erwerbstätigkeit werden auch **Selbständige** durch Art 6 bzw 14 Abs 1 lit a abgedeckt.

c) Vergleichbare Situationen

Die wohl schwierigste Frage bei der Entscheidung, ob die divergierende Behandlung von zwei Individuen eine Diskriminierung darstellt, betrifft die *Vergleichbarkeit* von Situationen: Selbstverständlich entspricht es dem Grundsatz der Gleichbehandlung, dass *verschiedene* Situationen auch unterschiedlich behandelt werden.

Die Judikatur hat bis heute keine konkrete Formel zur Beurteilung der Frage entwickelt, ob zwei Situationen für vergleichbar erachtet werden müssen. Vielmehr müssen **alle Aspekte des Einzelfalls** für eine umfassende Beurteilung dessen herangezogen werden, ob sich im Hinblick auf einen bestimmten Anspruch wesentliche Unterschiede zwischen unterschiedlichen (Gruppen von) Personen zeigen. Mit Bezug auf das Entgelt etwa ist aus dem Wortlaut des Art 157 Abs 1 abzuleiten, dass Vergleichsmaßstab das Verrichten von **gleichwertiger Arbeit** sein muss. Für die Ermittlung der Gleichwertigkeit der von individuellen AN ausgeführten Tätigkeiten berücksichtigt der EuGH insb die **Art** der Arbeit, die die zu vergleichenden AN tatsächlich verrichteten, ihre **Qualifikation** (s Rs *Wiener Gebietskrankenkasse*) und auch die **Arbeitsbedingungen**, denen sie ausgesetzt sind (Rs *Royal Copenhagen*). Wenn unter Berücksichtigung all dieser Aspekte die Arbeit der geringer entlohnten Person(engruppe) von gleichem oder höherem Wert zu sein scheint, widerspricht die Entgeltfestsetzung dem EU-Recht. Wenn der AG leistungsbezogen entlohnt (und dabei nicht *per se* diskriminierende Kriterien anwendet), ist eine Arbeitskraft, die im Vergleich zu ihren Kollegen weniger Leistung erbringt, mit diesen auch dann nicht in einer vergleichbaren Situation, wenn die Art der verrichteten Tätigkeiten iW identisch ist (s Rs *Brunnhofer*).

Wichtig ist, dass die Feststellung einer Diskriminierung nicht von real beobachteten Unterschieden zwischen konkreten weiblichen und männlichen Beschäftigten abhängt: Eine Regel, die in einem Gesetz, einem KollV[114] oder einer individuellen Arbeitsplatzregulierung enthalten ist, kann auch angefochten werden, wenn sie faktisch nur auf Personen eines Geschlechts zur Anwendung kommt. Schließlich muss klar sein, dass Art 157 und die GDR ihre Adressaten nur innerhalb ihres Einflussbereichs verpflichten – mit der Folge, dass zB ein KollV nicht gleichwertige Vorteile wie ein anderer KollV enthalten muss, welcher von unterschiedlichen Parteien abgeschlossen wurde, selbst wenn dies zu einer objektiv nicht

---

114 Auch dass ein diskriminierendes Entgeltschema mit AN-Vertretern vereinbart wurde, stellt für den AG keine Rechtfertigung dar (Rs *Enderby*).

nachvollziehbaren Schlechterstellung in Sektoren mit überwiegend weiblichen Beschäftigten führen sollte.[115] Inwiefern der Gleichbehandlungsgrundsatz zwischen verbundenen Unternehmen eines Konzerns anzuwenden ist, wird gegenwärtig noch kontrovers beurteilt.[116]

d) Unmittelbare Diskriminierung

Der Ansatz der Unterscheidung zwischen unmittelbaren und mittelbaren Formen der Differenzierung, wie er für Diskriminierung aufgrund der Staatsangehörigkeit weiter oben (Unterabschnitt IV.A.5) beschrieben worden ist, ist gleichermaßen auf Fragen der weniger günstigen Behandlung aufgrund des Geschlechts anwendbar. Traditionell waren (und sind) unmittelbare Diskriminierungen im Sinne einer ausdrücklichen Bezugnahme auf das Geschlecht einer Person für die Erteilung oder Verweigerung von Leistungen besonders häufig in **betrieblichen Rentensystemen** zu finden. Hier ist die diskriminierte Gruppe in der Regel die der männlichen Beschäftigten, für die die jeweiligen Systeme ein höheres **Antrittsalter** vorsehen.

Da es zweifellos eine unmittelbare Ungleichbehandlung darstellt, wenn männliche AN allein wegen ihres Geschlechts bis zu einem höheren Alter arbeiten müssen, um einen Anspruch auf eine betriebliche Rentenleistung als eine Form des Entgelts gegenüber ihrem AG zu erlangen, gibt es dafür keine Rechtfertigung – auch nicht durch die Tatsache, dass dies uU einem unterschiedlichen Antrittsalter für sozialversicherungsrechtliche Renten entspricht (s dazu Unterabschnitt V.A.2.b.). Eine solche Verletzung von Primärrecht (Art 157 AEUV) kann nicht einmal durch sekundäres EU-Recht legitimiert werden. Dies war der Hintergrund der Grundsatzentscheidung des **EuGH** in der Rs *Barber*, in der dieser eine **RL-Bestimmung aufhob**, die eben dieses Konzept eines geschlechterspezifischen Rentenalters in der betrieblichen Altersvorsorge für zulässig erklärte. Gegenwärtig wird die Festsetzung von unterschiedlichem Antrittsalter als „Beispiel für Diskriminierung" in Art 9 GDR erwähnt.

Doch müssen unterschiedliche Altersanforderungen für bestimmte Leistungen nicht *per se* gegen Art 157 AEUV verstoßen. Vor allem könnten die weiterhin bestehenden Unterschiede im Bereich der sozialen Sicherheit in mehreren MS eine Situation schaffen, in denen männliche und weibliche AN sich auf dem Arbeitsmarkt nicht in einer **vergleichbaren Situation** befinden, wenn sie in einem fortgeschrittenen Alter entlassen werden. Daher entschied der EuGH in der Rs *Hlozek*, dass es keine Diskriminierung bedeutete, dass ein „Übergangsgeld" nur an solche AN gezahlt wurde, die innerhalb von fünf Jahren vor Erreichen des gesetzlichen Rentenalters gekündigt wurden (welches für Männer höher lag): Un-

---

115 Vgl *Burri/Prechal*, EU Gender Equality Law 5.
116 Vgl *Forst*, Anmerkung zu EuGH, C-132/11, ZESAR 2013, 442 ff.

tersuchungen hatten gezeigt, dass eben die Aussicht einer Pensionierung in relativ naher Zukunft die Chancen der Betroffenen auf dem Arbeitsmarkt erheblich verringerte, sodass ein Mann, der noch bis zu zehn Jahre von einem gesetzlichen Rentenanspruch entfernt war, deutlich bessere Perspektiven hatte als eine Frau, der bis dahin noch höchstens fünf Jahre verblieben. Daraus ergab sich im letzteren Fall eine ungleich stärkere Angewiesenheit auf die Leistung von Übergangsgeld.

Umgekehrt diskriminiert ein System der **automatischen Pensionierung** bei Erreichen der gesetzlichen Altersgrenze Frauen, die ihre Beschäftigung fortsetzen möchten (Rs *Kleist*).[117]

Es muss in diesem Zusammenhang hervorgehoben werden, dass das Konzept der *unmittelbaren Diskriminierung* weder auf solche Fälle beschränkt ist, in denen das Gesetz ausdrücklich das Geschlecht als Unterscheidungsmerkmal nennt, noch auf solche, in denen alle Vertreter eines Geschlechts zwangsläufig von der Ungleichbehandlung betroffen sind. Vielmehr erfasst unmittelbare Diskriminierung auch Differenzierungen nach einem Kriterium, das **untrennbar mit dem Geschlecht verbunden** ist. Das klassische Beispiel, das Anlass zu einer beträchtlichen Anzahl von EuGH-Judikaten in diesem Bereich gegeben hat, ist das der **Schwangerschaft**: Aufgrund der Tatsache, dass evidenterweise nur Frauen in diese Kategorie fallen können, ist jegliche ungünstigere Behandlung aufgrund von Schwangerschaft oder Geburt als unmittelbare Diskriminierung zu werten.

Die wichtigste Konsequenz dieses Ansatzes ist, dass es keine Rechtfertigung für das Verhalten eines AG gibt, der eine AN wegen ihrer Schwangerschaft nicht einstellt (Rs *Dekker*), sie kündigt, sobald er von der während des Vorstellungsgesprächs verschwiegenen Schwangerschaft erfährt (Rs *Webb*) oder seine Zustimmung zur vorzeitigen Rückkehr der AN aus dem Elternurlaub wieder zurückzieht, weil diese bereits wieder schwanger ist und durch die kurzfristige Rückkehr einen höheren Wochengeldanspruch erwirbt (Rs *Busch*). Die Tatsache, dass dem AG dadurch erhebliche finanzielle Nachteile entstehen können, ist in diesem Zusammenhang unerheblich (vgl Rs *Tele Danmark*). Der Kündigungsschutz, der sich daraus ergibt, wird durch ein zweifaches Grundrechtsargument gesichert, da zusätzlich zum Recht auf Nichtdiskriminierung auch das Recht auf Vereinbarkeit von Beruf und Familie (Art 33 Abs 2 GRC) durch eine Kündigung aufgrund einer Schwangerschaft verletzt würde. Im Gegensatz dazu überrascht es, dass der EuGH Kündigungen, die (auch explizit) auf Grund einer länger anhaltenden Abwesenheit wegen schwangerschaftsbedingter Gesundheitsprobleme ausgesprochen werden, nicht generell als unzulässig ansieht. Die zentrale Entscheidung in

---

117 Beachtlich ist der Unterschied im Strenggrad, wenn es um die Rechtfertigung der potenziellen *Altersdiskriminierung* durch solche automatischen Pensionierungen geht: vgl Unterabschnitt V.B.2.b. und Schiek, Age Discrimination before the ECJ – Conceptual and Theoretical Issues, Common Market Law Review 48/2011, 789.

VI. Gleichbehandlung

dieser Frage ist das *Brown*-Urteil zur Situation einer AN, die auf Grund verschiedener schwangerschaftsbedingter Erkrankungen 26 Wochen abwesend war und dadurch unter eine allgemeine Kündigungsklausel des Unternehmens fiel. Hier distanzierte sich der EuGH einerseits ausdrücklich von seinem früheren Urteil in *Larsson* und stellte fest, dass krankheitsbedingte Fehlzeiten *während* der Schwangerschaft bei der Berechnung außer Acht gelassen werden müssen. Andererseits weigerte sich der EuGH – auch ausdrücklich – eine schon viel früher in *Hertz* begründete Rsp zu revidieren, nach der krankheitsbedingte Fehlzeiten *nach* dem Mutterschaftsurlaub einen Grund für eine Kündigung darstellen dürfen, selbst wenn sie erwiesenermaßen mit der Schwangerschaft im Zusammenhang stehen.[118]

Allgemein sind nachteilige Folgen einer schwangerschaftsbedingten Abwesenheit zulässig, wenn sich die AN in Bezug auf eine spezifische Vergünstigung nicht in einer **vergleichbaren Situation** mit anderen AN befinden. Letzteres gilt insb für das Recht auf **Arbeitsentgelt** während eines Zeitraums, in dem die AN **tatsächlich keine Arbeit leistet,** den fortgesetzten Erwerb von Ansprüchen auf Jahresurlaub oder auf eine betriebliche Altersversorgung in diesem Zeitraum (vgl Rs *Boyle*). Diese Ansprüche müssen nur im durch die Mutterschutz-RL vorgesehenen Umfang (dh über einen Zeitraum von 14 Wochen – s Abschnitt VIII.C.) gewährt werden.

Schließlich liegt eine unmittelbare Diskriminierung vor, wenn ein AN aus dem Grund weniger günstig behandelt wird, dass er sich einer **Geschlechtsumwandlung** unterzogen hat (vgl Rs *Cornwall County Council*).

aa) Ausnahmen

Der erwähnte Ausschluss einer Rechtfertigung für eine unmittelbare Diskriminierung ist nicht absolut: Wie auch im Bereich der Freizügigkeit (vgl Unterabschnitt IV.A.3) gibt es eine begrenzte Zahl von Ausnahmen vom Gleichbehandlungsgebot, die sich unmittelbar aus dem Wortlaut der einschlägigen Bestimmungen ergeben. Entsprechend seiner allgemeinen Praxis verlangt der EuGH, dass diese Ausnahmen eng ausgelegt werden und unter dem Vorbehalt einer **Verhältnismäßigkeitsprüfung** stehen – mit den üblichen Elementen der Angemessenheit und Erforderlichkeit.

Eine dieser Ausnahmen ist in Art 14 Abs 2 GDR enthalten und betrifft wesentliche und entscheidende **berufliche Anforderungen**. Diese Anforderungen müssen sich auf die Art der Tätigkeit oder den Kontext, in dem sie ausgeführt wird, beziehen. Typische Beispiele finden sich im künstlerischen Bereich (Schauspieler, Sänger etc werden für eine konkrete Anstellung häufig ein bestimmtes Geschlecht haben müssen). Aus der Rsp geht außerdem hervor, dass der Ausschluss von

---

[118] Vgl dazu die kritische Stellungnahme von *Hervey*, Thirty Years Of EU Sex Equality Law 314.

Frauen bei Sicherheits- und Aufsichtstätigkeiten gerechtfertigt sein kann, bei denen auch mit physischen Auseinandersetzungen gerechnet werden muss – so im Fall von Gefängnisaufsehern (Rs *Kommission v Frankreich 1988*), Marineoffizieren, die bei Bedarf in Frontkommandos kämpfen müssen, und selbst Polizeiposten im Fall schwerer innerer Unruhen (Fall *Johnston*). Im Gegensatz dazu ist der generelle Ausschluss von Frauen von jeglichen bewaffneten Tätigkeiten nicht von der Ausnahme gedeckt (s Rs *Kreil*). Logischerweise ist der Ausnahmetatbestand auf solche Fälle eingeschränkt, in denen Personen eines bestimmten Geschlechts der **Zugang** zu **Beschäftigung** und/oder **Berufsausbildung** verweigert wird: Dagegen könnte zB die Anwendung ungünstigerer Arbeitsbedingungen nicht auf ihn gestützt werden.

Zweitens bestimmt Art 28, dass Maßnahmen zum **Schutz von Frauen** im Falle von **Schwangerschaft** und Mutterschaft nicht auf Basis der RL angefochten werden können. Die Einführung solcher Schutzmaßnahmen wird in weitem Umfang durch das EU-Recht selbst verlangt – vgl zB Art 7 der Mutterschutz-RL über das Verbot der Nachtarbeit für schwangere AN (Unterabschnitt VIII.C.1.). Dagegen ist ein generelles Verbot der Nachtarbeit für Frauen, wie es in vielen MS (gestützt auf eine Konvention der ILO[119]) existierte, nicht gerechtfertigt, weil die Gefahren der Nachtarbeit keineswegs geschlechtsspezifisch sind (vgl Rs *Stöckl*). Dennoch ist die Anwendung von Art 28 nicht auf Fälle beschränkt, in denen die unterschiedliche Behandlung der Geschlechter strikt auf medizinischer Notwendigkeit beruht. Insb in Bezug auf Freistellungsansprüche nach der Geburt eines Kindes erklärte der EuGH in einer Reihe von Fällen beginnend mit *Hofmann*, dass die Ausnahme auch den „Schutz der Beziehung zwischen einer Mutter und ihrem Kind" erfasse und die MS nicht verpflichtet sind, einen gleichwertigen Schutz für Väter zu gewährleisten. In *Álvarez* folgerte der Gerichtshof aus der Tatsache, dass der Anspruch auf einen sogenannten Stillurlaub von der Mutter auf den Vater eines Kindes übertragen werden konnte, dass dieser Urlaub in Wahrheit nicht dem Schutz des biologischen Zustands der Frau diente – sodass seine ungleiche Verfügbarkeit zwischen den Geschlechtern eine Verletzung von EU-Recht darstellte. Im Falle *Betriu Montull* hingegen entschied der EuGH, dass der nicht-obligatorische Teil des Mutterschaftsurlaubs, der ebenfalls an den Vater übertragen werden konnte, solange dies nicht die Gesundheit der Mutter gefährdete, dennoch eine Schutzmaßnahme für die Mutter bedeutete und daher nicht generell allen Vätern gewährt werden musste.

Schließlich verweist Art 3 GDR auf Bestimmungen über **positive Maßnahmen** nach Art 157 Abs 4 AEUV. Letzterer ermöglicht „spezifische Vergünstigungen" mit dem Ziel der **Förderung** der Vertreter eines Geschlechts in Bereichen, in denen sie **unterrepräsentiert** oder mit **besonderen Nachteilen** konfrontiert sind.

---

119 Convention No 89 Concerning Night Work of Women Employed in Industry (1948).

VI. Gleichbehandlung

Der Einsatz solcher Maßnahmen ist ein häufiges Phänomen in vielen Mitgliedstaaten und wird in der Regel als ein Mittel gesehen, überlieferte Einstellungen und Strukturen auszugleichen, die insb Frauen daran hindern, in Sektoren vorzudringen, die traditionell von Männern dominiert sind.[120] Das Faktum, dass das Konzept in Art 157 AEUV enthalten ist, bedeutet, dass dies die einzige Ausnahme ist, die im Prinzip selbst unterschiedliches Entgelt für gleichwertige Arbeit rechtfertigen kann.

Trotz der Tatsache, dass solche Maßnahmen grundsätzlich auf die Erhöhung der *faktischen Gleichstellung* der Geschlechter und nicht deren Einschränkung gerichtet sind, wendet der EuGH seine Forderung nach einer engen Interpretation von Ausnahmen auch auf positive Maßnahmen an. Am deutlichsten wird dies in Fällen, in denen der gleiche Zugang zur Beschäftigung auf dem Spiel steht. Zu dieser Frage liegen mehrere Entscheidungen des Gerichtshofs vor, aus denen hervorgeht, dass die Bevorzugung von Kandidaten auf der Grundlage ihres Geschlechts nur unter der Prämisse **gleicher Qualifikationen** zulässig ist. Daher können positive Maßnahmen bei der Einstellung nur angewendet werden, wenn die Beurteilung der Bewerber für eine Stelle zwei oder mehr Personen als gleichermaßen bestqualifiziert identifiziert hat: Einer Frau darf nicht der Vorzug gegenüber einem Mann mit *höherwertiger* Qualifikation gegeben werden (vgl Rs *Kalanke, Marschall, Abrahamsson*). Diese strikte Beurteilung ist dafür kritisiert worden, positive Maßnahmen in vielen Bereichen jeder praktischen Wirksamkeit zu berauben, weil dadurch Einstellungsentscheidungen, die in Wahrheit auf Vorurteilen beruhen, immer durch angeblich festgestellte Vorzüge eines Kandidaten mit dem „Mainstreamgeschlecht" gerechtfertigt werden können.[121]

Im Gegensatz zu der eben zitierten Judikatur hat der Gerichtshof wiederholt auch **unbedingte Präferenzen** bezüglich der Gewährung von Vorteilen an Personen zugelassen, die **bereits in Beschäftigung** stehen. Daher ist es in Bereichen, die durch eine deutliche Unterrepräsentanz von Frauen geprägt sind, zulässig, diesen bevorzugten Zugang zu Weiterbildungsmöglichkeiten (Rs *Badeck*) oder Kinderbetreuungsplätzen (Rs *Lommers*) einzuräumen. Im Ergebnis können Maßnahmen zum Ausgleich der Schwierigkeiten, denen Personen in Bereichen gegenüberstehen, in denen sie unterrepräsentiert sind, erst dann gesetzt werden, wenn sie die größte Hürde (ohne unbedingte Präferenz eine Beschäftigung zu finden) bereits genommen haben. Jedenfalls können Maßnahmen, die nicht geeignet sind, tatsächliche Benachteiligungen auszugleichen – oder sogar traditionelle Rollenbilder auf Kosten der Karrieren von Frauen *verstärken* – nicht als positive Maßnahmen angesehen werden. Daher sah der EuGH in einer spanischen Rentengutschrift, die nur Frauen gewährt wurde, die ihre Karriere zur Kinderbetreuung unterbrochen hatten, einen Verstoß gegen EU-Recht (Rs *Griesmar*). Vor

---
120 Vgl *Burri/Prechal*, EU Gender Equality Law 18.
121 Ibid 16 ff.

kurzem kam der Gerichtshof zu dem gleichen Ergebnis für die geänderte Fassung des Gesetzes, das eine Frühpensionierungsmöglichkeit bei betreuungsbedingter Karriereunterbrechungen von mindestens zwei Monaten vorsah (Rs *Leone*).

2012 legte die Kommission erstmals einen RL-Vorschlag über eine *Verpflichtung* zu positiven Maßnahmen vor – in einem Bereich, in dem die Unterrepräsentation von Frauen besonders deutlich ist: Börsennotierte Unternehmen sollen verpflichtet werden, die ausgewogene Vertretung beider Geschlechter unter nicht-geschäftsführenden Direktoren (Aufsichtsräten) in Höhe von 40 % sicherzustellen. Der Vorschlag wird derzeit vom Europäischen Parlament und Rat diskutiert.

e) Mittelbare Diskriminierung

Art 2 Abs 1 lit b der GDR kodifiziert langjährige Rsp des EuGH bei der Definition der mittelbaren Diskriminierung: Diese besteht in der Anwendung „dem **Anschein nach neutraler** Vorschriften, Kriterien oder Verfahren", die jedoch **faktisch** ein Geschlecht in besonderer Weise **benachteiligen**. Solche Nachteile können sich etwa aus statistischen Angaben ergeben, die sich „auf eine ausreichende Zahl von Personen beziehen, nicht rein zufällige oder konjunkturelle Erscheinungen widerspiegeln und generell gesehen als aussagekräftig erscheinen" (Rs *Kenny, Jørgensen*). Das klassische Beispiel für eine solche indirekte Form der Differenzierung ist eine weniger günstige Behandlung von **Teilzeitbeschäftigten**, deren überwiegende Mehrheit in allen MS der EU weiblich ist. Daher konnten bereits vor der Einführung von spezifischen Bestimmungen zum Schutz von Teilzeitbeschäftigten (s Abschnitt VI.A.) an dieses Kriterium geknüpfte Nachteile nach EU-Recht angefochten werden – aus dem Grund, dass sie großteils Frauen betreffen.

Auch hier entspricht der Ansatz des EuGH bezüglich der Diskriminierung aufgrund des Geschlechts erwartungsgemäß dem im Bereich der AN-Freizügigkeit. Eine Reihe von Urteilen des Gerichtshofs hat festgehalten, was mittlerweile in Art 2 Abs 1 lit b nachzulesen ist: Jede Maßnahme, die sich in einer weniger günstigen Situation von Personen eines bestimmten Geschlechts auswirkt, stellt eine Diskriminierung dar – es sei denn, sie ist „durch ein **rechtmäßiges Ziel** sachlich gerechtfertigt und die Mittel sind zur Erreichung dieses Ziels **angemessen und erforderlich**".

Die weite Konzeption des *rechtmäßigen Ziels* gemäß dieser Bestimmung ermöglicht nun, was der EuGH iZm der (unmittelbaren) Diskriminierung aufgrund von Schwangerschaft gänzlich abgelehnt hat, nämlich eine Rechtfertigung durch betriebliche Interessen des AG. Daher kann der AG Anreize für Vollzeitarbeit oder die Annahme ungünstiger Arbeitszeiten schaffen, wenn dies einem „**wirklichen Bedürfnis des Unternehmens** dient" – ungeachtet der Tatsache, dass in der Praxis ein größerer Anteil von Frauen im Hinblick auf familiäre Pflichten nicht in der Lage sein wird, die vom AG geforderte Flexibilität bei der Arbeitszeit zu bieten (Rs *Bilka*). Allerdings muss dieses Ergebnis nur unter der Voraussetzung akzeptiert werden, dass die Interessen des AG nicht in vergleichbarer Weise durch andere, nicht diskriminierende Mittel verwirklicht werden können (Erfordernis der Angemessenheit und Erforderlichkeit) – eine Frage, die mit Blick auf die Umstände des Einzelfalls geprüft werden muss.

Umfangreiche Kontroversen in diesem Bereich betreffen die gängige Praxis, Beförderung, Entgelterhöhungen und andere Vergünstigungen von **Vordienstzeiten** abhängig zu machen. Dies führt in der Regel zu einer weniger günstigen Lage der weiblichen Beschäftigten – nicht nur aufgrund von Teilzeitarbeit, sondern auch wegen „typisch weiblichen" Unterbrechungen der beruflichen Laufbahn (Kindererziehung, Angehörigenpflege etc). Dennoch geht der EuGH, wenn ein AG sich auf das Kriterium der Dauer der Betriebszugehörigkeit stützt, von einer starken **Vermutung** aus, dass dies durch die **größere Erfahrung**, die ein AN im Laufe seiner Beschäftigung erlangt, gerechtfertigt ist. In der Rs *Danfoss* hat der Gerichtshof festgestellt, dass der AG für die Anwendung eines Ancienitätskriteriums nicht verpflichtet ist, den Wert der betriebsinternen Berufserfahrung spezifisch nachzuweisen. In der Rs *Cadman* relativiert der EuGH dies zu einem gewissen Grad, indem er es dem AN freistellte, Anhaltspunkte aufzuzeigen, „die geeignet sind, ernstliche Zweifel in dieser Hinsicht aufkommen zu lassen" (mit dem Ergebnis, dass die Beweislast für den tatsächlichen wirtschaftlichen Wert der Berufserfahrung *in concreto* auf den AG übergeht).[122]

Im Bereich der mittelbaren Diskriminierung erscheint es sogar noch schwieriger als bei unmittelbarer Geschlechteranknüpfung, zu beurteilen, ob zwei Situationen tatsächlich **vergleichbar** sind. Nach der Judikatur hat zB eine Frau, die zwecks Kinderbetreuung ihren Beruf aufgeben muss, kein Recht auf einen Abfertigungsanspruch, wie er etwa bei einer Selbstkündigung wegen Unzumutbarkeit der Weiterbeschäftigung bei einem spezifischen AG besteht (Rs *Gruber*). Zu Nachteilen iZm Zeiten von Mutterschafts- und Elternurlaub s Abschnitte VIII.C. ff.

f) Handlungen, die Diskriminierungen gleichgestellt sind

Entsprechend dem Ziel des GDR, günstigere Arbeitsbedingungen vor allem für weibliche AN zu schaffen, um ihre Beteiligung am Arbeitsmarkt zu erhöhen, behandelt die RL auch geschlechtsbezogene Probleme am Arbeitsplatz, die grundsätzlich nicht den Tatbestand der Diskriminierung erfüllen würden. Im Rahmen einer Studie, die die Kommission in den späten 1990er Jahren durchführen ließ, gaben zwischen 30 und 50 % aller Frauen an, irgendeiner Form der sexuellen Belästigung am Arbeitsplatz ausgesetzt zu sein.[123] Um auch diese Fälle von nachtei-

---

[122] Vgl *Przeszlowska*, Keine Altersdiskriminierung bei Nichtberücksichtigung von Berufserfahrung, EuZA 2013, 102 ff.
[123] Europäische Kommission. Sexuelle Belästigung am Arbeitsplatz in der Europäischen Union (1999) 5.

liger Behandlung dem Schutz der RL zu unterstellen, sieht Art 2 Abs 2 lit a GDR vor, dass **sexuelle** Belästigung und andere **geschlechtsspezifische** Formen der **Belästigung** als Diskriminierung gelten und entsprechende Folgen nach sich ziehen.

Die RL geht von einem weit verstandenen Begriff der Belästigung aus, wobei der Schwerpunkt auf der Würde des Individuums liegt.[124] Art 2 Abs 1 lit c GDR bezieht sich auf „**unerwünschte** auf das Geschlecht einer Person bezogene **Verhaltensweisen**", die eine Einschüchterung, Anfeindung oder Erniedrigung der betroffenen Person bewirken oder bezwecken. Selbstverständlich ist dies weder auf körperliche (sexuelle) Handlungen beschränkt noch auf bestimmte Formen des verbalen Angriffs. Vielmehr erfordert die Bestimmung, das Verhalten des Täters in seiner Gesamtheit zu beurteilen, um festzustellen, ob es im Einzelfall zur Schaffung einer feindlichen Umgebung für das Opfer führt.

Darüber hinaus bietet Art 2 Abs 2 lit a Schutz gegen jede **Benachteiligung** eines AN **wegen der Zurückweisung** von solchen unerwünschten Verhaltensweisen. Damit soll sichergestellt werden, dass die Karriere- und Arbeitsbedingungen von AN nicht durch die Tatsache beeinträchtigt werden, dass sie inakzeptables Verhalten des Täters aktiv ablehnen. Logischerweise ist Belästigung einer sachlichen Rechtfertigung nicht zugänglich.

Während (sexuelle) Belästigung in der nationalen Rsp von größter Bedeutung ist, kann auf europäischer Ebene nur das vollständige Fehlen von Judikatur zu diesem Thema festgestellt werden. Das führt dazu, dass gegenwärtig eine Reihe von Auslegungsfragen unbeantwortet bleibt. Dies betrifft zB den Grad der Verpflichtung anderer Personen (Kollegen, Kunden etc) im Rahmen der RL, wenn der Täter nicht der AG ist oder potenzielle positive Pflichten der AG zur Vermeidung und Sanktionierung von Belästigung, die in ihrem Unternehmen stattfindet.[125]

Schließlich assimiliert Art 2 Abs 2 lit b eine **Anweisung zur Diskriminierung** dem persönlichen Setzen von diskriminierendem Verhalten. Eine solche Anweisung wäre zB in Konstellationen der AN-Überlassung denkbar, in denen das Leihunternehmen als AG die Behandlung seiner AN nach den Wünschen der Entleiher ausrichtet, bei denen diese AN tatsächlich tätig werden (vgl zur vertraglichen Konstruktion Abschnitt VI.C.).[126]

g) Verfahrensfragen

Anders als die meisten RL im arbeits- und sozialrechtlichen Bereich enthält die GDR vergleichsweise umfangreiche Bestimmungen über die Durchsetzung der

---

124 *Zippel*, The European Union 2002 Directive on sexual harassment: A feminist success?, Comparative European Politics Vol 7/1 (2009) 146 ff.
125 Ibid 149 ff.
126 Vgl *Burri/Prechal*, EU Gender Equality Law 16 ff.

darin enthaltenen Rechte. Diese können als Konkretisierung der Grundsätze der **Äquivalenz** und der **Effektivität** gesehen werden, die der EuGH verwendet, um die Umsetzung von EU-Recht zu beurteilen, und die in den folgenden Kapiteln noch mehrfach zur Sprache kommen werden. Diese Grundsätze sind natürlich neben den expliziten Vorschriften, die nunmehr in der GDR kodifiziert sind, weiter zu beachten – dh die nationale Umsetzung muss Diskriminierte auch darüber hinaus in eine Rechtsposition versetzen, die *äquivalent* (nicht weniger günstig als bei vergleichbaren innerstaatlichen Rechtsvorschriften) und *effektiv* ist.

Konkret verlangt nun Art 25 die Einführung von **Sanktionen** für Verstöße, die wirksam, verhältnismäßig und abschreckend sind (vgl Rs *Rewe*). Art 18 ist noch spezifischer bezüglich der Frage, was als eine effektive **Entschädigung** für Opfer von Diskriminierung gilt: Im Einklang mit langjähriger Rsp darf es **keine fixe Obergrenze** für den Ersatz von tatsächlich erlittenem Schaden geben.[127] Es wurde insb als unzureichend beurteilt, wenn das nationale Recht den Schadenersatzanspruch für Diskriminierung bei der Einstellung auf die Erstattung der Bewerbungskosten des abgelehnten Kandidaten beschränkt (Rs *Colson*).

Die Frage nach der Wirksamkeit hat sich auch mit Blick auf **Verjährungs- bzw Ausschlussfristen** für die Klagserhebung nach nationalem Recht gestellt. Art 17 Abs 3 GDR bestätigt, dass das Vorschreiben solcher zeitlicher Grenzen nicht *per se* gegen eine ordnungsgemäße Umsetzung des EU-Rechts spricht. Der EuGH hat in mehreren Rs entschieden, dass eine Verjährungsfrist dem Grundsatz der Rechtssicherheit Rechnung trägt – somit einem allgemeinen Grundsatz des EU-Rechts. Folglich können auch vergleichsweise kurze Zeiträume für die Geltendmachung von Ansprüchen akzeptabel sein, solange gewährleistet ist, dass dem Betroffenen eine angemessene Frist für deren Vorbereitung nach Kenntnis der Tatsachen verbleibt, die auf eine mögliche Diskriminierung hindeuten (s Rs *Bulicke* und *Rosado Santana*). ZB ist eine Frist von 15 Tagen, die überdies durch die Dauer der Postzustellung verkürzt werden kann, nicht ausreichend für die Einbringung eine Klage mit besonders strengen formalen Anforderungen (Rs *Pontin*).

In diesem Zusammenhang ist es erwähnenswert, dass sich zwei absolute zeitliche Schranken direkt aus dem EU-Recht ergeben. Dies resultiert aus der Entscheidung des EuGH, die **Wirkung** der wohl **bedeutendsten Entscheidungen** im Bereich der Gleichbehandlung **zeitlich zu beschränken**. Im Ergebnis können Diskriminierungen, die stattgefunden haben, bevor der EuGH die unmittelbare und horizontale Natur des Prinzips im Falle *Defrenne II* im Jahr 1976 feststellte, nicht angefochten werden; Klagen unter Berufung auf eine diskriminierende Festsetzung des Rentenantrittsalters werden zurückgewiesen, wenn die relevanten Tatsachen sich zeitlich vor dem *Barber*-Urteil (1990) ereignet haben. Der Hinter-

---

127 Vgl *Franke/Steinel*, Diskriminierungsschutz in den Mitgliedstaaten der EU, ZESAR 2012, 160 ff.

grund dieser Einschränkung, über die der Gerichtshof direkt in den jeweiligen Urteilen beschloss, war, dass beide Entscheidungen letztlich unerwartet kamen – in einem Kontext, in dem Diskriminierung eher die Norm als die Ausnahme war. Die unmittelbare Anwendbarkeit der Rsp des EuGH auch für die Vergangenheit hätte bedeutet, dass eine Reihe von europäischen Unternehmen mit immens hohen Forderungen diskriminierter AN insb im Rahmen von Systemen der betrieblichen Altersversorgung konfrontiert gewesen wäre, was ihre Zahlungsfähigkeit in vielen Fällen überstiegen hätte. Trotz regelmäßiger Anfragen von Parteien und Regierungen, ähnliche temporäre Schranken auch in späteren Entscheidungen aufzustellen, hat der EuGH diese einschneidende Form der Selbstbeschränkung seither im Diskriminierungsrecht nicht mehr angewandt.

Der wohl weitestreichende Eingriff in das Verfahrensrecht der MS besteht in der Vorschrift einer bedingten Verschiebung der **Beweislast** in Fällen vermutlicher Diskriminierung. Art 19 sieht eine Umkehr der Beweislast vor, sobald Diskriminierung in plausibler Weise behauptet wird, dh, wenn der Kläger Tatsachen anführt, „die das Vorliegen einer [...] **Diskriminierung vermuten lassen**". Die praktische Bedeutung dieser Bestimmung kann kaum überschätzt werden, denn in den wenigsten Fällen hat ein AN tatsächlich Einblick in die Kriterien, die sein AG bei der Entscheidung über Entlohnung, Beförderung etc anwendet, ganz zu schweigen von den Motiven für die Besetzung einer ausgeschriebenen Stelle.[128] Aufgrund von Art 19 genügt es, wenn der Kläger zB auf Entgeltdifferenzen in Bezug auf einen anderen AN hinweist, dessen Arbeit von außen betrachtet vergleichbar zu sein scheint. Es obliegt dann dem AG, seine Entlohnungspolitik durch Umstände zu begründen, die nicht auf dem Geschlecht beruhen, widrigenfalls muss auf Diskriminierung erkannt werden. Die RL erfordert keine Verpflichtung des AG, Einsicht in die einschlägigen Dokumente zu gewähren; deren Verweigerung kann jedoch im Rahmen der Beweiswürdigung gegen den AG sprechen (Rs *Meister*).[129] Die einzige Situation, in der diese Regel nicht anwendbar ist, ist die eines Strafverfahrens.

Hinzu kommt, dass die GDR einen gewissen Grad der Institutionalisierung der Gleichberechtigung vorschreibt: S insb Art 17 Abs 2 über die Verpflichtung, eine prozessuale Unterstützung des Klägers durch **interessierte Organisationen** zu ermöglichen, und Art 20 über die Schaffung nationaler **Stellen zur Förderung der Gleichbehandlung**. Der Aufgabenkreis dieser Stellen umfasst die Unterstützung von Diskriminierungsopfern, Forschungsarbeit und Zusammenarbeit auf transeuropäischer Ebene. In der mitgliedstaatlichen Praxis haben diese Organe

---

128 Vgl *Besson*, Gender Discrimination under EU and ECHR Law: Never Shall the Twain Meet?, Human Rights Law Review 8/4 (2008) 669 ff.
129 Dazu *Hanau*, Anspruch eines abgelehnten Bewerbers auf Auskunft über die Besetzung der Stelle? Ein Beitrag des EuGH zur Quadratur des Kreises, EuZA 2013, 105 ff; *Schmidt*, Zum Nachweis einer Diskriminierung im Einstellungsverfahren, ZESAR 2013, 417 ff.

VI. Gleichbehandlung

mittlerweile eine überragende Rolle in Diskriminierungsverfahren eingenommen, wobei ihre Bedeutung natürlich in den einzelnen Staaten variiert.[130] Allerdings geht die RL auch weiterhin von individuell eingebrachten Klagen aus und verlangt nicht, dass die MS Sammel- oder Musterklagen durch interessierte Organisationen oder Gleichstellungsstellen ermöglichen.[131]

Schließlich ist Artikel 24 eine zentrale Bestimmung, die die großen praktischen Hindernisse abschwächen soll, mit denen ein AN bei der Geltendmachung von Rechten gegenüber seinem eigenen AG konfrontiert ist. Der Artikel gewährleistet, dass einer Person, die – berechtigt oder nicht – behauptet, Opfer einer Diskriminierung zu sein, keine Nachteile aus dieser bloßen Tatsache erwachsen. Dieser Schutz gegen „Vergeltungsmaßnahmen" des AG wird als Verbot der **Viktimisierung** bezeichnet.

Abschließend sei darauf hingewiesen, dass als Folge der **unmittelbaren Anwendbarkeit** des Grundsatzes der Nichtdiskriminierung zumindest im Fall eines öffentlichen AG eine Bestimmung, die als diskriminierend identifiziert wurde, schlicht nicht angewendet werden darf: Die diskriminierte Personengruppe hat Anspruch auf die gleichen Rechte oder Vorteile, die der privilegierten Gruppe gewährt werden. Im Bereich der Entgeltdiskriminierung erfordert die **horizontale** Anwendbarkeit des Primärrechts diese Rechtsfolge sogar gegenüber einem privaten AG.

2. Diskriminierung außerhalb von Beschäftigung und Beruf

Wenn auch die GDR (oder vielmehr die ehemaligen RL, auf denen sie basiert) den Schutz gegen Geschlechterdiskriminierung in der EU zweifellos erheblich verbessert hat, sind Arbeitsverhältnisse doch nur ein – wenn auch wichtiger – Bereich, in dem Ungleichbehandlung aufgrund des Geschlechts tief in Recht und Praxis der MS verwurzelt ist. Bereits in den 1970er Jahren hat die EU daher begonnen, den Anwendungsbereich des Gleichbehandlungsprinzips auf andere Bereiche auszudehnen.

a) Gleichbehandlung von Selbständigen

Ergänzend zur Frage der Gleichbehandlung bei wirtschaftlichen Tätigkeiten schützt die **RL 2010/41/EU** (die über weite Strecken der früheren RL 86/613/EWG entspricht) Personen, die nicht als AN zu qualifizieren sind, sondern „eine Erwerbstätigkeit auf eigene Rechnung ausüben" (Art 2 lit a). Art 4 der genannten RL verbietet jede Form der Diskriminierung in Bezug auf die Aufnahme oder

---

130 Vgl *Masselot*, The State of Gender Equality Law in the European Union, European Law Journal 13/2 (2007) 165 ff; *De Witte*, From a „Common Principle of Equality" to „European Antidiscrimination" 1722.
131 Krit *Bell*, Advancing EU Anti-Discrimination Law 15.

A. Diskriminierung aufgrund des Geschlechts

Ausweitung einer selbständigen Tätigkeit. Da es bei Selbständigen keinen AG als Adressat der Regelungen gibt, ist die RL va dort relevant, wo diese für staatliche oder staatsnahe Vertragspartner tätig sind. Insb können Tarife für Vertragsärzte von Sozialversicherungsträgern eine mittelbare Diskriminierung darstellen, wenn sie für Teilzeitärzte nachteilig und nicht objektiv rechtfertigbar sind (Rs *Jørgensen*). Naheliegenderweise **folgt** die RL der **Struktur des GDR** hinsichtlich der Unterscheidung zwischen direkter und indirekter Diskriminierung (Art 3), der Assimilation von (sexueller) Belästigung (Art 4), des Erfordernisses einer wirksamen Entschädigung (Art 10) und weiterer Aspekte, die oben bereits näher erläutert wurden.

Art 2 lit b bezieht **mitarbeitende Ehepartner** von Selbständigen (deren große Mehrheit weiblich ist) umfassend in den Schutz der RL ein, während der Schutz von *Lebenspartnern* auch weiterhin vom jeweiligen nationalen Recht abhängig gemacht wird. Art 8 als wichtigste Neuerung der Neufassung 2010 ist im Grunde keine Gleichbehandlungsbestimmung, sondern betrifft spezielle Rechte bei Mutterschaft und wird entsprechend in Unterabschnitt VIII.C.5. behandelt.

In der Praxis war die Bedeutung der RL bisher begrenzt.[132] Von den wenigen Urteilen des EuGH, die sich auf ihre Bestimmungen bezogen, ist die Entscheidung in *Danosa* bemerkenswert als eine der wenigen, die die **Abgrenzung zwischen AN und Selbständigen** in einem Kontext betreffen, in dem beide Begriffe Gegenstand einer autonomen EU-rechtlichen Definition sind (Mutterschutz: vgl Abschnitt VIII.C.). In diesem Zusammenhang hat der Gerichtshof festgestellt, dass etwa „nicht auszuschließen" ist, dass ein Mitglied eines geschäftsführenden Organs einer Kapitalgesellschaft nicht den notwendigen Grad der Unterordnung erreicht, um als AN zu gelten. Eine ausreichende persönliche Abhängigkeit besteht aber in diesem Fall schon dann, wenn dieses Mitglied der Aufsicht eines anderen Organs (Gesellschafterversammlung) unterstellt ist und von diesem Organ jederzeit von seiner Position abberufen werden kann.[133] Diese eher extensive Auslegung des Begriffs des AN schränkt die Fälle, in denen auf die RL 2010/41/EU zurückgegriffen werden muss, weiter ein.

Ob die RL tatsächlich geeignet ist, den diversen Barrieren entgegenzutreten, die eine Mehrheit der europäischen Frauen von einer selbständigen Tätigkeit abhalten, wird bezweifelt.[134] Es sei auch daran erinnert, dass selbst dort, wo eine Person mangels persönlicher Abhängigkeit als selbständig tätig einzuordnen ist, die GDR relevant ist, soweit es um Fragen betrieblicher Systeme der sozialen Sicherheit oder des Zugangs zur jeweiligen wirtschaftlichen Tätigkeit geht (s Unterabschnitt V.A.1.b.).

---

132 Vgl *Knigge*, Mutterschaftsleistungen für Selbstständige: Umsetzung der Richtlinie 2010/41/EU, ZESAR 2013, 25; *Burri/Prechal*, EU Gender Equality Law 12.
133 Vgl *Schubert*, Arbeitnehmerschutz für GmbH-Gschäftsführer, ZESAR 2013, 5 ff.
134 *Franco*, The entrepreneurial gap between men and women, Statistics in Focus 30/2007, 1.

VI. Gleichbehandlung

b) Soziale Sicherheit

Soziale Sicherheit ist ein Bereich der nationalen Politik, in dem traditionell schwerwiegende Unterschiede bezüglich der Behandlung von Männern und Frauen bestanden und immer noch bestehen. Mit der **RL 79/7/EWG** hat die damalige EWG einen – wenn auch halbherzigen – Schritt zum Schutz vor Diskriminierung auch in diesem Bereich unternommen.

Im Prinzip deckt die RL, die auf alle gegenwärtig oder ehemals Erwerbstätigen anwendbar ist (vgl Art 2), die **wichtigsten Zweige** der nationalen Systeme der **sozialen Sicherheit** in umfassender Weise ab. Art 3 nennt Leistungen bei Krankheit, Invalidität, Alter, Arbeitsunfällen und Berufskrankheiten sowie ergänzende Leistungen der Sozialhilfe. Im Gegensatz dazu sind andere wichtige Bestandteile der sozialen Sicherheit – Hinterlassenen- und Familienleistungen – generell ausgenommen. Daher kann diese RL nicht als Grundlage für die Anfechtung bestimmter gewachsener Strukturen dienen, die jungen Müttern und Witwen Leistungen gewähren, welche einer männlichen Person in einer vergleichbaren Situation verwehrt werden.

Art 4 verweist auf die Elemente des nationalen Systems der sozialen Sicherheit, bezüglich derer Ungleichbehandlung verboten ist, nämlich iW den **Zugang**, die **Beitragspflicht** und den **Leistungsanspruch**. Da die RL seit den späten 1970er Jahren nicht neu gefasst wurde, ist auch die zu ihr ergangene Rsp bisher nicht kodifiziert. Dies betrifft insb die Feststellung, dass auch unter der RL 79/7/ EWG **mittelbare** Formen der Differenzierung **Diskriminierung** darstellen, sofern sie nicht durch ein rechtmäßiges Ziel in einer verhältnismäßigen Weise gerechtfertigt sind. Ein typisches Beispiel ist der Ausschluss **geringfügig Beschäftigter** von (bestimmten Zweigen) der sozialen Sicherheit: Für den EuGH kann dies durch die Ziele der Förderung (auch) von Interessen der AN und der Vermeidung von Schwarzarbeit gerechtfertigt werden (Rs *Megner & Scheffel*, *Nolte*). Ein weiteres Beispiel ist die Versagung oder Reduzierung einer Leistung aufgrund des höheren **Einkommens eines Ehepartners:** Das tatsächliche höhere Familieneinkommen rechtfertigt eine solche Norm grundsätzlich. Allerdings ist die Maßnahme nur verhältnismäßig, wenn sie auch *konsequent* ist: Es ist nicht zulässig, von einer allgemeinen Pensionshöhung nur die Empfänger einer *Mindestpension* mit besserverdienenden Ehegatten auszunehmen, von denen die meisten Frauen sind, wenn andere Pensionsbezieher die Erhöhung unabhängig vom Einkommen ihres Partners erhalten (s Rs *Brachner*).

Neben den **allgemeinen Ausnahmen** vom Anwendungsbereich der RL in Art 3 nimmt Art 7 mehrere spezifische und in der mitgliedstaatlichen Praxis häufige Differenzierungen aus. Am bemerkenswertesten ist hier sicherlich die bereits erwähnte Zulässigkeit von geschlechtsspezifischen Unterschieden beim **gesetzlichen Pensionsantrittsalter**, deren Angemessenheit jedoch regelmäßig von der

MS überprüft werden sollte. Dies macht die oben erwähnte Unterscheidung zwischen staatlichen und betrieblichen Systemen der sozialen Sicherheit so wichtig, weil im staatlichen Bereich divergierende Altersgrenzen bis heute nicht durch den *acquis communautaire* verboten sind.

c) Zugang zu Gütern und Dienstleistungen

Der vorläufig letzte Schritt in den Bemühungen der EU, Diskriminierungen aus Gründen des Geschlechts in allen Bereichen zu verbieten, wurde im Jahr 2004 gesetzt, als die **RL 2004/113/EG** verabschiedet wurde. Art 3 dieser RL schützt nunmehr Frauen und Männer auch in ihrer Eigenschaft als Konsumenten von Gütern und Dienstleistungen.

Die Verpflichtung zur Gleichbehandlung gilt in allen Fällen, in denen solche **Güter oder Dienstleistungen** einer größeren **Öffentlichkeit** zur Verfügung gestellt werden. Das entscheidende Kriterium ist nach dem Wortlaut, ob Güter und Dienstleistungen unabhängig von der betreffenden Person angeboten werden. Dies bedeutet, dass nur personalisierte Dienstleistungen, die auf die Anforderungen eines bestimmten Kunden zugeschnitten sind, nicht erfasst sind. Es muss allerdings betont werden, dass wichtige Dienstleistungsbereiche – Medien, Werbung und Bildung – durch Art 3 Abs 3 von der RL ausgenommen sind.

Der persönliche Anwendungsbereich der RL ist breiter als in allen bisher behandelten Rechtsakten, denn es gibt keine Beschränkung auf wirtschaftlich aktive Teile der Bevölkerung. Abgesehen davon besteht ein Großteil der RL aus den bekannten Elementen der **GDR** (Assimilierung von Belästigung, positive Maßnahmen, Beweislastverteilung, Viktimisierung etc). Hingegen weicht das Konzept der Nichtdiskriminierung dadurch von den anderen RL ab, dass Art 4 Abs 5 eine **generelle Möglichkeit einer objektiven Rechtfertigung** gewährt, die nicht auf mittelbare Diskriminierungen begrenzt ist.

Ungeachtet dieses bereits relativ breiten Spielraums für begründete Ausnahmen sieht Art 5 noch eine spezifische Ausnahme vom Grundsatz der Gleichbehandlung in Bezug auf **statistische oder versicherungsmathematische Faktoren** vor. Dies sollte zumindest vorübergehend die gängige Praxis der geschlechtsspezifischen Differenzierung in der Versicherungsbranche absichern. Obwohl der Wortlaut der Vorschrift keine absolute Frist für die Beibehaltung diskriminierender Bestimmungen in diesem Bereich angibt, entschied der EuGH in der Rs *Test-Achats*, dass nach Ablauf des in Art 5 Abs 2 enthaltenen Fünf-Jahres-Berichtszeitraums die Weitergeltung diskriminierender Beitragsfestsetzungsmechanismen keinen „proportionalen Unterschied" im Sinne dieser Bestimmungen mehr darstellen könnte.[135] Als Folge bleibt die übliche Berücksichtigung von geschlechts-

---

135 Krit dazu *Papadopoulos*, Criticizing the horizontal direct effect of the EU general principle of equality, European Human Rights Law Review 4/2011, 438 ff.

spezifischen Statistiken über Lebenserwartung, Unfallraten etc für private Versicherungsverträge nur **bis Dezember 2012** möglich. Die überragende wirtschaftliche Bedeutung dieser Entscheidung wurde durch eine Mitteilung der Kommission verdeutlicht, die die zahlreichen Fälle aufzählt, in denen das Recht der MS solche Ungleichbehandlungen bei privaten Versicherungen im Januar 2012 noch zuließ.[136]

B. Gleichbehandlungsrecht außerhalb der Geschlechterdiskriminierung

Das bisher Ausgeführte hat gezeigt, dass der Gleichstellung der Geschlechter seit geraumer Zeit der Status eines allgemein anerkannten Grundsatzes des europäischen Rechts zukommt, der eine Reihe von Bereichen abdeckt und immer wieder beträchtlichen Einfluss auf die Entwicklung des nationalen Rechts hat. Im Vergleich dazu ist es zu einer Erweiterung der Kriterien, die nach EU-Recht keine Grundlage für Ungleichbehandlungen bilden dürfen, erst um die Jahrtausendwende gekommen – dh fast ein halbes Jahrhundert nach Einführung der ersten Bestimmung gegen Geschlechterdiskriminierung.

Der immer noch zweitrangige Status der nicht geschlechtsbezogenen Gleichbehandlungsnormen zeigt sich bereits bei einem Blick auf die geltenden Kompetenzgrundlagen im AEUV: Im Gegensatz zu der soliden Basis für Sekundärrecht zur Gleichstellung der Geschlechter (s Abschnitt V.A.) müssen andere Gleichbehandlungsnormen auf **Art 19** gestützt werden, welcher **Einstimmigkeit im Rat** erfordert.[137]

Die Tatsache, dass ein Konsens für eine solche einstimmige Annahme von mehreren grundlegenden Bestimmungen im Jahr 2000 gefunden werden konnte, war wohl der starken politischen Unterstützung seitens der europäischen Staats- und Regierungschefs für konkrete Maßnahmen gegen Rassismus zu jener Zeit zu verdanken. Dies hatte nicht unwesentlich mit Bedenken hinsichtlich der politischen Umwälzungen in Österreich zu diesem Zeitpunkt zu tun. Letztlich erleichterte der Konsens in Bezug auf die Rassendiskriminierung Fortschritte auch in anderen Bereichen, was zur Verabschiedung der **zwei RL** führte, die in den folgenden Abschnitten behandelt werden.[138]

---

[136] Europäische Kommission, Leitlinien zur Anwendung der RL 2004/113/EG des Rates im Lichte des Urteils des Gerichtshofs der Europäischen Union in der Rechtssache C-236/09 (*Test-Achats*), 13/01/2012.

[137] Vgl *Runggaldier*, Inhalt und Reichweite des Art 13 EGV sowie der darauf gestützten Maßnahmen zur Bekämpfung von Diskriminierungen, in FS Adomeit (2008) 645 ff.

[138] Vgl *Howard*, The Case for a Considered Hierarchy of Discrimination Grounds in EU Law, Maastricht Journal of European and Comparative Law 13/4 (2006) 451; *Bell*, Advancing EU Anti-Discrimination Law: the European Commission's 2008 Proposal for a New Directive, The Equal Rights Review 3/2009, 7.

B. Gleichbehandlungsrecht außerhalb der Geschlechterdiskriminierung

Mit Blick auf die bisherige Rsp zu diesen RL kann bereits vorweggenommen werden, dass der aktivistische Ansatz des EuGH in Fragen der Gleichbehandlung auch in diesem Zusammenhang sehr deutlich ist. Bedenkt man, dass in vielen europäischen Rechtsordnungen eine nennenswerte Tradition des Diskriminierungsschutzes zwischen Privatpersonen (Parteien eines Arbeitsvertrages) weitgehend fehlt, hat das EU-Recht hier wiederum eine Vorreiterrolle übernommen. Die Schwierigkeiten, die sich daraus für viele nationale Rechtssysteme bei der Umsetzung ergeben,[139] haben sich ganz besonders im Rahmen der zunehmend differenzierten Rsp zur Diskriminierung aufgrund des Alters gezeigt.

1. Rassendiskriminierung

Die RL 2000/43/EG (Antirassismus-RL) legt ein striktes Verbot jeglicher weniger günstigen Behandlung aufgrund der Rasse oder der ethnischen Herkunft einer Person fest. Die Ausgestaltung dieses Verbots enthält im Vergleich zu den Geschlechterdiskriminierungs-RL wenig Neues: Die Beschreibung und die vorgeschriebenen Konsequenzen einer **unmittelbaren oder mittelbaren Diskriminierung**, **Belästigung** oder **Anweisung** zur Diskriminierung (s Art 2) entsprechen vollumfänglich der GDR und dasselbe gilt für die Bestimmungen über Rechtsbehelfe und Rechtsdurchsetzung in Art 7 ff. Auch die beiden wesentlichen **Rechtfertigungsgründe** für unmittelbare Diskriminierung aufgrund des Geschlechts – wesentliche berufliche Anforderungen und positive Maßnahmen – sind für Diskriminierung aufgrund der Rasse in Art 4 und 5 der Antirassismus-RL wiedergegeben.

Der wohl bemerkenswerteste Aspekt der RL ist ihr Anwendungsbereich, wie er in Art 3 festgelegt ist. Nicht nur, dass der persönliche Anwendungsbereich durch den Begriff „**alle Personen**" weitestmöglich gefasst ist; die nach Abs 1 geschützten Lebensbereiche decken im Ergebnis ein weiteres Spektrum ab als alle Geschlechterdiskriminierungs-RL zusammengenommen, denn neben der **(un)selbständigen Erwerbstätigkeit**, der **sozialen Sicherheit** und dem Zugang zu **Gütern und Dienstleistungen** ist auch **Bildung** in Art 3 Abs 1 lit g erwähnt.

Dennoch ist auch der sachliche Anwendungsbereich dieser RL keineswegs allumfassend: Ein jüngst ergangenes Urteil des EuGH stellte fest, dass gesetzliche Vorschriften über die Eingabe von Namen in Personaldokumente (welche im Anlassfall nur Zeichen der Landessprache erlaubten) nicht unter den Begriff der *Dienstleistung* in Art 3 Abs 1 lit h subsumiert werden können (Rs *Runevič-Vardyn*).

Die RL enthält keine Definition von Rasse. Dies war eine bewusste Entscheidung des EU-Gesetzgebers, der den Eindruck vermeiden wollte, die EU unterstütze „Theorien, mit denen versucht wird, die Existenz verschiedener menschlicher

---

139 Vgl zB *Resch*, Fehlerhafte Rechtsbereinigung nach Feststellung der Altersdiskriminierung, ZESAR 2012, 257 ff.

VI. Gleichbehandlung

Rassen zu belegen" (Erwägungsgrund 6) – was freilich zu praktischen Anwendungsschwierigkeiten führt.[140] Jedenfalls sind Diskriminierungen aufgrund der Staatsbürgerschaft nicht erfasst (Art 3(2) und Rs *Kamberai*).

Ungeachtet der beschriebenen weiten Konzeption der Antirassismus-RL war ihre praktische Bedeutung bisher begrenzt. Bis heute ist die europäische Judikatur dazu iW auf ein einziges Urteil beschränkt (Rs *Feryn*), in dem der EuGH entschied, dass „**deklaratorische Diskriminierungen**" tatsächlichen Ungleichbehandlungen gleichzuhalten sind. Daher verletzt ein AG das Diskriminierungsverbot schon dadurch, dass er öffentlich bekanntgibt, eine rassisch diskriminierende Einstellungspolitik zu betreiben – auch wenn nicht erwiesen werden kann, dass diese Politik jemals der Grund für die Ablehnung eines konkreten Bewerbers war. In der Praxis hat diese Entscheidung viel Aufmerksamkeit erfahren, weil sie die strukturellen Schwierigkeiten verdeutlicht, mit denen jeder Versuch der Gewährleistung von Gleichstellung durch Rechtsvorschriften konfrontiert ist: Abgesehen von den seltenen Fällen, in denen ein AG seinen diskriminierenden Ansatz öffentlich bekanntgibt, ist dessen Nachweis idR unmöglich – selbst bei Anwendung der beschriebenen günstigen Beweislastregeln.

2. Diskriminierung nach der Rahmen-RL 2000/78/EG

Parallel zu den Verhandlungen über die Antirassismus-RL arbeiteten die gesetzgebenden Institutionen der EU an Regelungen bezüglich der anderen verbotenen Kriterien für Ungleichbehandlungen, die nach Art 19 AEUV in die Zuständigkeit der Union fallen: **Religion und Weltanschauung, Behinderung, Alter** und **sexuelle Ausrichtung**. Für diese war jedoch der umfassende Ansatz der Antirassismus-RL keine realistische Aussicht, sodass diese Bereiche in einem separaten Rechtsakt geregelt wurden – in der RL 2000/78/EG zur Festlegung eines allgemeinen Rahmens für die Verwirklichung der Gleichbehandlung in Beschäftigung und Beruf (Gleichbehandlungs-Rahmen-RL – GRR).

Wie der Titel der RL bereits andeutet, entspricht der sachliche Anwendungsbereich im Wesentlichen der GDR und ist somit auf Fragen der **(un)selbständigen beruflichen Tätigkeit** beschränkt, wie sie in Art 3 Abs 1 aufgezählt sind. Auch in Bezug auf andere Aspekte der GRR kann wieder auf die GDR als Modell verwiesen werden – insb im Hinblick auf die Konzepte der **(un)mittelbaren Diskriminierung** und **Belästigung** (vgl Art 2 und Kapitel II über Rechtsbehelfe und Rechtsdurchsetzung). Die Relevanz von deklaratorischen Diskriminierungen wurde in der Rs *ACCEPT* bestätigt: Ein Fußballclub verletzt die RL schon dadurch, sich nicht von Aussagen eines einflussreichen Aktionärs über seine homophobe Einstellungspolitik zu distanzieren.

---

140 Vgl *Bell*, The Implementation of European Anti-Discrimination Directives: Converging towards a Common Model?, The Political Quarterly 79/2008, 37.

B. Gleichbehandlungsrecht außerhalb der Geschlechterdiskriminierung

Mit Blick auf die allgemeinen **Ausnahmen**, die auch unmittelbare Formen der Diskriminierung rechtfertigen, bekräftigt die RL die bewährten Konzepte der **positiven Maßnahmen** (Art 7 Abs 1) und der wesentlichen **beruflichen Anforderungen** (Art 4 Abs 1). Derartige berufliche Anforderungen können insb eine proportionale **Altersgrenze für die Einstellung** von AN für die Durchführung körperlich anstrengender Arbeiten rechtfertigen, wenn die Ausbildung dafür ressourcenintensiv ist und ältere AN statistisch betrachtet nur noch über eine relativ kurze Dauer in der Lage sind, diese Arbeiten durchzuführen (s Rs *Wolf*).

Diese Ausnahmen werden durch die weit gefasste Regelung in Art 2 Abs 5 GRR ergänzt, die eine aus der EMRK bekannte Formulierung übernimmt: Sie erlaubt rechtlich vorgesehene Maßnahmen, die in einer demokratischen Gesellschaft notwendig sind, für die Gewährleistung der **öffentlichen Sicherheit, Ordnung und Gesundheit,** aber auch „zum Schutz der **Rechte und Freiheiten anderer**". Das letzte Element der Formel wurde hauptsächlich aufgrund von Befürchtungen eingeführt, die RL könne zum Schutz von Pädophilen oder Sexualstraftätern führen;[141] sie haben in der EU-Rsp bisher keine Rolle gespielt. Im Gegensatz dazu wurden Erwägungen der öffentlichen Sicherheit und Gesundheit vom EuGH prinzipiell als geeignet eingestuft, Einschränkungen für die Beschäftigung älterer Menschen mit Blick auf deren möglicherweise eingeschränkte physische Kapazitäten zu rechtfertigen (vgl Rs *Petersen 2010* zur Betätigung als Vertragsarzt; Rs *Prigge* zur Beschäftigung als Pilot). In beiden zitierten Urteilen stellte der EuGH sehr strenge Anforderungen an den Nachweis der Erforderlichkeit einer solchen Regelung; insb erfordert das *Konsistenzgebot*, dass diese nicht in Widerspruch zu sonstigen Vorschriften steht, die die Ausübung vergleichbarer Tätigkeiten durch ältere Personen sehr wohl erlauben.

Neben diesem allgemeinen Rahmen erfordert die Verschiedenheit der Diskriminierungstatbestände der GRR differenzierte Regelungen für die einzelnen erfassten Bereiche. Dies betrifft vor allem zusätzliche Rechtfertigungsgründe, die nur im Hinblick auf ein bestimmtes Merkmal legitim erscheinen. Diese werden im Folgenden mit Bezug auf die vier Diskriminierungstatbestände einzeln dargestellt.

a) Religion und Weltanschauung

Hinsichtlich Ungleichbehandlung aus Gründen der *Religion oder der Weltanschauung* findet sich eine zusätzliche Rechtfertigungsmöglichkeit in Art 4 Abs 2. Dieser sieht vor, dass die Zugehörigkeit zu einer bestimmten Religion und/oder Weltanschauung in bestimmten Fällen durch **Organisationen**, „deren **Ethos** auf religiösen Grundsätzen oder Weltanschauungen beruht", verlangt werden kann. Da Judikatur zu dieser Bestimmung noch fehlt, bleibt unklar, in welchem Aus-

---

141 Vgl *Howard*, The Case for a Considered Hierarchy of Discrimination Grounds in EU Law 468.

maß dies tatsächlich über die allgemeine Rechtfertigung durch wesentliche **berufliche Anforderungen** (Art 4 Abs 1) hinausgeht, denn auch Art 4 Abs 2 ist nach seinem Wortlaut nur dann anwendbar, wenn sich Religion bzw Weltanschauung als „wesentliche, rechtmäßige und gerechtfertigte berufliche Anforderung angesichts des Ethos der Organisation" erweisen.[142]

b) Alter

Von viel größerer Bedeutung in der aktuellen Rsp des EuGH zur RL sind die weit konzipierten Möglichkeiten einer Rechtfertigung für unmittelbare *Altersdiskriminierung*. Diese Bedeutung muss vor dem Hintergrund des Alters als ein traditionelles Kriterium für zahlreiche Differenzierungen im Sozial- und Arbeitsrecht der MS gesehen werden. Dies ist nicht auf die zahlreichen Vorteile limitiert, die etwa abhängig von der Dauer der Betriebszugehörigkeit gewährt werden und somit zweifellos eine *mittelbar* diskriminierende Wirkung zum Nachteil Jüngerer haben. Vielmehr enthält eine Reihe von Bestimmungen, wie sie im innerstaatlichen Recht in KollV und internen Regulierungen individueller AG zu finden sind, *direkte* Verweise auf das Lebensalter der betroffenen AN zum Zwecke der Einstellung und Kündigung sowie der Gewährung spezifischer Arbeitsbedingungen.

Derartige Bestimmungen sind in den letzten Jahren vor dem Hintergrund besorgniserregender Arbeitsmarktentwicklungen und des vieldiskutierten demografischen Wandels in Europa unter Beschuss geraten.[143] Die ungewisse finanzielle Nachhaltigkeit der nationalen Systeme der sozialen Sicherheit hat die Eingliederung älterer Personen in den Arbeitsmarkt zu den absoluten Kernfragen der europäischen Arbeitsmarktpolitik gemacht.[144] In dieser Hinsicht wurden erste positive Entwicklungen jüngst durch Eurostat-Daten belegt, die eine stetig wachsende Erwerbstätigenquote der Altersgruppen 55–59 und 60–64 verzeichneten.[145] Im Gegensatz dazu gibt die kontinuierlich steigende Arbeitslosenquote der untersten Altersgruppe (15–25) (derzeit über 20 %) Anlass zu erheblichen Bedenken.[146]

---

142 Ibid 469.
143 Der Ageing Report der Kommission (abrufbar unter http://ec.europa.eu/economy_finance/publications/publication14992_en.pdf) sagt einen Anstieg der Lebenserwartung auf über 89 Jahre für Frauen und 85 für Männer im Jahr 2060 vorher. Bei Berücksichtigung einer erwarteten höheren Zuwanderung würde der Anteil der über 65-Jährigen von derzeit 17 % auf 30 % ansteigen.
144 Vgl die zahllosen Initiativen, die im Rahmen des Europäischen Jahres für aktives Altern und Solidarität zwischen den Generationen gestartet wurden (abrufbar unter http://europa.eu/ey2012/ey2012-main.jsp?catId=971&langId=en).
145 Eurostat, Pressemitteilung, Aktives Altern in der EU, STAT/12/8 (2012).
146 Vgl Europäische Kommission, Entwurf des Gemeinsamen Beschäftigungsberichts: Anhang zur Mitteilung Jahreswachstumsbericht 2012, KOM(2011) 815 endg, 3 ff.

Art 6 GRR spiegelt diese Situation wider, indem er die Berücksichtigung arbeitsmarktbezogener Aspekte bei Fragen der Altersdiskriminierung zulässt. Sein Wortlaut ermöglicht die Rechtfertigung einer (direkten) Diskriminierung durch ein **rechtmäßiges Ziel**, vorausgesetzt, dass die Mittel zur Erreichung dieses Ziels **angemessen und erforderlich sind**. Zwar spricht Art 6 Abs 1 nur von einem „legitime[n] Ziel, worunter *insbesondere* rechtmäßige Ziele aus den Bereichen Beschäftigungspolitik, Arbeitsmarkt und berufliche Bildung zu verstehen sind"; die strenge Auslegung des EuGH hat jedoch befunden, dass diese Ausnahme *nur* bei einer Berufung auf **arbeitsmarktbezogene Ziele** einschlägig ist (und damit zB nicht, wenn das Ziel die Sicherheit im Luftverkehr betrifft:[147] s Rs *Prigge*). Die direkt in Art 6 Abs 1 lit a–c angeführten Beispiele dienen primär illustrativen Zwecken und sind keineswegs als abschließende Aufzählung zu verstehen. So hat der EuGH auch den Aufbau einer „angemessenen Altersvorsorge" als sozial- und beschäftigungspolitische Ziele nach Art 6 anerkannt, die altersabhängig gestaffelte AG-Beiträge zu einer privaten Pensionsvorsorge rechtfertigen können (Rs *Kristensen*).

Aus dem wachsenden europäischen Judikaturbestand zu Art 6 GRR[148] geht zunächst hervor, dass die Ziele, die einer bestimmten Vorschrift zugrunde liegen, letztlich nirgends explizit angegeben sein müssen, damit sie geeignet sind, eine Altersdifferenzierung zu rechtfertigen (vgl zB Rs *Age Concern England*). In dem speziellen Fall eines potentiell diskriminierenden Inhalts eines **KollV** betont der EuGH regelmäßig die Notwendigkeit, die Kollektivautonomie der Sozialpartner zu respektieren. Die Tatsache, dass AN-Vertreter an der Entstehung einer Regelung beteiligt waren, schafft eine gewisse Vermutung, dass diese die Interessen des einzelnen AN angemessen mit den anderen involvierten legitimen Interessen balanciert (vgl zB Rs *Rosenbladt*). Allerdings hat der EuGH den Sozialpartnern keine ausdrückliche Befugnis zuerkannt, weitergehende Ausnahmeregelungen zu treffen, als der Gesetzgeber dies könnte.[149]

Ein bedeutender Anteil der *bis dato* ergangenen Entscheidungen betraf die Zulässigkeit von „**Zwangspensionierungen**", dh die automatische oder AG-seitige Beendigung des Arbeitsverhältnisses aus dem alleinigen Grund, dass der AN ein bestimmtes Alter erreicht. Die wichtigste Rechtfertigung, die der EuGH schon in mehreren Konstellationen bereitwillig akzeptiert hat,[150] ist das Ziel der **Schaffung von Arbeitsplätzen für die jüngere Generation**. Dieses wichtige sozialpolitische Ziel kann gegenüber dem Interesse des einzelnen AN, seine Arbeit fortzusetzen zu können, **überwiegen**, sofern Letzterer bereits einen sozialversicherungsrecht-

---

147 Ein solches Ziel könnte höchstens nach dem bereits erwähnten Art 2 Abs 5 relevant sein.
148 Vgl *Schiek*, Age Discrimination before the ECJ 777 ff.
149 Eine schlüssige Antwort des EuGH auf die diesbezügliche Frage des deutschen Gerichts in der Rs *Hennigs* blieb aus. Vgl *Mair*, Anmerkung zu EuGH, verbundene Rs C-297/10 und C-298/10, ZESAR 2012, 243 ff.
150 Krit *Blanpain*, Discrimination on the Basis of Age, in Blanpain/Hendrickx, Labour Law between Change and Tradition (2011) 9.

lichen und/oder betrieblichen Rentenanspruch hat. Zusätzlich können in diesem Zusammenhang die Planungserfordernisse eines AG berücksichtigt werden. Dabei unterstreicht der EuGH regelmäßig, dass nationalen Gesetzgebern und Sozialpartnern ein **weiter Ermessensspielraum** bei der Gestaltung der nationalen Arbeitsmarktpolitik zukommt (s zB Rs *Palacios de la Villa*). Dementsprechend verlangt der Gerichtshof auch keinen Nachweis eines konkret bestehenden Problems hoher Jugendarbeitslosigkeit in einem bestimmten Sektor, um systematische Kündigungen bei Erreichen des Rentenalters zu rechtfertigen (s etwa Rs *Georgiev, Fuchs & Köhler*). Zu einer gesetzlichen Reduzierung der Pflichtpensionsalter für ungarische Richter, Staatsanwälte und Notare von 70 auf 62 (mit der Konsequenz der automatischen Beendigung des Arbeitsverhältnisses eines großen Teils der Justizbediensteten) stellte der EuGH fest, dass die für die betroffenen Bediensteten völlig unerwartete Einführung der Änderung innerhalb von sechs Monaten über das hinausging, was notwendig war, um das legitime Ziel der Erleichterung des Zugangs für junge Juristen zu erreichen (*Kommission v Ungarn 2012*).

Im Gegensatz dazu scheint der Gerichtshof bei Personen, die noch **nicht** das **gesetzliche Antrittsalter** erreicht haben, von einem **strengeren** Ansatz auszugehen. So ist ein AG nicht berechtigt, Abfindungen zur Überbrückung einer Zeit der Arbeitslosigkeit einem AN schon dann zu verweigern, wenn dieser eine verfrühte Rentenleistung auf niedrigerem Niveau in Anspruch nehmen könnte (Rs *Andersen*). Solchen AN muss vielmehr die Möglichkeit gegeben werden, unter gleichen Bedingungen wie jüngere Kollegen am Arbeitsmarkt zu verbleiben, falls sie dies wünschen. Dieses Abstellen auf das gesetzliche Rentenantrittsalter wird zT als gekünstelt kritisiert, weil auch nach Erreichen dieses Alters nicht unbedingt ein Anspruch auf Rentenleistungen besteht, die den Bedürfnissen des AN entsprechen – wobei uU eine Fortsetzung der Beschäftigung über einige Jahre Abhilfe schaffen könnte (wie es in den Rs *Rosenbladt* und *Hörnfeldt* der Fall war, in denen der EuGH die Beendigung des Arbeitsvertrags als gerechtfertigt ansah).[151]

Die beschriebenen Fragen der altersbedingten Entlassung betreffen iW einen Konflikt zwischen den Interessen der Vertreter verschiedener Generationen, der zu Gunsten der jüngeren Arbeitsmarktteilnehmer gelöst wird, die nicht über die alternative Möglichkeit verfügen, auf Rentenleistungen zurückzugreifen. Im Gegensatz dazu hatte sich der EuGH auch wiederholt mit Bestimmungen auseinanderzusetzen, die für eine bestimmte Altersgruppe einen im Vergleich zu allgemeinen Standards minderwertigen Schutz vorsahen und dies mit der Verbesserung der **Attraktivität eben der betroffenen Altersgruppe auf dem Arbeitsmarkt** begründeten.

Dies war bereits beim ersten Urteil des Gerichtshofs zur Altersdiskriminierung (Rs *Mangold*) der Fall, die eine nationale Regelung betraf, nach der AN, die im

---

151 S *Schiek*, Age Discrimination before the ECJ 787 ff; *Kania/Kania*, Auswirkungen der Andersen-Entscheidung des EuGH auf die Sozialplangestaltung in Deutschland, ZESAR 2012, 62 ff.

Alter von 52 Jahren oder darüber eingestellt wurden, vom Schutz gegen den missbräuchlichen Abschluss befristeter Verträge ausgeschlossen waren. Dies sollte die Einstellungschancen von Arbeitssuchenden dieser Altersgruppe erhöhen, indem es für AG attraktiver gemacht wurde, eben diese Personen neu zu beschäftigen. Der EuGH entschied, dass diese Argumentation im Prinzip als arbeitsmarktbezogener Rechtfertigungsgrund nach Art 6 GRR dienen könnte, er fand aber die Maßnahme *in concreto* unverhältnismäßig. Dies begründete der Gerichtshof damit, dass die Regel Personen, die noch relativ weit vom Erreichen des Rentenantrittsalters entfernt waren, pauschal von einem zentralen Schutzmechanismus des nationalen Rechts ausschloss und zwar unabhängig davon, ob sie wirklich von Problemen der Beschäftigungsfähigkeit betroffen waren.[152]

Diese Begründung deutet schon an, dass die **Prüfung der Verhältnismäßigkeit** in solchen Fällen strenger ausfällt als im Bereich der Beendigung bei Rentenanspruch.[153] Dies wurde durch zwei weitere Entscheidungen bestätigt, in denen AN, die ihre Beschäftigung bereits in sehr jungen Jahren aufnahmen, bestimmte Anciennitätsrechte verweigert wurden. In beiden Rs wurden Beschäftigungszeiten vor dem Erreichen einer bestimmten Altersgrenze nicht berücksichtigt, was sich in einem niedrigeren Grundentgelt (Rs *Hütter*) bzw einer kürzeren Kündigungsfrist (Rs *Kücükdeveci*) als bei älteren AN mit vergleichbaren Vordienstzeiten auswirkte. Auch in diesen beiden Rs wurde die jeweilige Maßnahme grundsätzlich als geeignet angesehen, um die Einstellung von jungen Menschen für AG attraktiver zu gestalten. Dies war jedoch nicht ausreichend, um die Diskriminierung zu rechtfertigen, weil in einem Fall die Folgen **überschießend** waren (diese beeinträchtigten die Rechtsstellung der AN auch noch Jahrzehnte nach ihrer Einstellung), im anderen die Regel **inkonsequent** erschien (ua weil die erklärten Ziele der Maßnahme sich gegenseitig widersprachen).[154]

Alter ist als Anknüpfungskriterium insb dann ungeeignet, wenn das Ziel in der Entlohnung von **Berufserfahrung** besteht. Daher dürfen die einzelnen Stufen in der Entgeltskala eines KollV auch nicht teilweise auf das biologische Alter des AN abstellen (Rs *Hennigs*). Waren jedoch (wie in der Praxis sehr häufig) altersbezogene Kriterien in der Vergangenheit ausschlaggebend, darf die Ungleichbehandlung für einen Übergangszeitraum fortbestehen, um bestehende Rechte aufrecht zu erhalten und gleichzeitig die Lohnkosten des AG nicht erheblich zu steigern (Rs *Specht*). Bezüglich der Berücksichtigung der Dauer der *Betriebszugehörigkeit* handelt es sich selbstverständlich um eine *mittelbare* Differenzierung aufgrund des Alters – wobei hier der Zusammenhang noch viel deutlicher ist als bei der Geschlechterdiskriminierung. Dementsprechend kann wohl auf den Ansatz des

---

152 Vgl *Blanpain*, European Labour Law (2010) Rz 1151. Dieses Urteil war eines der umstrittensten, die je auf dem Gebiet des europäischen Arbeitsrechts ergangen sind (s Abschnitt V.C.).
153 Vgl *Schiek*, Age Discrimination before the ECJ 785.
154 Vgl *Wachter* in *Wachter*, Altersdiskriminierung Jahrbuch 2010, 108.

EuGH in den Rs *Danfoss* und *Cadmann* (Unterabschnitt V.A.1.e.) zurückgegriffen werden, wonach im Einzelfall von einer starken (jedoch nicht unwiderlegbaren) Vermutung auszugehen ist, dass Entgeltunterschiede aufgrund der Dauer der Betriebszugehörigkeit im Sinne von Art 2 Abs 2 lit b gerechtfertigt sind.

c) Sexuelle Ausrichtung

Die außergewöhnliche „Popularität" des Alters als Grundlage für die Anfechtung diverser Regelungen nach der GRR ist nicht nur auf die Häufigkeit von Differenzierungen aufgrund dieses Kriteriums in praktisch allen MS zurückzuführen. Vielmehr ist im Hinblick auf das Alter auch die Anzahl von potenziellen Klägern ungleich größer als bei anderen Diskriminierungstatbeständen: Schließlich wird quasi jeder AN in einer oder mehreren Phasen seines aktiven Berufslebens zu einer tendenziell benachteiligten Gruppe gehören. Dies ist nun gänzlich anders in Bezug auf Behinderung und sexuelle Ausrichtung: Diese Bestimmungen sollen „echte" Minderheiten schützen, von denen beide idR einer Reihe von Nachteilen (auch) in Bezug auf das Berufsleben ausgesetzt sind. Dementsprechend gibt es für keine dieser Gruppen eine zusätzliche Bestimmung für die Rechtfertigung einer Diskriminierung in der GRR.

Allerdings scheint im Bereich der sexuellen Ausrichtung Erwägungsgrund 22 der Präambel der GRR auf den ersten Blick eine wichtige Einschränkung für das Diskriminierungsverbot der RL darzustellen: Es besagt, dass die GRR „die einzelstaatlichen **Rechtsvorschriften über den Familienstand** und davon abhängige Leistungen unberührt" lässt. Dies wurde vielfach dahingehend ausgelegt, dass bestimmte Leistungen (des AG) für verheiratete Paare nicht auf homosexuelle Partnerschaften ausgeweitet werden müssten. Eine derart weit reichende Ausnahme vom Grundsatz der Gleichbehandlung auf der Grundlage eines (rechtlich nicht bindenden) Erwägungsgrundes wurde jedoch vom EuGH nicht akzeptiert. In zwei Entscheidungen über die betriebliche Altersversorgung, welche verheiratete AN begünstigte, erklärte der EuGH die RL für anwendbar und urteilte, dass eingetragene Lebenspartner sich im Verhältnis zu verheirateten Paaren in einer **vergleichbaren Situation** befinden, sofern die Partner nach nationalem Recht gleichartige Pflichten zur gegenseitigen Unterstützung haben.[155]

Wo Homosexuelle eine solche vergleichbare formelle Partnerschaft eingehen können, von der Ehe hingegen ausgeschlossen bleiben, muss es als *unmittelbare Diskriminierung* gewertet werden, wenn Erhalt und Höhe von Leistungen (Alters- und Hinterbliebenenpensionen, Behandlungskostenzuschüsse) ausschließlich auf den Bestand einer Ehe abstellen (Rs *Maruko, Römer, Dittrich*).[156]

---

155 Vgl *Bauer*, Anmerkung zu EuGH Rs C-147/08, ZESAR 2012, 180 ff.
156 AA *Franzen*, Gleichbehandlung eingetragener Lebenspartner mit Ehepaaren bei der Hinterbliebenenversorgung, EuZA 2009, 395 ff.

d) Behinderung

Behinderte stellen zweifellos die von der GRR am stärksten geschützte Gruppe dar. Nicht nur gibt es keine zusätzlichen Möglichkeiten für eine Rechtfertigung ihrer weniger günstigen Behandlung; die RL sieht vielmehr konkrete Maßnahmen zu ihren Gunsten vor. Der Integration von Menschen mit Behinderungen ist weiters ein separater Artikel des Gleichheitskapitels der GRC (Art 26) gewidmet und sie gilt als eine der grundlegenden Herausforderungen für die künftige Entwicklung der europäischen Arbeitsmärkte.[157]

Der Begriff der Behinderung wird in der RL nicht definiert. In den Rs *Chacón Navas* und *Ring* hat der EuGH als entscheidendes Element hervorgehoben, dass eine **körperliche, psychische oder geistige Beeinträchtigung** vorliegen muss, die ein **Hindernis für die Teilnahme am Erwerbsleben** bilden kann und überdies von „langer Dauer" ist. Nicht erfasst ist dadurch eine Beeinträchtigung, die sich nicht auf die Arbeitsleistung einer AN auswirkt, sondern diese lediglich daran hindert, eigene Kinder zu gebären (und ihr somit kein Recht auf Mutterschaftsurlaub zusteht: Rs *Z.*). Die Ursache der Beeinträchtigung ist irrelevant (dies kann auch eine prinzipiell heilbare Krankheit sein), sie muss nur von „langer Dauer" sein (Rs *Ring*). Ein genaues Maß für die erforderliche (voraussichtliche) Dauer des Zustandes wurde aber in diesem Zusammenhang vom Gerichtshof nicht angegeben.[158]

Der für AN mit Behinderung vorgesehene spezifische Schutz kommt einerseits in der Verpflichtung zur Gewährleistung von **angemessenen Vorkehrungen** zum Ausdruck, denen ein AG gemäß Art 5 GRR unterliegt. Unter angemessenen Vorkehrungen sind Maßnahmen zu verstehen, die Hindernisse für die Teilnahme der betroffenen AN am Arbeitsprozess, die durch deren Behinderung entstehen, beseitigen oder zumindest verringern. Diese Maßnahmen können etwa in der Beseitigung von Barrieren, der Bereitstellung von spezifischen Einrichtungen am Arbeitsplatz oder auch in der Anpassung von Arbeitszeit und -organisation bestehen. Die Grenzen der Verpflichtungen des AG sind dann erreicht, wenn die Maßnahmen, die notwendig wären, eine **unverhältnismäßige Belastung** für ihn darstellen würden. In anderen Worten verlangt Art 5 einen angemessenen Ausgleich zwischen den Interessen des AN, der auf angemessene Vorkehrungen angewiesen ist, und den Möglichkeiten des AG, diesen Bedürfnissen Rechnung zu tragen. Systematisch kann Art 5 GRR als **Relativierung** der Rechtfertigung einer Ungleichbehandlung durch **Art 4 Abs 1** gesehen werden: Wenn der AN wesentli-

---

157 Behinderung betrifft jeden sechsten Europäer – 80 Mio Menschen. Vgl die Mitteilung der Kommission 2010/0636 sowie die Pläne der Kommission bis Herbst 2012: Europäische Kommission, Consultation Document: European Accessibility Act (2012), abrufbar unter http://ec.europa.eu/justice/discrimination/files/2011-12-13_consultation_background_document.pdf.
158 Eine Debatte in der momentanen mitgliedstaatlichen Rsp und Literatur betrifft etwa die Frage, ob eine HIV-Infektion für sich eine Behinderung iSd Definition des EuGH darstellen kann. Vgl *Franke/Steinel*, ZESAR 2012, 159 ff.

che berufliche Anforderungen unter der Voraussetzung von angemessenen Vorkehrungen im Sinne des Art 5 erfüllen könnte, kann eine Entlassung oder eine andere Form der weniger günstigen Behandlung nicht unter Berufung auf Art 4 Abs 1 gerechtfertigt werden.[159]

Die andere Schutzvorschrift, die iZm Behinderten zu erwähnen ist, ist Art 7 Abs 2 GRR über erweiterte Möglichkeiten von **positiven Maßnahmen**. Die Bestimmung erlaubt Maßnahmen zum Schutz oder zur Förderung der **Integration** behinderter Menschen in die **Arbeitswelt**. Aus dieser Formulierung ist aber nicht ersichtlich, inwiefern die Bestimmung über die generelle Möglichkeit von positiven Maßnahmen in Art 7 Abs 1 hinausgehen könnte. Eine mögliche Interpretation wäre, dass positive Maßnahmen nach dieser Vorschrift auch eine *unbedingte* Präferenz für behinderte Bewerber rechtfertigen könnten, die aufgrund ihrer Behinderung sonst nicht auf dem Arbeitsmarkt konkurrieren könnten (zur prinzipiellen Unzulässigkeit einer absoluten Präferenz s Unterabschnitt V.A.1.d.).[160]

Eine Schlechterstellung von Menschen mit langen oder häufigen krankheitsbedingten Abwesenheiten stellt eine mittelbare Diskriminierung aufgrund einer Behinderung dar und kann durch ein legitimes Ziel im Sinne von Art 2 Abs 2 lit b gerechtfertigt werden (Rs *Ring*). Eine andere Form der indirekten Diskriminierung liegt vor, wenn die „Vorteile", die einer behinderten Person in Form von Sozialleistungen gewährt werden, als Grundlage für die Reduktion von Ansprüchen gegenüber dem AG dienen. Daher darf ein Sozialplan, der für ältere Beschäftigte eine Leistung iHv 85 % des Lohnes vorsieht, den diese bis zum frühestmöglichen Pensionsantrittszeitpunkt erhalten hätten, den Anspruch eines AN, der wegen seiner schweren Behinderung die Pension fünf Jahre früher antreten könnte, deshalb nicht reduzieren (Rs *Odar*).

Mehr als alle anderen Diskriminierungstatbestände der RL kann Behinderung nicht nur für die Person, die unter einer gesundheitlichen Beeinträchtigung leidet, nachteilige Folgen haben, sondern auch für andere Personen, die die Verantwortung für ihre Pflege und Unterstützung übernehmen. Dies war der Fall in der *Coleman*-Entscheidung: Darin sah sich eine AN einer weniger günstigen Behandlung auf Grund der Behinderung ihres *Kindes* ausgesetzt, das eine umfassende Betreuung in unregelmäßigen Abständen erforderte („**Diskriminierung durch Assoziierung**"). Der EuGH entschied, dass, sofern ein kausaler Zusammenhang zwischen der Behinderung einer Person und Ungleichbehandlung in Beschäftigung und Beruf besteht, es unerheblich ist, ob diese Behinderung den AN selbst oder vielmehr eine dritte Person betrifft. Allerdings fand der Gerichtshof Art 5 über angemessene Vorkehrungen auf solche Fälle unanwendbar, weil der Wort-

---

159 Zur Frage, ob das Verabsäumen angemessener Vorkehrungen als Diskriminierung anzusehen ist, s *Bell*, Advancing EU Anti-Discrimination Law 10.
160 Vgl *Whittle*, The Framework Directive for Equal Treatment in Employment and Occupation: An Analysis from a Disability Rights Perspective, European Law Review 27/2002, 303.

B. Gleichbehandlungsrecht außerhalb der Geschlechterdiskriminierung

laut explizit nur „Menschen mit Behinderung" die Teilnahme am Erwerbsleben ermöglichen soll. Daher sah der EuGH keine Verpflichtung, einer Person durch besondere angemessene Vorkehrungen die Fürsorge für ein behindertes Familienmitglied zu ermöglichen. In diesem Punkt war das Urteil der Kritik ausgesetzt, weil es nicht auf die Frage einging, ob und inwieweit die Verweigerung angemessener Vorkehrungen (zB zusätzlichen Urlaubs) als *mittelbare* Diskriminierung von Personen mit behinderten Angehörigen unzulässig sein könnte.[161]

e) Ausblick

Betrachtet man die Grenzen, die der EU in Fragen der Gleichbehandlung durch die Kompetenzbestimmung des Art 19 AEUV gesetzt sind, wäre die sekundärrechtliche Einbeziehung weiterer Diskriminierungstatbestände auf der Grundlage des geltenden Primärrechts wohl nicht möglich. Im Gegensatz dazu gibt es durchaus noch Raum für Entwicklung in Bezug auf die Gründe, die zurzeit nur in der GRR abgedeckt sind. Wie bereits erwähnt, ist der Umfang des Schutzes in diesem Bereich im Vergleich zu den Merkmalen Rasse und Geschlecht deutlich beschränkt.

Bereits im Jahr 2008 hat die Europäische Kommission einen **Vorschlag**[162] für eine erweiterte Rahmen-RL vorgelegt, die Diskriminierung aus Gründen der Weltanschauung, einer Behinderung, des Alters oder der sexuellen Ausrichtung auch über Beschäftigung und Beruf hinaus verbieten würde, nämlich in den Bereichen **Sozialschutz**, soziale Vergünstigungen, **Bildung** und Zugang zu **Gütern und Dienstleistungen**, einschließlich Wohnraum (vgl Art 3 des RL-Vorschlags). Damit würden diese Bereiche des Diskriminierungsrechts auf Augenhöhe mit der Rassendiskriminierung gestellt und – im Hinblick auf die Einbeziehung von Bildung – den derzeitigen Schutzumfang bei der Geschlechterdiskriminierung sogar übersteigen.

Allerdings würde der Vorschlag gewisse Grenzen der Gleichbehandlung, die in den nationalen Gesetzen in den MS gegenwärtig vorgesehen sind, unberührt lassen: So ließe sie eine Vielzahl von **Ausnahmen** insb in Bezug auf Rechtsvorschriften über Familienstand und reproduktive Rechte, religiöse Erziehung und das Zeigen religiöser Symbole in der Öffentlichkeit zu. Ungeachtet dieser Zugeständnisse an die Vorbehalte einiger nationaler Regierungen sind die Verhandlungen weiterhin von Kontroversen geprägt. Neben dem Anwendungsbereich betreffen diese auch die vorgeschlagenen Erweiterungen der Definition von Diskriminierung (insb die Einbeziehung der *Diskriminierung durch Assoziierung*).[163] Alles in

---
161 Vgl *O'Brien*, Equality's False Summits 32 ff.
162 Vorschlag für eine RL des Rates zur Verwirklichung des Grundsatzes der Gleichbehandlung ungeachtet der Religion oder der Weltanschauung, einer Behinderung, des Alters oder der sexuellen Ausrichtung, KOM(2008) 0426 endg.
163 Vgl *O'Brien*, Equality's False Summits 34 ff.

allem werden die aktuellen Aussichten auf eine baldige Verabschiedung der RL als relativ gering eingeschätzt.[164]

C. Gleichbehandlung als allgemeiner Grundsatz des EU-Rechts

Über die zahlreichen offenen Fragen hinaus, die sich gegenwärtig in Bezug auf die beschriebenen RL stellen, die ja erst seit einigen Jahren anwendbar sind, liegt die zweifellos am heftigsten diskutierte Frage des Gleichbehandlungsrechts außerhalb des definierten Geltungsbereichs dieser RL. Diese Debatte wurde im Jahr 2005 durch die Entscheidung des EuGH in der Rs *Mangold* ausgelöst, als dieser erstmals feststellte, dass die GRR als bloße **Konkretisierung eines allgemeinen Grundsatzes** des EU-Rechts zu sehen ist. Dies leitete der Gerichtshof aus dem Status des Diskriminierungsverbots als anerkanntes Grundrecht ab, das die EU nach Art 6 AEUV bindet. Es verwies auch auf den starken Ausdruck, der diesem Grundsatz in Art 21 der EU-Grundrechtecharta gegeben wird, obwohl die GRC zum Zeitpunkt der Entscheidung noch nicht den Status von bindendem EU-Recht hatte.

Grundsätzlich war die Annahme der Existenz eines allgemeinen Grundsatzes der Nichtdiskriminierung keine Neuheit, da der EuGH sich bereits in einer Reihe von Entscheidungen zur Diskriminierung aufgrund des Geschlechts (s zB Rs *Cornwall County Council*) auf diesen bezogen hatte. Im Prinzip war der Schutz eines Grundrechts auf Gleichbehandlung bereits Grundlage des *Defrenne-II*-Urteils, das auf internationale Instrumente wie die Europäische Sozialcharta und das Übereinkommen C 111 der ILO verwies. Allerdings war die *Mangold*-Entscheidung die Erste, in der diese Annahme eines Diskriminierungsverbots, das sich aus dem Primärrechts ergibt, konkrete Folgen für den Einzelfall hatte:

Zum einen bedeutete es die **Anwendbarkeit** der Gleichbehandlungsstandards der GRR, noch **bevor** diese in nationales Recht **umgesetzt werden mussten**. Entsprechend der Konzeption der RL als Rechtsakt, der schon nach seinem Titel lediglich einen „allgemeinen Rahmen für die Verwirklichung der Gleichbehandlung in Beschäftigung und Beruf" festlegt, behandelte der EuGH die RL als geeignete Richtschnur für die Anwendung des allgemeinen Grundsatzes, der bereits davor verbindlich war. Folglich wurde der Fall *Mangold* im Wesentlichen auf der Basis von Art 6 GRR entschieden. Zum anderen resultierte der Bezug auf eine primärrechtliche Grundlage in der **horizontalen** Anwendbarkeit des Verbots der Diskriminierung. Deshalb kann sich ein Opfer von Diskriminierung dann, wenn ein

---
164 Vgl *Schiek*, Age Discrimination before the ECJ 778; *Bell*, Advancing EU Anti-Discrimination Law 7 ff, 13 ff. Vgl auch *De Witte*, From a „Common Principle of Equality" to „European Antidiscrimination" 1722 bezüglich des heftigen Widerstandes, auf den schon die Umsetzung der geltenden GRR in den MS stößt.

C. Gleichbehandlung als allgemeiner Grundsatz des EU-Rechts

Staat die GRR unzureichend umgesetzt hat (wie es in der Rs *Kücükdeveci* der Fall war), auch gegenüber einem privaten AG unmittelbar auf deren Bestimmungen stützen.

Diese Rsp war und ist Gegenstand immenser **Kritik**[165] – zunächst wegen ihrer schwachen Fundierung: Ein Grundsatz der umfassenden Gleichbehandlung auch unter Privatpersonen kann weder in einer Mehrheit der Verfassungen der MS noch in der EMRK gefunden werden,[166] sodass es problematisch ist, die Annahme eines allgemeinen Grundsatzes auf Art 6 Abs 3 EUV zu stützen. Zudem schafft die Kombination der genannten weitreichenden Folgen eine Situation erheblicher **Rechtsunsicherheit**:

Offen ist insb die Frage nach dem genauen **Inhalt des Grundsatzes** der Nichtdiskriminierung. Die bisherige Rsp hat gezeigt, dass die Gleichbehandlungspflichten der **MS** weit über die Diskriminierungstatbestände des (nun verbindlichen[167]) Art 21 der GRC hinausgehen: Der allgemeine Grundsatz verbietet den MS im Ergebnis **jede Ungleichbehandlung auf nicht objektiver Grundlage** – dh jede Differenzierung, die nicht sachlich gerechtfertigt ist. Dazu gehören zB die Ausnahme eines AN von einem Schutzstandard lediglich wegen einer formalen Kategorisierung von dessen AG (Rs *Francovich II*) und die Gewährung wesentlich geringerer Leistungsansprüche an Eltern von Zwillingen als an Eltern von Kindern mit einem kleinen Altersunterschied (Rs *Chatzi*).

Es scheint nun, dass auf der Grundlage der horizontalen Wirkung eines Prinzips des primären Rechts die gleiche weitreichende Verpflichtung auch im Rahmen eines **privaten Arbeitsverhältnisses** gilt. Die einzige wichtige Einschränkung ist, dass das Gleichbehandlungsprinzip nur in den **Fällen** zum Tragen kommt, die überhaupt **unter EU-Recht fallen**: Wenn alle Aspekte des Falles auf den nationalen Rechtsbereich beschränkt sind, ist kein Rückgriff auf den Grundsatz möglich (s Rs *Bartsch*). Ein Fall fällt insb dann unter das EU-Recht, wenn im betroffenen Bereich eine RL besteht, jedoch durch einen MS nicht (ausreichend) umgesetzt wurde. Daher sind sowohl MS als auch AG gegenwärtig verpflichtet, den allgemeinen Grundsatz in den von der GRR abgedeckten Bereichen zu beachten, ob sie nun im jeweiligen MS umgesetzt wurde oder nicht (Rs *Kücükdeveci*, *Römer*). Allerdings hat die *Mangold*-Entscheidung gezeigt, dass Fälle auch dadurch unter EU-Recht fallen können, dass ein MS eine RL korrekt implementiert, aber in diesem Zusammenhang eine diskriminierende Bestimmung schafft. Für den EuGH

---

165 Vgl *Pačić*, Rs *Kücükdeveci*: Der EuGH an der Grenze zur Willkür, ZAS 2012, 20 ff; *Papadopoulos*, Criticizing the horizontal direct effect of the EU general principle of equality, 437 ff mwN.
166 Zur eingeschränkten Natur des Art 14 EMRK s zB *Besson*, Gender Discrimination under EU and ECHR Law 653 ff.
167 Das *Kücükdeveci*-Urteil war das Erste, das ausdrücklich auf die Charta als bindendes Primärrecht gestützt war. Vgl *Morano-Foadi/Andreadakis*, Reflections on the Architecture of the EU after the Treaty of Lisbon 598; *Slezak*, Europarechtliche Grundlagen des Verbots der Altersdiskriminierung, RdW 2010, 6/9 ff.

VI. Gleichbehandlung

war somit ein AG schon deshalb verpflichtet, den allgemeinen Grundsatz der Nichtdiskriminierung aufgrund des Alters zu respektieren, weil die rechtliche Möglichkeit zur Diskriminierung im Zusammenhang mit der Umsetzung von EU-Recht (der Befristungs-RL) eingeführt wurde.

Im Ergebnis ist gegenwärtig schwer abzuschätzen, in welchen Bereichen der umfassende Gleichbehandlungsgrundsatz zur Anwendung kommt: Sobald eine ausreichende Verbindung zum EU-Recht besteht, müssen jedenfalls auch individuelle Unternehmen mit einer Verhältnismäßigkeitsprüfung rechnen, die deutlich strenger ist als nach so mancher nationalen Rechtsordnung.

VII. Atypische Beschäftigung

Das Gleichbehandlungsrecht der EU, wie es im vorhergehenden Kapitel beschrieben wurde, hat einen deutlich arbeitsmarktzentrierten Fokus und zielt darauf ab, den Zugang von marginalisierten und benachteiligten Gruppen (Frauen, älteren und jungen Menschen, Behinderten etc) zu verbessern. Dabei werden Ansprüche, die AN in einer stärkeren Position für sich erreicht haben, auf strukturell „schwächere" Gruppen von AN erweitert. Der logische nächste Schritt in diese Richtung war, einen ähnlichen Ansatz auf solche AN anzuwenden, die sich aufgrund von Besonderheiten ihres Arbeitsvertrags in einer benachteiligten Position befinden. Diese Gruppen werden als atypische Beschäftigte bezeichnet.

Die Formen der Beschäftigung, die allgemein als *atypisch* gelten, umfassen insb **Teilzeitarbeit, befristete Arbeitsverträge, Telearbeit, Leiharbeit** und persönlich **selbständige Tätigkeit**. Sie haben gemeinsam, dass sie im Allgemeinen ein Mittel zur Gewährleistung von **Flexibilität** und **Wettbewerbsfähigkeit** für AG darstellen und auch einem Bedürfnis nach Flexibilität vonseiten des AN entsprechen können. Allerdings bergen alle diese Arten der Beschäftigung eine gewisse Tendenz, aus traditionellen **Mechanismen** zum **Schutz der AN herauszufallen**. Wie sich zeigen wird, trifft beides auf die einzelnen Formen atypischer Arbeit, für die die EU konkrete Standards erlassen hat, in unterschiedlichem Ausmaß zu. Dementsprechend wird in der Praxis, abhängig von der politischen Haltung des Sprechers oder Autors, anstatt des Begriffs „atypische Beschäftigung" häufig jener der „flexiblen" oder umgekehrt der „prekären Beschäftigung" verwendet.[168]

Der Schwerpunkt des EU-Rechts in diesem Bereich liegt, wie erwähnt, auf der Verhinderung der Diskriminierung der betroffenen Gruppen. Daneben verlangt das EU-Recht dort, wo eine Umgehung nationaler arbeitsrechtlicher Standards droht, konkrete Maßnahmen zur Vermeidung von Missbrauch. Es sei jedoch betont, dass die wohl einfachste und weitreichendste Umgehung dieser Art – der Abschluss von (Scheinselbständigen-)Dienstverträgen anstelle von Arbeitsverträgen – bis heute keiner Regelung durch die EU unterliegt. Es bleibt daher ausschließlich eine Frage des nationalen Rechts, ob *Selbständige* in einer einem AN vergleichbaren wirtschaftlichen Situation (teilweise) in den für AN konzipierten Schutz einbezogen werden.

---

168 Zur Entwicklung des Ansatzes der Europäischen Kommission in diesem Zusammenhang s *Blanpain*, European Labour Law Rz 1013 ff, und EU-Agenda: Nachrichten zum Europäischen Sozial- und Arbeitsrecht, ZESAR 2012, 53.

VII. Atypische Beschäftigung

A. Teilzeitarbeit

Teilzeitvereinbarungen liegen derzeit einem bedeutenden und **wachsenden Anteil von Arbeitsverträgen** in der EU zugrunde. Gegenwärtig arbeitet jeder fünfte AN in der EU Teilzeit; bei weiblichen Beschäftigten liegt der Anteil sogar bei einem Drittel. Zwischen den einzelnen MS sind hier allerdings beträchtliche Unterschiede festzustellen, wobei die Niederlande die Statistik anführen: Die Hälfte der dortigen erwerbstätigen Bevölkerung (drei Viertel der Frauen) arbeitet auf Teilzeitbasis. Im Allgemeinen gehen vergleichsweise hohe Beschäftigungsquoten Hand in Hand mit verstärkter Teilzeitarbeit.[169]

Mit Blick auf diese Daten ist die Entwicklung von spezifischen Schutznormen in diesem Bereich in einem engen Zusammenhang mit der Geschlechterdiskriminierung kaum verwunderlich. Nach langjährigen Debatten über europäische Legislativmaßnahmen in diesem Bereich wurde die Regelung schließlich den Verhandlungen der EU-**Sozialpartner** überlassen (vgl Unterabschnitt IX.A.2.). Die **Rahmenvereinbarung über Teilzeitarbeit (TZRV)** als Ergebnis dieser Verhandlungen wurde schließlich durch die **RL 97/81/EG (Teilzeit-RL)** umgesetzt.

1. Nichtdiskriminierung

§ 4 der Rahmenvereinbarung, die jetzt im Anhang der RL zu finden ist, bestimmt, dass **Teilzeitbeschäftigte** keinen ungünstigeren **Arbeitsbedingungen** unterliegen dürfen als „**vergleichbare Vollzeitbeschäftigte**". Beide Begriffe werden in § 3 TZRV definiert.

Wichtig ist, dass die Rahmenvereinbarung keine autonome Definition des Begriffs des AN zulässt, wie es bei den RL und Vertragsbestimmungen in den vorhergehenden Kapiteln der Fall war: § 2 Abs 1 verweist zur Definition von **Arbeitsverträgen** ausdrücklich auf **innerstaatliches Recht**. Wie sich in den folgenden Kapiteln zeigen wird, sind solche Verweise in arbeitsrechtlichen RL in verschiedenen Bereichen häufig anzutreffen. Allerdings erlaubt es der *Effet-utile*-Ansatz des EuGH nicht, diese RL durch eine allzu enge nationale Begriffsdefinition ihrer praktischen Wirksamkeit zu berauben. Vor allem ist ein Ausschluss öffentlicher Bediensteter nicht zulässig, wenn sie sich in Bezug auf ihre persönliche Abhängigkeit vom (öffentlichen) AG und ihr entsprechendes Schutzbedürfnis vor Diskriminierungen in einer **vergleichbaren Situation** wie AN des privaten Sektors befinden (vgl Rs *O'Brien* zu teilzeitbeschäftigten Richtern).

Erwartungsgemäß entspricht die Struktur der Prüfung von Ungleichbehandlungen in diesem Zusammenhang gänzlich der bei Diskriminierungen aufgrund des Geschlechts. Dies umfasst insb die schwierige Frage der **Vergleichbarkeit** der jeweiligen Situationen zweier unterschiedlich behandelter Personen (s Unterab-

---

169 Vgl den Abschnitt über Teilzeitarbeit unter http://epp.eurostat.ec.europa.eu/statistics_explained/index.php/Employment_statistics#Part-time_and_fixed-term_contracts.

schnitt V.A.1.c.). § 3 Abs 2 TZRV kodifiziert den Ansatz des EuGH, eine Reihe von Faktoren zu berücksichtigen, die die Aktivitäten des AN charakterisieren (Art der Arbeit, Qualifizierung etc). Auf dieser Grundlage hat der EuGH zB entschieden, dass Tätigkeiten, die zeitlich unregelmäßig jeweils auf der Basis einer Einzelvereinbarung zwischen AG und AN verrichtet werden, nicht als vergleichbar mit einer Vollzeitanstellung für genau die gleichen Aufgaben angesehen werden können, weil der AN im ersten Fall nicht verpflichtet ist, dem AG zu bestimmten Zeiten zur Verfügung zu stehen (Rs *Wippel*).

Neben der Vergleichbarkeit der Situationen der betroffenen AN verdient auch die Frage Aufmerksamkeit, ob sie tatsächlich verschieden behandelt werden. Hier muss die besondere Natur der Teilzeitbeschäftigung berücksichtigt werden: Es wäre sicherlich unangemessen, jede Differenz zwischen den Ansprüchen von Vollzeit- und Teilzeitbeschäftigten als Anscheinsbeweis für eine Diskriminierung zu konstruieren. So wird das Monatsentgelt eines Teilzeit-AN im Verhältnis logischerweise einen niedrigeren Betrag aufweisen, der der geringeren Anzahl von Stunden entspricht, die dieser im jeweiligen Monat arbeitet. Diese proportionale Reduzierung eines Anspruchs wird als ***Pro-rata-temporis*-Grundsatz** bezeichnet und in § 4 Abs 2 TZRV näher umschrieben.

Abgesehen von Fragen der **Entlohnung** ist der *Pro-rata-temporis*-Grundsatz insb auf den Umfang von **Urlaubs-** und **Rentenansprüchen** anwendbar (s zB Rs *Zentralbetriebsrat der LKH Tirols*). Allerdings muss sorgfältig geprüft werden, ob eine Einschränkung von Rechten in der Tat strikt proportional zur niedrigeren Anzahl der geleisteten Arbeitsstunden ist. Eine exzessive Verkürzung besteht zB darin, die geringere Höhe der monatlichen Arbeitszeit für die Festlegung der Wartezeit für den Erhalt einer Betriebsrente zu berücksichtigen: Wenn die Beiträge an die Pensionskasse – und dementsprechend die erworbenen Pensionsrechte – vom Einkommen des AN abhängen, wird die Rente der ehemaligen Teilzeitkraft bereits proportional gekürzt. Der *Pro-rata-temporis*-Grundsatz erlaubt es nicht, zusätzlich die Wartezeit bevor ein Auszahlungsanspruch entsteht für Teilzeitkräfte entsprechend ihrem geringeren monatlichen Stundenausmaß zu verlängern (vgl Rs *Bruno & Pettini*).

Die große Abweichung der Teilzeit-RL vom System der bisher behandelten Diskriminierungsverbote besteht darin, dass nicht zwischen direkten und indirekten Formen der Diskriminierung unterschieden zu werden braucht: Teilzeitarbeit ist kein angeborenes Merkmal wie Geschlecht oder Rasse, welches aus diesem Grund unter keinen Umständen zum Kriterium für Differenzierung gemacht werden sollte. Folglich ist die unterschiedliche Behandlung aus Gründen der Teilzeitbeschäftigung immer legitim, wenn es dafür eine **objektive Rechtfertigung** gibt. Dieser Ansatz ist in § 4 Abs 1 TZRV niedergelegt.[170]

---

170 Selbstverständlich ist auch in diesem Zusammenhang Verhältnismäßigkeit erforderlich, auch wenn § 4 Abs 1 dies nicht ausdrücklich festhält.

Einen typischen Rechtfertigungsgrund könnte auch hier wieder die **Berufserfahrung** darstellen – mit der Konsequenz, dass ein vollzeitbeschäftigter AN in der Entgeltskala schneller aufsteigen könnte als ein für die gleiche Arbeit teilzeitbeschäftigter Kollege. In zwei Urteilen von 1997 entschied der EuGH, dass es nicht generell zulässig ist, Berufserfahrung auf *Pro-rata*-Basis zu berechnen und längere Arbeitszeiten mit einem direkt proportionalen Anstieg der Erfahrung gleichzusetzen. Eine solche Berechnung müsste vielmehr durch objektive Gründe gerechtfertigt sein, die eine bestimmte Tätigkeit charakterisieren – was weder bei der Arbeit in der Finanzverwaltung (Rs *Gerster*) noch bei Steuerberatern (Rs *Kording*) der Fall war. Diese Rsp spiegelt sich nunmehr in § 4 TZRV wider. Der EuGH hat auch die Gewährung von **Zuschlägen** nur für über die Normalarbeitszeit hinausgehende **Überstunden** im Prinzip gerechtfertigt gefunden. Solche Zuschläge sollen die zusätzliche Belastung durch lange Arbeitszeiten ausgleichen, was bei einer Teilzeitkraft, die vorübergehend mehr als die vertraglich vereinbarte Stundenanzahl arbeitet, nicht der Fall ist. Wenn demgegenüber das in einem Unternehmen bezahlte Grundgehalt eine Überstundenpauschale enthält, muss die Anzahl der deshalb unentgeltlich zu leistenden Überstunden für Teilzeitbeschäftigte proportional niedriger festgesetzt werden (s Rs *Elsner-Lakeberg*).

2. Beseitigung von Hindernissen

Es muss betont werden, dass die RL – abgesehen von Bedenken bzgl der Diskriminierung Teilzeitbeschäftigter – grundsätzlich von einer positiven Bewertung dieser Art von Beschäftigung ausgeht, die Vorteile sowohl für AG als auch AN haben kann.[171] Somit ist die **Förderung** und Erleichterung von **Teilzeitarbeit** durch die MS nicht nur erlaubt, sondern nach § 5 der TZRV sogar erforderlich. Nach dieser Bestimmung sind Hindernisse, die die Möglichkeiten von Teilzeitarbeit beschränken könnten, zu identifizieren und prüfen und „gegebenenfalls" zu beseitigen. Ungeachtet dieser vorsichtigen Formulierung hat der EuGH in der genannten Vorschrift eine konkrete justiziable Verpflichtung gesehen: In der Rs *Michaeler & Subito* entschied er, dass nationales Recht gegen § 5 verstößt, wenn es AG verpflichtet, jeden Abschluss eines Teilzeitverhältnisses unverzüglich der zuständigen Behörde zu melden.

Schließlich enthält § 5 Abs 2 ein **Verbot der Kündigung** aus dem Grund, dass ein AN einer Umstellung seiner Arbeitszeit auf Voll- oder Teilzeit nicht zustimmt. Eine Entlassung aus wirtschaftlichen Motiven (etwa weil der AN als Vollzeitkraft nicht mehr benötigt wird und Teilzeit verweigert) bleibt jedoch zulässig.

---

171 Vgl die Formulierung der Präambel zur TZRV im Gegensatz zu jener zur BRV.

B. Befristete Arbeitsverhältnisse

Befristete Beschäftigung als zweite wichtige Form der atypischen Beschäftigung unterscheidet sich von Teilzeitarbeit im Hinblick auf die Interessen, die hinter der Aufnahme einer Befristung in einen Arbeitsvertrag stehen: Selten wird es im Interesse des *AN* liegen, den Vertrag zu einem vorbestimmten Zeitpunkt auslaufen zu lassen. Vielmehr sind *AG* im Rahmen jeder innerstaatlichen Rechtsordnung der EU mit beendigungsrechtlichen Vorschriften konfrontiert, die es mehr oder weniger belastend für sie machen, einen AN im regulären Verfahren zu kündigen. Diese Hindernisse – lange Kündigungsfristen, Abfindungen, Einholung einer administrativen Genehmigung und schließlich Kündigungsverbote in bestimmten Fällen – können durch den Abschluss des Arbeitsvertrags für eine feste Laufzeit im Prinzip vermieden werden.

Es versteht sich von selbst, dass dieser Gewinn an **Flexibilität für den AG** idR einen gleichzeitigen **Verlust an Arbeitsplatzsicherheit** für den AN bedeutet. Dies wird auch durch Umfragen[172] impliziert, nach denen ausgeprägte **berufliche Unzufriedenheit** unter befristeten Beschäftigten ein weitaus häufigeres Phänomen ist als bei anderen AN.

Dementsprechend verfolgt die **Befristungs-RL 1999/70/EG,** ganz im Gegensatz zum grundsätzlich positiven Ansatz der Teilzeit-RL, als zentrales Ziel die Verhinderung des Missbrauchs befristeter Arbeitsverhältnisse, durch den das unternehmerische Risiko des AG auf den AN abgeschoben würde. Dies betrifft insb das notorische Problem der „Kettenarbeitsverträge", bei denen die Anwendung des nationalen Beendigungsrechts dadurch umgangen wird, dass ein Arbeitsverhältnis wiederholt auf relativ kurze Zeit befristet und bei Bedarf jeweils verlängert wird. In seiner Extremform liefe diese Strategie auf eine *„Hire-and-fire-at-will"*-Situation hinaus, in der der AN als wirtschaftlich schwächere Partei die Folgen einer schlechten Auftragslage zu tragen hätte. Der Fokus der RL auf diese Missbrauchsgefahr ergibt sich schon aus der Präambel des Anhangs der RL, wonach **unbefristete** Verträge die **„übliche Form des Beschäftigungsverhältnisses"** darstellen sollen, während befristete Verträge nur „unter bestimmten Umständen den Bedürfnissen von AG und AN entsprechen".

In der heutigen **Praxis** sind befristete Arbeitsverträge weniger allgegenwärtig als Teilzeit, spielen aber dennoch eine **wichtige Rolle** in der Beschäftigungsstruktur der EU-Mitgliedstaaten. Der durchschnittliche Anteil der befristeten Arbeitsverträge liegt EU-weit bei etwas über 14 % – ein Durchschnittswert, der große Unterschiede zwischen den einzelnen Mitgliedstaaten (von knapp über 1 % in Rumänien bis zu über einem Viertel aller Arbeitsverträge in Polen) verdeckt. Vor dem Ausbruch der Wirtschaftskrise im Jahr 2008 wurden zT noch höhere Raten

---

172 S zB http://www.eurofound.europa.eu/ewco/reports/TN0608TR01/TN0608TR01_7.htm.

verzeichnet (ein Drittel aller Verträge in Spanien). Dem folgte ein deutlicher Rückgang während der Krise im Jahr 2009, wobei im selben Jahr fast die Hälfte der Neuverträge befristet abgeschlossen wurde.[173] Diese Daten spiegeln die erwähnte prekäre Situation der befristet Beschäftigten wider: Sie sind idR die Ersten, die in einer Situation des wirtschaftlichen Abschwungs ihren Arbeitsplatz verlieren.

1. Nichtdiskriminierung

Zunächst ist die Befristungs-RL als ein weiteres Instrument, das auf einer Rahmenvereinbarung zwischen den europäischen Sozialpartnern beruht, sehr ähnlich strukturiert wie die Teilzeit-RL: Auch hier findet sich eine Nichtdiskriminierungsklausel in § 4 der **Rahmenvereinbarung über befristete Arbeitsverträge (BRV)** im Anhang der RL, und wieder betrifft sie ausschließlich Gleichbehandlung in Bezug auf **Arbeitsbedingungen**.

§ 4 Abs 1 sieht vor, dass Teilzeitbeschäftigte nicht schlechter als „**vergleichbare Dauerbeschäftigte**" behandelt werden dürfen. Die beiden Vergleichsgruppen werden somit dadurch voneinander abgegrenzt, dass für Erstere das Ende ihres Arbeitsvertrags vorherbestimmt ist – durch ein bestimmtes Datum, die Erfüllung einer bestimmten Aufgabe oder ein bestimmtes Ereignis (s § 3 BRV). Auch hier ist der persönliche Anwendungsbereich im Prinzip durch die **Definition eines AN nach dem innerstaatlichen Recht** geprägt, und auch dazu hat der EuGH bereits festgestellt, dass etwa der völlige Ausschluss des öffentlichen Sektors als übermäßige Beschränkung der Wirksamkeit der RL unzulässig ist (Rs *Adeneler*).

Die Beurteilung der **Vergleichbarkeit** (§ 3 Abs 2) und der objektiven **Rechtfertigung** (§ 4 Abs 1, § 4 Abs 4) entsprechen der Struktur, wie sie oben für die Teilzeitarbeit dargestellt wurde. Wieder ist es vor allem das Argument der **Berufserfahrung**, das Privilegien für Dauerbeschäftigte im Vergleich zu nur kurzfristig eingestellten AN rechtfertigen kann. Wenn jedoch eine Person von ein und demselben AG nach Ablauf ihres befristeten Vertrags erneut eingestellt wird, stellt es eine Diskriminierung dar, wenn die Zeit der befristeten Beschäftigung unberücksichtigt bleibt oder bei der **Berechnung der Vordienstzeit** nicht voll angerechnet wird (s Rs *Del Cerro Alonso, Gaviero Gaviero*).

2. Vermeidung von Missbrauch

Das Herzstück der Rahmenvereinbarung ist jedoch nicht die beschriebene Gleichbehandlungsklausel, sondern die den MS auferlegte Verpflichtung, **Maß-**

---

173 Vgl den Abschnitt zu Befristungen unter http://epp.eurostat.ec.europa.eu/statistics_explained/index.php/Employment_statistics#Part-time_and_fixed-term_contracts undertaking, die Daten zur befristeten Beschäftigung während der Krise unter http://www.eurofound.europa.eu/ewco/2010/10/DE1010039I.htm.

nahmen gegen den Missbrauch von aufeinanderfolgenden befristeten Arbeitsverträgen zu ergreifen. Diese Verpflichtung ist in § 5 BRV enthalten. Der Wortlaut dieser Bestimmung könnte jedoch kaum als besonders aussagekräftiger Leitfaden für die Gestaltung solcher Maßnahmen bezeichnet werden. Die MS haben die Wahl zwischen drei Ansätzen zur Vermeidung von Missbrauch: das Erfordernis **sachlicher Gründe** für den wiederholten Rückgriff auf befristete Arbeitsverträge, die Festlegung einer **maximalen Gesamtdauer** der befristeten Beschäftigung mit einem bestimmten AG oder aber eine maximale **Anzahl** von möglichen **Verlängerungen** des ursprünglichen Vertrags. Keine dieser Strategien unterliegt einer näheren Bestimmung über die erforderliche Strenge oder Intensität des Schutzes vor Missbrauch.

Bis heute hat auch die Rsp die Grenzen im Falle einer Beschränkung der Gesamtzahl oder der Dauer von befristeten Arbeitsverhältnissen nicht definiert. Im Gegensatz dazu hat der EuGH in Grundzügen festgelegt, was unter einem *sachlichen Grund* im Sinne des § 5 Abs 1 lit a der BRV verstehen ist: Der Gerichtshof verlangt, dass der Grund sich auf „genau bezeichnete, **konkrete Umstände**" bezieht, „die eine bestimmte Tätigkeit kennzeichnen" – wobei diese Umstände die *Art der Aufgaben* oder ein „*legitimes sozialpolitisches Ziel*" betreffen können (Rs *Adeneler*).

Umstände iZm der **Art der Aufgaben** umfassen die klassischen Gründe für Befristungen – Saisonarbeit, Vertretung eines vorübergehend abwesenden AN etc.[174] Ein **Missbrauch** der Befristung kann nur dann bestehen, wenn das Arbeitsverhältnis in Wahrheit der Deckung eines **ständigen und dauerhaften Bedarfs** des AG dient (Rs *Márquez Samohano*).

Hier ist eine heikle Frage, ab welchem Punkt eine Einstellung zur Vertretung nicht mehr als vorübergehende Tätigkeit gesehen werden kann, weil in einem großen Unternehmen davon ausgegangen werden kann, dass zukünftige Abwesenheiten anderer AN quasi zu einem dauerhaften Bedarf an einem zusätzlichen AN führen. Der EuGH hat in der Rs *Kücük* festgestellt, dass die bloße Tatsache, dass ein AG einen wiederkehrenden oder sogar dauerhaften Bedarf an einer Ersatzkraft hat, den Abschluss von befristeten Arbeitsverträgen nicht *per se* missbräuchlich macht – vielmehr muss die Missbräuchlichkeit auf Einzelfallbasis beurteilt werden. Dabei stellt selbst eine Kette von 13 befristeten Verträgen über elf Jahre nicht automatisch einen Fall von Missbrauch dar, sondern muss mit allen anderen Elementen des Einzelfalls abgewogen werden.[175]

---

174 Vgl *Blanpain*, Fixed-term employment contracts: the exception? Collana ADAPT – Working Paper No 43/2007, 3.
175 Vgl *Gooren*, Vertretungsbedingte Kettenbefristungen nach dem *Kücük*-Urteil des EuGH, ZESAR 2012, 230; *Kamanabrou*, Die Kettenbefristung zur Vertretung, EuZA 2012, 441 ff; *Junker*, Europa- und verfassungsrechtliche Fragen des Befristungsrechts, EuZA 2013, 3 ff.

Bezüglich **legitimer sozialpolitischer Ziele** kann etwa auf die Genehmigung von sukzessiven befristeten Arbeitsverträgen mit älteren AN nach deutschem Recht verwiesen werden, um die es in den Fällen *Mangold* und *Lufthansa* ging. Wie bereits erwähnt, wurde diese Maßnahme eingeführt, um die Arbeitsmarktchancen der betroffenen Altersgruppe zu erhöhen. In *Lufthansa* stellte der EuGH endgültig klar, dass dieses Ziel es nicht rechtfertigen kann, älteren AN pauschal den Schutz der RL zu verwehren, auch wenn diese gar nicht von Arbeitsmarktproblemen betroffen sind.

Selbstverständlich liegt in der unbegründeten Autorisierung von aufeinanderfolgenden befristeten Verträgen durch administrative Vorschriften des innerstaatlichen Rechts keine ausreichende Rechtfertigung (s Rs *Adeneler*). Doch müssen, ebenso wie bei der objektiven Rechtfertigung einer Diskriminierung (s Unterabschnitt V.B.2.b.), die rechtfertigenden Gründe nicht ausdrücklich gesetzlich aufgezählt werden (vgl Rs *Del Cerro Alonso*).

Es muss betont werden, dass die Missbrauchskontrolle auf den Abschluss **aufeinanderfolgender Verträge** beschränkt ist. Wie sich aus der Rs *Mangold* ergibt, interpretiert der EuGH dies iSv zwei oder mehreren Verträgen **zwischen denselben Parteien**. Folglich ist keinerlei objektive Rechtfertigung für die *erste* Befristung zwischen diesen Parteien erforderlich. Ebenso wird, wenn das einzelstaatliche Recht eine der anderen Strategien des § 5 Abs 1 der BRV anwendet, die Begrenzung der Anzahl oder der Gesamtdauer der befristeten Verträge für jeden AN separat berechnet werden müssen. Dieser Ansatz ist dafür kritisiert worden, dass er Missbrauch durch „aufeinanderfolgende" Verträge mit *verschiedenen* AN gänzlich außer Acht lässt.[176]

Die genauere Bestimmung des Begriffs der „aufeinanderfolgenden Verträge" wird von § 5 Abs 2 lit a wieder dem nationalen Recht überlassen. Üblicherweise legen die MS eine **zeitliche Beschränkung** des Konzepts fest, sodass Verträge nicht mehr als aufeinanderfolgend gewertet werden, wenn zwischen ihnen eine bestimmte Zeitspanne verstrichen ist. Der EuGH hat eine solche Beschränkung im Prinzip akzeptiert, aber erneut die Notwendigkeit der Gewährleistung der **praktischen Wirksamkeit** des Schutzes gegen Missbrauch betont. Daher reicht eine Unterbrechung von lediglich 20 Tagen nicht aus, um zwei Verträge nicht mehr als aufeinanderfolgend zu betrachten (s Rs *Adeneler*). Im Gegensatz dazu kann eine Frist von drei Monaten zwischen diesen Verträgen ausreichen, um missbräuchliche Kettenverträge zu vermeiden (s Rs *Angelidaki*).

Im Ergebnis bleibt eine Reihe von Fragen zur Umsetzung des § 5 BRV offen, die letztlich vom EuGH zu beantworten sein werden. Gegenwärtig wird die Konformität der Vorschriften mehrerer nationaler Rechtsordnungen mit der RL ange-

---

176 Vgl die gegenteilige Ansicht von *Blanpain*, European Labour Law Rz 1056.

zweifelt. Im Gegensatz dazu ist die in § 6 BRV enthaltene Verpflichtung von AG einer Teilzeitkraft wesentlich eindeutiger: Wann immer eine unbefristete Stelle in einem Unternehmen zu besetzen ist, müssen **Informationen über die Ausschreibung** an alle AN kommuniziert werden, die zu dem Zeitpunkt befristet in diesem Unternehmen tätig und möglicherweise an einer fixen Stelle interessiert sind.

Schließlich ist die Frage nach den Folgen einer Verletzung der RL von großer Bedeutung. Erwartungsgemäß hat der EuGH die Pflicht der Gleichbehandlung in § 4 BRV für **unmittelbar anwendbar** befunden,[177] während eine unmittelbare Anwendung von § 5 angesichts des breiten Spielraums, den die MS bei der Umsetzung von **Maßnahmen gegen Missbrauch** haben, **nicht möglich** ist (s Rs *Impact*). Dies bedeutet, dass auch Verstöße durch öffentliche AG nicht einfach durch Nichtanwendung der entsprechenden Bestimmungen des nationalen Rechts gelöst werden können. Vielmehr werden die Folgen auf der Grundlage des nationalen Rechts ermittelt, das die Grundsätze der **Äquivalenz** und der **Effektivität** zu beachten hat (s Unterabschnitt V.A.1.g.). Dies bedeutet insb, dass sukzessive befristete Arbeitsverträge, die im Widerspruch zur Befristungs-RL abgeschlossen wurden, **nicht unbedingt** in **unbefristete Verträge umgewandelt** werden müssen (s Rs *Marrosu & Sardino* und § 5 Abs 2 lit b BRV). Stattdessen kann das innerstaatliche Recht auch andere wirksame Sanktionen vorsehen, wie etwa Schadenersatzansprüche der betroffenen AN.[178]

C. Leiharbeit

Die dritte und letzte Form der atypischen Beschäftigung, für die verbindliche EU-Vorschriften existieren, ist die der Leiharbeit. Diese Art von Beschäftigung zeichnet sich durch ein Dreiecksverhältnis zwischen einem **AN,** dessen AG (dem **Leiharbeitsunternehmen**) und einem **entleihenden Unternehmen** aus, an das der AN vom Leiharbeitsunternehmen überlassen wird. Die Besonderheit dieser Konstruktion ist, dass es keine direkte vertragliche Beziehung zwischen dem AN und dem Entleiher gibt, für den er letztlich tätig wird: Ihre gegenseitigen Rechte und Pflichten werden durch die vertragliche Beziehung bestimmt, die beide mit dem Leiharbeitsunternehmen haben.

Die Gründe für den Rückgriff auf Leiharbeit als grundsätzlich teure Form der Beschäftigung (immerhin wird das entleihende Unternehmen nicht nur mit dem Entgelt für den Leih-AN, sondern auch mit der Gebühr für das Leihunternehmen belastet) können vielfältig sein. Grundsätzlich liegt der Vorteil der Leiharbeit in der **Flexibilität**, die sie dem AG zB im Falle eines vorübergehend erhöhten Ar-

---

[177] Auf Basis der Rsp des Gerichtshofs zu Gleichbehandlungsbestimmungen in verschiedenen Bereichen steht außer Zweifel, dass eine Verpflichtung zur Gleichbehandlung immer hinreichend genau und unbedingt ist, um direkt angewendet zu werden.
[178] Vgl *Blanpain*, Fixed-term employment contracts 6.

beitsbedarfs bietet. Ebenso kann ein AG von sofort verfügbaren qualifizierten Arbeitskräften im Falle der unerwarteten Notwendigkeit, eine Stelle kurzfristig zu besetzen, profitieren. Umfragen zeigen, dass 81 % der europäischen AG Leiharbeit zur Bewältigung konjunktureller Schwankungen in Erwägung ziehen.[179] Hinzu kommt, dass sich ein Trend zum systematischen Einsatz von Leiharbeit als allgemeine **Alternative** zu herkömmlichen **Stellenausschreibungen** abzeichnet: Dabei dient Leiharbeit über einen gewissen Zeitraum als eine Art Probezeit, die den entleihenden Unternehmen die Möglichkeit gibt, zu prüfen, ob der betreffende AN für ein definitives Arbeitsverhältnis mit dem Unternehmen geeignet ist.

Dementsprechend wird Leiharbeit mittlerweile als ein entscheidender Faktor für die Schaffung von Arbeitsplätzen gewertet.[180] Abgesehen von diesem volkswirtschaftlichen Nutzen kann es auch im **Interesse des einzelnen AN** liegen, im Zuge von Überlassungen durch ein Leiharbeitsunternehmen Erfahrung zu sammeln und einen passenden, dauerhaften AG zu finden. Dies ist der Hintergrund für den wachsenden Anteil von jungen qualifizierten Personen, die Leiharbeit als Sprungbrett in den Arbeitsmarkt nutzen – im Gegensatz zur traditionellen Konzentration des Leiharbeitssektors auf manuelle Arbeitskräfte. Darüber hinaus kann Leiharbeit in Sektoren, die von kurzfristigen Beschäftigungsverhältnissen gekennzeichnet sind (zB künstlerische Berufe), die einzige Möglichkeit eines stabilen Arbeitsverhältnisses für den AN sein.

Diesen Vorteilen der Leiharbeit stehen aber mindestens ebenso schwerwiegende soziale Bedenken gegenüber. Vor allem gibt es empirische Hinweise darauf, dass Leih-AN im Vergleich zu regulär Beschäftigten eine **schlechtere Entlohnung**, eine wesentlich höhere Rate von **Arbeitsunfällen** und ein erhöhtes Maß an **beruflicher Unzufriedenheit** aufweisen.[181] Die eklatante Unfallanfälligkeit des Sektors hat dazu geführt, dass die EU bereits 1991 eine RL über Sicherheit und Gesundheitsschutz von Leih-AN (**RL 91/383/EWG**) erließ. Diese RL hatte den alleinigen Zweck der Sicherstellung eines **gleichberechtigten Schutzes** von befristet Beschäftigten und Leih-AN, insb durch die Bereitstellung der notwendigen Informationen und Schulungen, die diese angemessen für ihre Aktivitäten in einem unbekannten Arbeitsumfeld vorbereiten sollten.

Noch stärker als befristet Beschäftigte sind Leih-AN in Zeiten wirtschaftlichen Abschwungs von oftmals sofortigem Arbeitsplatzverlust betroffen.[182] Auch dies schlägt sich in Statistiken in Form einer deutlichen Reduktion des Anteils von Leih-AN im Rahmen der globalen Krise nieder. Nach 2009 wurde jedoch erneut praktisch in allen EU-Staaten ein beschleunigtes Wachstum der Branche ver-

---

179 Vgl die Angaben der CIETT unter http://www.eurociett.eu/index.php?id=163&MP=163–167.
180 Vgl *Alarcon*, Agency Work in the European Union, in *Blanpain/Graham*, Temporary Agency Work and the Information Society (2004) 303.
181 Vgl http://www.eurofound.europa.eu/ewco/reports/TN0608TR01/TN0608TR01_7.htm.
182 Vgl *Vandenbrande/Vaes*, Implementing the New Temporary Agency Work Directive 20.

zeichnet. Derzeit werden knapp 2 % der europäischen AN von einem Leihunternehmen beschäftigt[183] (viel höhere Anteile finden sich in einzelnen MS, etwa den Niederlanden).

Vor diesem Hintergrund wurde die Festlegung von Mindeststandards zum Schutz dieser Gruppe von AN auf EU-Ebene bereits seit mehreren Jahrzehnten gefordert, gestaltete sich aber als überaus kontrovers. Bezeichnenderweise **schließt** selbst die Präambel der BRV **Leih-AN aus dem Anwendungsbereich der Befristungs-RL aus** (s Rs *Della Rocca*). Letztlich konnten sich in diesem Bereich auch die europäischen Sozialpartner nicht auf den Abschluss einer Rahmenvereinbarung einigen: Nach zehn Jahren erfolglosen Verhandelns wurden dahingehende Bemühungen abgebrochen, wonach schließlich 2008 eine RL auf der Grundlage eines gewöhnlichen Kommissionsvorschlags verabschiedet wurde.[184]

Die **Leiharbeits-RL 2008/104/EG (LR)** könnte als eine Synthese der anderen RL über atypische Beschäftigung bezeichnet werden, weil sie sowohl Elemente der **Förderung** von Leiharbeit als auch Elemente der **Missbrauchsprävention** beinhaltet. Der erstgenannte Aspekt ist in Art 4 LR niedergelegt, der eine Rechtfertigung für ein Verbot oder eine Beschränkung des Rückgriffs auf Leiharbeit in einem MS fordert. Dies entspricht im Grunde einem Ansatz, der bereits vor Inkrafttreten der RL in der Rsp des EuGH zu finden war und dem zufolge ungerechtfertigte Hindernisse für die Tätigkeit einer Leiharbeitsfirma in Widerspruch zur Dienstleistungsfreiheit stehen (Rs *Kommission v Belgien 2011*).

1. Nichtdiskriminierung

Das Prinzip der Gleichbehandlung stellt einen Schwerpunkt auch der LR dar. Art 5 verbietet die Diskriminierung eines Leih-AN[185] in Bezug auf einen **vergleichbaren AN des entleihenden Unternehmens**. Dieser Vergleichsmaßstab, der in den Verhandlungen über die RL höchst umstritten war, ist jedoch in mehrfacher Hinsicht beschränkt. Zum einen ergibt sich dies aus der Garantie nur von „**wesentlichen Arbeitsbedingungen**". Dieser Terminus wird in Art 3 Abs 1 lit f näher definiert, der klarstellt, dass hierunter ausschließlich Fragen der **Arbeitszeit** und des **Entgelts** zu verstehen sind. Zudem sind Referenzmaßstab nicht die einem vergleichbaren AN des entleihenden Unternehmens tatsächlich gewährten Arbeitsbedingungen, sondern nur die Bedingungen, die einem solchen AN auf der Basis von „**verbindlichen Bestimmungen allgemeiner Art**" zustehen.

---

183 Vgl http://www.eurociett.eu/index.php?id=163&MP=163-167.
184 Vgl *Vandenbrande/Vaes*, Implementing the New Temporary Agency Work Directive 11.
185 Der *Effet-utile*-Grundsatz impliziert, dass den persönlichen Geltungsbereich auch AN umfasst, die nicht ausschließlich für den Zweck der Leiharbeit eingestellt sind. Vgl *Hamann*, Die Vereinbarkeit der privilegierten Arbeitnehmerüberlassung nach dem AÜG mit der Richtlinie Leiharbeit, ZESAR 2012, 104 ff.

VII. Atypische Beschäftigung

Auch dieser relativierte Grundsatz der Gleichbehandlung würde in dieser Form mehrere nationale Systeme EU-rechtswidrig erscheinen lassen. Um zu einem gewissen Grad die Beibehaltung abweichender nationaler Konzepte sicherzustellen, bietet Art 5 LR mehrere Möglichkeiten, von dem eben beschriebenen Gleichbehandlungsstandard abzuweichen. Abs 2 (die „**deutsche Ausnahme**"[186]) erlaubt ein Abgehen vom Prinzip des gleichen Entgelts, sofern die betroffenen AN einen unbefristeten Arbeitsvertrag mit dem Leihunternehmen haben, der ihnen ein **konstantes Entgelt** unabhängig von ihrer Tätigkeit für ein entleihendes Unternehmen sichert.[187] Unter Abs 3 („skandinavische" oder „**nordische Ausnahme**") wird den nationalen Sozialpartnern ein weiter Spielraum für Abweichung vom Grundsatz des Art 5 Abs 1 mittels **KollV** gegeben. Die einzige Grenze dieses Spielraums ist das vage Erfordernis einer „Achtung des Gesamtschutzes von Leiharbeitnehmern".[188] Eine sehr ähnliche Möglichkeit ist denjenigen MS gegeben, in deren System die Festsetzung von verbindlichen Standards durch KollV iSd Abs 3 nicht vorgesehen ist („**britische Ausnahme**": Abs 4).

Schließlich ist Gleichbehandlung noch in einem weiteren Bereich gefordert: Art 6 Abs 4 LR verpflichtet die MS, den gleichberechtigten Zugang von Leih-AN zu **Gemeinschaftseinrichtungen** oder -diensten im entleihenden Unternehmen sicherzustellen, wobei als Beispiele Kantinen und Betriebskindergärten genannt werden. Nur im Hinblick auf diese Rechte des Art 6 Abs 4 sind Ausnahmen vom Gleichbehandlungsgrundsatz nach dem bekannten Schema der **Rechtfertigung durch sachliche Gründe** zu prüfen.

2. Vermeidung von Missbrauch und ergänzende Bestimmungen

Die erwähnte Missbrauchsklausel der LR ist in deren Art 5 Abs 5 zu finden. Verglichen mit dem Vermeidungsgebot der Befristungs-RL gibt diese Bestimmung noch weniger Anhaltspunkte dafür, wie die MS Missbrauch entgegenwirken sollten.[189] Stattdessen grenzt der Wortlaut nur die Formen von Missbrauch ab, die verhindert werden müssen, nämlich einerseits die „**missbräuchliche Anwendung dieses Artikels**" (das bezieht sich offensichtlich auf die Nutzung von Ausnahmen von der Gleichbehandlung) und andererseits die **Umgehung** der RL durch **aufeinanderfolgende Überlassungen**. In Analogie zum Konzept der aufeinanderfolgenden Verträge im Rahmen des BRV (s Unterabschnitt VI.B.2.) wird dieser Ausdruck nur wiederholt Überlassungen desselben AN an ein bestimmtes entleihendes Unternehmen betreffen. Hinweise dazu, was als Missbrauch im Sinne dieser Bestimmung zu sehen ist, fehlen völlig.

---

186 Vgl *Vandenbrande/Vaes*, Implementing the New Temporary Agency Work Directive 8.
187 Vgl *Mazal*, AÜG-Novelle 2012: Keine Gleichstellung im Engelt bei doppelter Tarifbindung, Ecolex 2013, 100.
188 Vgl zu Interpretationsvorschlägen bezüglich dieses Kriteriums *Waas*, Der Gleichbehandlungsgrundsatz im neuen Arbeitnehmerüberlassungsgesetz, ZESAR 2012, 8 ff.
189 Vgl *Hamann*, ZESAR 2012, 106.

Unter den übrigen Bestimmungen der RL sei Art 6 Abs 1 genannt, der ein weiteres Element der Befristungs-RL übernimmt: AG haben **Informationen** über **frei werdende Stellen** in ihren Unternehmen stets an gegenwärtig beschäftigte Leih-AN zu übermitteln. Art 6 Abs 2 zielt darauf ab, dass Leiharbeit ihre politisch erwünschte Rolle bei der Schaffung dauerhafter Arbeitsplätze erfüllen kann: **Hindernisse** für die spätere **Einstellung eines bisherigen Leih-AN** durch das entleihende Unternehmen sind nicht zulässig. Mit Blick auf diese Vorschrift scheint die Praxis mehrerer Leiharbeitsunternehmen, im Falle einer solchen Einstellung Gebühren vom Entleiher zu erheben, fraglich. Jedenfalls untersagt Art 6 Abs 3 die Verschreibung von **Gebühren von AN** für die Gelegenheit, vom Leihunternehmen vermittelt zu werden.

Schließlich stellt Art 7 Mindestnormen für die Teilhabe von Leih-AN an Systemen der **kollektiven Interessenvertretung** auf. Dennoch können aus dem Wortlaut dieses Artikels keine konkreten Mitwirkungsrechte abgeleitet werden: Dieser erfordert lediglich, dass Leih-AN für die *Schwellenwerte*, die darüber entscheiden, ob in einem Unternehmen Organe von AN-Vertretern zu bilden sind, *mitgezählt* werden. Es liegt im Ermessen der Mitgliedstaaten, ob Leih-AN für die Schwellenwerte im Leiharbeits- oder im entleihenden Unternehmen (oder in beiden) berücksichtigt werden.

D. Telearbeit

Schließlich hat eine weitere atypische Form der Beschäftigung in den vergangenen Jahren zunehmende Aufmerksamkeit erhalten: Telearbeit. Die Attraktivität der Arbeitsleistung außerhalb der Räumlichkeiten des AG besteht insb in einem Gewinn an **Flexibilität** und effizienter **Arbeitsorganisation**. Darüber hinaus können AG von erwiesenermaßen geringeren Fehlzeiten von Tele-AN, der AN von Möglichkeiten zur Vereinbarung von Beruf und Privatleben und die Gesellschaft insgesamt von einer Reduzierung des Pendlerverkehrs profitieren.[190] Dem stehen Bedenken insb bezüglich der Ausübung von Kontrolle durch den AG und hinsichtlich Sicherheit und Gesundheit (einschließlich psychologischer Aspekte) gegenüber.

Telearbeit ist in den letzten Jahren eindeutig auf dem **Vormarsch** – wieder mit deutlichen Unterschieden zwischen den MS, wobei der Anteil der Erwerbstätigen, deren Arbeitszeit zu mindestens einem Viertel aus Telearbeit besteht, von 1,6 % in Bulgarien bis zu 15,2 % in der Tschechischen Republik reicht. Für bis zu 9 % der Erwerbsbevölkerung der MS besteht ihre Arbeitstätigkeit ausschließlich aus Telearbeit. Von anderen Formen atypischer Beschäftigung hebt sich Telear-

---

190 Vgl Eurofund, Telework in the European Union (2010) 18 ff.

VII. Atypische Beschäftigung

beit vor allem durch ihre Konzentration auf hochqualifizierte Arbeitsplätze in Bereichen wie Immobilien, Kredit- und Versicherungswesen sowie Bildung ab.[191]

Bis heute sind auf europäischer Ebene **keine verbindlichen Regeln** verabschiedet worden, um die Besonderheiten der Telearbeit zu regeln. Allerdings haben die europäischen Sozialpartner auch diese Form der Beschäftigung in einer Rahmenvereinbarung behandelt, die jedoch dem Rat nicht zur Annahme in Form einer RL vorgelegt wurde. Damit wurde die Rahmenvereinbarung über Telearbeit (TARV) im Jahr **2002** die erste „**freiwillige Vereinbarung**", die auf europäischer sektorübergreifender Ebene abgeschlossen wurde.

In evidentem Gegensatz zu den langwierigen und schließlich erfolglosen Verhandlungen über die LR wurde die TARV in weniger als einem Jahr abgeschlossen – mit einer Umsetzungsfrist, die 2005 endete. Ihr rechtlicher Status war im Hinblick auf Art 155 Abs 2 AEUV von Anfang an unklar und umstritten: Nach dieser Bestimmung sollen solche Vereinbarungen der europäischen Sozialpartner „nach den jeweiligen Verfahren und Gepflogenheiten der Sozialpartner und der MS" durchgeführt werden, ohne dass klare Verpflichtungen der MS oder mitgliedstaatlichen Sozialpartner bestehen (s dazu Unterabschnitt IX.A.2.). Die tatsächliche praktische Umsetzung in den MS wurde von einem gemeinsamen Bericht der europäischen Sozialpartner evaluiert:[192] Dieser stellte fest, dass die unterschiedlichen nationalen Ansätze von einer Einbeziehung der Prinzipien der TARV in bindende Rechtsvorschriften und/oder KollV bis hin zur Ausarbeitung unverbindlicher Leitlinien oder Verhaltenskodizes variierten.

§ 2 TARV definiert Telearbeit als Arbeit unter Verwendung von **Informationstechnologie**, die regelmäßig **außerhalb der Einrichtungen des AG** verrichtet wird. § 3 betont, dass im Allgemeinen keine der Parteien eines Arbeitsvertrags einen Anspruch darauf hat, Telearbeit zu verlangen, sodass die Voraussetzungen ihres Einsatzes gänzlich von individuellen Vereinbarungen der Parteien abhängen. Auch hier ist die Frage der **Gleichbehandlung** ein zentrales Anliegen: Diese ist in § 4 TARV in Bezug auf Beschäftigungsbedingungen und in § 11 im Hinblick auf kollektive Rechte vorgeschrieben.

Besondere Bedenken bestehen bei Maßnahmen eines AG, um Kontrolle über einen Arbeitsplatz auszuüben, der außerhalb seines unmittelbaren Einflussbereichs liegt und häufig kaum vom Privathaushalt des Tele-AN getrennt ist. § 5 TARV betont daher die Einhaltung von **datenschutzrechtlichen** Bestimmungen, über die der AN ordnungsgemäß informiert werden muss. Aus dem gleichen Grund betont § 6 das Recht des AN auf **Privatsphäre** und verweist speziell auf die RL 90/

---

[191] Vgl *Parent-Thirion* et al, Fourth European Working Conditions Survey (EWCS) 2005, abrufbar unter http://www.eurofound.europa.eu/pubdocs/2010/74/en/3/EF1074EN.pdf.

[192] Europäische Sozialpartner, Bericht über die Umsetzung der Europäischen Rahmenvereinbarung über Telearbeit (2006).

270/EWG über die Arbeit an Bildschirmgeräten, die insb die Information und Konsultation der zuständigen AN-Vertretung zu jeder Form der Überwachung des AN erforderlich macht. Dies verdeutlicht, dass das Hauptaugenmerk der Verfasser der RL nicht auf der Schaffung eines besonderen Regimes für Tele-AN lag, sondern vielmehr darauf, sicherzustellen, dass diese nicht von Normen im Rahmen der geltenden gesetzlichen Regelungen ausgeschlossen würden.

Die Regelung in § 8 zu **Sicherheit und Gesundheitsschutz** verlangt, dass AG, AN-Vertreter und/oder zuständige Behörden allesamt Zugang zum Telearbeitsplatz erhalten. Der AN hat das Recht, Inspektionen zu beantragen. Zusätzlich zu allgemein erforderlichen Vorkehrungen und Informationen über den Schutz von Gesundheit und Sicherheit hat der AG Maßnahmen zu ergreifen, um zu verhindern, dass Tele-AN vom Rest der Belegschaft des Unternehmens isoliert werden (§ 9 TARV).

VIII. Restrukturierung von Unternehmen

Das vorige Kapitel hat die Bemühungen der EU aufgezeigt, auf Veränderungen in der vertraglichen Gestaltung von Arbeitsverhältnissen auf dem europäischen Markt zu reagieren, dabei Flexibilität ermöglichen und gleichzeitig das notwendige Maß an Schutz für die AN sicherzustellen. Ein ähnlicher Ansatz wurde mit Blick auf die Veränderungen verfolgt, die mehr die *tatsächliche wirtschaftliche Situation* einzelner AG in der EU betreffen.

Im Laufe der 1970er Jahre wurde zunehmend deutlich, dass ein immer größerer Teil der europäischen Unternehmen bereit oder gezwungen war, in der einen oder anderen Weise Restrukturierungen vorzunehmen.[193] Die Gründe hierfür hatten in erheblichem Maße mit den spezifischen Merkmalen des **gemeinsamen Marktes der EG** zu tun: Einerseits eröffnete dieser erweiterte Möglichkeiten von Betriebsübergängen, Verschmelzungen, Standortverlagerungen etc, andererseits setzte er Unternehmen auch zunehmendem Wettbewerb aus, was vielfach zu Rationalisierungen, Personalabbau und schließlich auch Insolvenzen führte.

Es versteht sich von selbst, dass jede der genannten Formen der Restrukturierung schwerwiegende Folgen für die Beschäftigten des Unternehmens haben kann, darunter insb den Verlust des Arbeitsplatzes oder die Verschlechterung der Arbeitsbedingungen. Ein wesentlicher Impuls für rechtliche Maßnahmen auf EU-Ebene wurde durch den groß angelegten Stellenabbau eines führenden europäischen multinationalen Unternehmens (AKZO) im Jahr 1973 gegeben: Dabei war offensichtlich, dass das Unternehmen die großen Unterschiede zwischen den Rechtssystemen der einzelnen Mitgliedstaaten zu nutzen wusste. Im Ergebnis wurde Belgien als der Ort ausgewählt, an dem das Unternehmen die geplanten Kürzungen vornahm und sämtliche Mitarbeiter entließ, denn andere MS hätten im Falle von Massenentlassungen strengere und aufwändige Verfahren vorgesehen.[194]

Damit wurde deutlich, dass ein gewisses Maß an **Harmonisierung** der nationalen Rechtsvorschriften über den **Schutz** von Beschäftigten im Falle von Restrukturierungen im Interesse aller MS lag. Die Stoßrichtung der EU-Rechtsetzung war daher wieder eine stark wettbewerbsorientierte – ausgehend von der Überlegung, dass weder die ursprüngliche Investitionsentscheidung eines Unternehmens

---

193 Vgl *Gold*, Employee Participation in the EU 17.
194 Vgl *Heinsius*, Commentary on the EU Court's decision in Fujitsu, European Company Law 7/4 (2010) 165.

noch die Entscheidung darüber, wo Maßnahmen der Restrukturierung vorgenommen werden, auf Unterschieden der nationalen Arbeits- und Sozialrechtsordnungen basieren sollten. Die Bereiche, die gemäß diesem Ansatz geregelt wurden, wurden seit den 1980er Jahren nicht mehr erweitert: Sie betreffen **Massenentlassungen, Unternehmens-/Betriebsübergänge und Zahlungsunfähigkeit eines AG**.

Die Bedeutung der einzelnen RL in diesen Bereichen variiert zwischen den EU-Staaten, vor allem aufgrund unterschiedlich ausgeprägter innerstaatlicher Rechtstraditionen des Schutzes von AN in diesem Rahmen. Jedenfalls hat speziell die Betriebsübergangs-RL mehr und mehr eine zentrale Rolle im Wirtschaftsleben aller MS eingenommen.

A. Massenentlassungen

In Anbetracht der zunehmenden Häufigkeit von Betriebsschließungen oder Rationalisierungsmaßnahmen wie im genannten Fall *AKZO*, die zu konzentrierten Entlassungen von AN in großer Zahl in ganz Europa führten, wurde diese Frage als Erste vom EG-Gesetzgeber einer Regelung zugeführt. Das Hauptziel der Akteure auf europäischer Ebene war es, Transparenz über geplante Massenkündigungen zu gewähren, um frühzeitig Maßnahmen durch AN-Vertreter sowie öffentliche Institutionen zu ermöglichen, die als Folge der Kündigungen mit der schwierigen Situation einer größeren Zahl von Arbeitssuchenden in einem bestimmten Sektor rechnen mussten. Die **Massenentlassungs-RL (MER)** wurde Mitte der 1970er Jahre verabschiedet, mehrfach geändert und steht derzeit in der Fassung der **RL 98/59/EG** in Geltung.

1. Konzept der Massenentlassung

Die RL erfasst alle AN, wobei in Ermangelung einer eigenständigen Definition wohl von der autonomen Definition des EuGH auszugehen ist. Ausgenommen sind AN der öffentlichen Verwaltung und von öffentlichen Einrichtungen – und somit auch Mitarbeiter eines US-Militärstützpunktes (Rs *USA v Nolan*). Der der RL zugrunde liegende Ansatz der Minimalharmonisierung zeigt sich bereits in der Tatsache, dass sie keine einheitliche **Definition der Entlassungen** gibt, auf die sie anzuwenden ist. Der Begriff der Massenentlassungen wird in Art 1 Abs 1 lit a MER umschrieben, der eine bestimmte Anzahl von Kündigungen aus **Gründen**, die „nicht in der Person der AN liegen", voraussetzt. Damit wird klargestellt, dass die RL ausschließlich auf betriebswirtschaftlich motivierten Personalabbau abzielt, nicht auf Beendigungen aufgrund von Problemen im individuellen Arbeitsverhältnis.

Der EuGH hat dem Begriff der Entlassung ein sehr breites Verständnis zugrunde gelegt: Danach ist **jede vom AN nicht gewollte Beendigung** des Arbeitsverhältnisses erfasst, selbst wenn sie ohne oder gegen den Willen des AG erfolgt (vgl Rs *Kommission v Portugal 2004*). Daher fällt insb die endgültige **Stilllegung eines Unternehmens,** die zur automatischen Beendigung sämtlicher Arbeitsverhältnisse führt, in den Anwendungsbereich der RL (vgl Rs *Agorastoudis*). Was den Fall einer Betriebsschließung durch gerichtliche Entscheidung anlangt, so wird dessen Relevanz für die MER nunmehr durch Art 3 Abs 1 bestätigt, der Sonderregeln für eine solche Situation enthält (s den nächsten Abschnitt). Diesen sehr breiten Ansatz hat der EuGH später teilweise relativiert, indem er feststellte, dass eine Beendigung als automatische Folge des Todes eines AG außerhalb des Konzepts der Entlassung gem Art 1 MER liegt (Rs *Rodriguez Mayor*). Daraus folgt, dass ein gewisses Maß an Vorhersehbarkeit der Beendigung des Arbeitsverhältnisses für den AG eine logische Voraussetzung für die Anwendbarkeit der RL ist.

In ihrer jetzigen Form zeugt die RL außerdem von dem Ziel, ihre Anwendbarkeit auch in den Fällen sicherzustellen, in denen es dem AG gelingt, Einvernehmen über die Beendigung mit einem Teil seiner AN herzustellen: Vorausgesetzt, dass mindestens fünf AN von einer „echten" (dh gegen ihren Willen erfolgenden) Entlassung betroffen sind, werden **andere Beendigungen** von Arbeitsverhältnissen auf **Initiative des AG** für die Anwendbarkeit des MER mitgezählt, so als würde es sich auch dabei um Entlassungen handeln.

Die erforderliche Anzahl von Entlassungen ist auf Basis von Art 1 Abs 1 zu beurteilen, der den MS ermöglicht, zwischen zwei **Berechnungsmethoden** zu wählen. Eine Massenentlassung iSd RL liegt demnach vor, wenn

- entweder innerhalb einer Frist von **30 Tagen 10 %** der Belegschaft eines Unternehmens entlassen werden. Dabei sind Entlassungen von weniger als zehn Beschäftigten generell aus dem Anwendungsbereich der RL ausgenommen, während die Kündigung von 30 oder mehr Arbeitsverträgen jedenfalls erfasst ist;
- oder ein Unternehmen innerhalb von **90 Tagen** mindestens **20 Beschäftigte** erlässt.

Wie aus dieser Definition hervorgeht, kann die RL nicht dadurch umgangen werden, dass Entlassungen nicht gleichzeitig, aber in einem sehr engen zeitlichen Zusammenhang ausgesprochen werden.

Der Begriff des **Betriebs** wird nicht durch die MER definiert. In Bezug auf eine Konzernstruktur mit mehreren Betriebsstätten hat der EuGH entschieden, dass die genannten Zahlen auf die Einheit zu beziehen sind, der die betroffenen AN „zur Erfüllung ihrer Aufgabe angehören", auch wenn Entscheidungen über Personalfragen nicht dort, sondern zentral auf Konzernebene gefällt werden (Rs *Rockfon*).

2. Pflichten des AG

Es sei betont, dass die MER die Freiheit von Unternehmen, wirtschaftliche Entscheidungen zu treffen, unberührt lässt. Die RL enthält keine Verpflichtung des AG, Massenentlassungen zu vermeiden oder auch nur konkrete Maßnahmen zu ergreifen, um die Situation der betroffenen AN zu erleichtern. Vielmehr beschränkt sie sich darauf, prozedurale Standards vorzuschreiben, um die frühzeitige Einbindung derjenigen Akteure zu gewährleisten, die solche Maßnahmen einfordern oder unterstützen können.

Dies betrifft in erster Linie den Betriebsrat bzw ähnliche Einrichtungen oder Organisationen der **AN-Vertretung**, wie sie im jeweiligen MS existieren. Art 2 MER legt Standards der Information und Konsultation dieser Vertreter fest. **Informationen** in diesem Sinne muss gemäß Art 2 Abs 1 insb die folgenden Bereiche umfassen:

- die **Gründe** für die geplanten Entlassungen,
- die **Zahl und Kategorien** der zu entlassenden AN mit Bezug auf die gesamte Belegschaft des Betriebes,
- den für die Entlassungen vorgesehenen **Zeitraum,**
- die **Kriterien**, die für die Auswahl der betroffenen AN vorgesehen sind, und
- Angaben über etwaige freiwillige **Abfindungen** und die Methode ihrer Berechnung.

Diese Informationen bilden die Grundlage für die **Konsultationen**, die der AG nach Art 2 Abs 1–2 zu führen hat. Die Konsultationen müssen zumindest auf Vorschläge der AN-Vertreter zur **Vermeidung** von Entlassungen und/oder zur **Milderung der Folgen** für die betroffenen AN eingehen. Es muss jedoch ausdrücklich darauf hingewiesen werden, dass Konsultation in diesem Sinne iW auf ein Recht, gehört zu werden, hinausläuft: Die MER verlangt nicht, dass Verhandlungen mit AN-Vertretern auch zu einem bestimmten Ergebnis führen, sodass die Entlassungen auch vorgenommen werden können, wenn zwischen den Parteien keine Einigung (zB in Form eines Sozialplans) zu erzielen ist.

Art 2 Abs 1 MER betont, dass die Bereitstellung von Informationen und das Angebot, Konsultationen zu eröffnen, **rechtzeitig** geschehen müssen. Diese Bestimmung wurde vom EuGH in der Rs *Fujitsu Siemens* dahingehend interpretiert, dass diese Verpflichtungen entstehen, sobald Massenentlassungen im Sinne der RL **ins Auge gefasst bzw geplant** werden. Dieses *Ins-Auge-Fassen* erfordert mehr als eine vage Vorstellung von der Zweckmäßigkeit eines Personalabbaus in der Zukunft. Umgekehrt ist es definitiv nicht ausreichend, Information und Konsultation erst dann anzubieten, wenn eine endgültige Entscheidung über die Entlassungen bereits von dem dafür zuständigen Organ des AG getroffen worden ist (s auch Rs *Junk*). Dies ergibt sich aus dem Erfordernis, dass die Verhandlungen auch die Frage der *Vermeidung* von Massenentlassungen abdecken sollen, was voraussetzt, dass diese nicht schon im Voraus feststehen. In den Worten des EuGH ist der entscheidende Moment erreicht, wenn eine **strategische Entscheidung** oder Änderung der Geschäftstätigkeit den AG **zwingt**, Massenentlassungen ins Auge zu fassen. Es versteht sich von selbst, dass es faktisch idR unmöglich sein wird, zu beurteilen, bis zu welchem Grad die Entscheidung des AG bei Beginn der Konsultationen schon fixiert ist, außer wenn offensichtlich bereits Schritte zur Durchführung der Entlassungen gesetzt wurden.

Wie oben dargelegt, ist die RL auch bei einer Beendigung des Arbeitsverhältnisses ohne oder gegen den Willen des AG anwendbar. In diesen Fällen wird die Informationspflicht dann entstehen, wenn der AG über die Umstände informiert wird, die ihn zur Einplanung von Beendigungsmaßnahmen zwingen. Eine besondere Situation liegt vor, wenn ein AG nicht eigenständig über seine Personalpolitik entscheiden kann, weil er Teil eines hierarchisch strukturierten **Konzerns** ist. Dabei kann der AG formal aufgrund vertraglicher Vereinbarungen verpflichtet sein, Entlassungen entsprechend der Entscheidung eines Mutterunternehmens durchzuführen. Nach dem EuGH reicht aber auch schon die **faktische Kontrolle** eines Unternehmens über das andere aus, um die spezifischen Rechtsfolgen des Art 2 Abs 4 MER anzuwenden: Danach wird die Verpflichtung zur Einbeziehung der AN-Vertreter bereits durch den entsprechenden Planungsprozess (*Ins-Auge-Fassen*) im *Mutterunternehmen* ausgelöst, welches die Entscheidung tatsächlich trifft. Art 2 Abs 4 stellt klar, dass das Verabsäumen der rechtzeitigen Information und Konsultation **nicht** durch die Tatsache **gerechtfertigt** werden kann, dass der AG vom Mutterunternehmen nicht ausreichend über deren Pläne **informiert wurde**.

Umgekehrt hat die *Fujitsu-Siemens*-Entscheidung auch klargestellt, dass die Bestimmung des Art 2 Abs 4 MER dem Betriebsrat des betreffenden Unternehmens keinen direkten Zugriff auf die Muttergesellschaft gewährt: Information und Konsultation sind immer noch eine Verpflichtung des unmittelbaren AG. Art 2 Abs 4 stellt lediglich den Zeitpunkt fest, zu dem sie verbindlich werden – iW in dem Moment, in dem ein konkretes **Tochterunternehmen** für die Vornahme von Massenentlassungen **identifiziert** wurde. Im Ergebnis sind die AN-Vertreter gezwungen, ihre Vorschläge zur Vermeidung oder Entschärfung von Massenentlassungen einem AG zu unterbreiten, der uU selbst keinerlei Einfluss auf diese Fragen hat.

Kündigungen können erst ausgesprochen werden, sobald das **Konsultationsverfahren abgeschlossen** ist (s Rs *Junk*). Da, wie erwähnt, die RL kein bestimmtes Ergebnis der Konsultationen verlangt, wird dies voraussetzen, dass der AG den Vertretern zumindest ausreichend Zeit gibt, um ihre Vorschläge zu erarbeiten, und auf die präsentierten Vorschläge angemessen reagiert.

Abgesehen von AN-Vertretern haben auch **staatliche Institutionen** der Arbeitsmarktverwaltung ein wichtiges Interesse, Informationen über Massenentlassungen möglichst früh zu erhalten. Im Gegensatz zu den AN-Vertretern soll diesen Behörden dadurch kein Einfluss auf die Entscheidung des AG gegeben werden; vielmehr ist ihre vorzeitige Einbindung entscheidend für die Vorbereitung der anspruchsvollen Aufgabe, den Übergang einer größeren Anzahl von AN auf einen neuen Arbeitsplatz zu planen. Dementsprechend stellt Art 3 MER für die Benachrichtigung der zuständigen Behörde kein Rechtzeitigkeitserfordernis auf: Es reicht aus, wenn der AG der Behörde seine bereits **feststehende Entscheidung** über Massenentlassungen **mitteilt**, und es schadet auch nicht, wenn zu dem Zeitpunkt die Kündigung gegenüber den einzelnen AN bereits ausgesprochen wurde (s Rs *Junk*).

Eine zeitige Information auch der zuständigen Behörden wird hingegen durch Art 4 Abs 1 MER sichergestellt: Die beabsichtigten Entlassungen werden erst **30 Tage nach** dem Zeitpunkt, zu dem der AG seine **Anzeigepflicht** erfüllt hat, **rechtswirksam**. Diese 30-Tage-Frist kann von den zuständigen Behörden verlängert werden. Dies bedeutet, dass die Anzeige nach Art 3 MER, im Gegensatz zu den Pflichten gemäß Art 2, eine unerlässliche Voraussetzung für die rechtliche Beendigung der Arbeitsverhältnisse ist. Mit Blick auf die Möglichkeit der Verlängerung empfiehlt es sich daher für den betroffenen AG, seinen Verpflichtungen aus Art 3 so bald wie möglich nachzukommen, um eine unerwartete Verzögerung der Entlassungen zu vermeiden.[195]

Eine Ausnahme von der Meldepflicht kann durch innerstaatliches Recht gewährt werden, wenn Entlassungen durch eine gerichtliche Schließung des Betriebs bedingt sind: In diesem Fall muss der AG eine formale Anzeige nur auf Anfrage verfassen (Art 3 Abs 1 MER).

3. Anwendung der Massenentlassungs-RL

Art 5 MER ist Ausdruck des erwähnten Konzepts der Minimalharmonisierung: Es steht den MS frei, Regelungen einzuführen, die AN ein **höheres Schutzniveau** bieten als die Mindeststandards der RL – zB weitergehende Informations- und Konsultationspflichten oder die in der Praxis häufigen obligatorischen Abfindungszahlungen durch den AG.

Da es EU-rechtlich insb keinen Einfluss auf die Gültigkeit der Kündigungen hat, wenn der AG es verabsäumt, die AN-Vertreter zu konsultieren, muss das nationale Recht **effektive Sanktionen** für derartige Verstöße und Verfahren zu ihrer Durchsetzung im Sinne von Art 6 MER vorsehen. Allerdings ist der nationale Gesetzgeber nicht verpflichtet, solche Verfahren *sowohl* einzelnen AN *als auch* ihren Vertretungskörpern zur Verfügung zu stellen: Der Wortlaut des Art 6 gibt ihnen

---

[195] Zu den Vorteilen einer frühzeitigen Konsultation der Vertreter vor dem durch die RL vorgeschriebenen Zeitpunkt s *Heinsius*, Commentary on the EU Court's decision in Fujitsu 169 ff.

die Wahl. Der EuGH hat in der Rs *Mono Car Styling* bestätigt, dass eine Rechtsordnung, die dem einzelnen AN für den Fall der Nichtbeachtung der RL keinerlei Rechtsmittel zugesteht, damit weder den Grundsatz der Effektivität noch Art 6 EMRK verletzt.

B. Betriebsübergang

Die zweite Art der Restrukturierung von Unternehmen, die von der EU bald nach der Verabschiedung der MER geregelt wurde, betrifft Änderungen in der Inhaberstruktur eines Unternehmens, in dem ein AN bisher tätig war. Das Ziel der **Betriebsübergangs-RL (BÜR – derzeit RL 2001/23/EG)** ist es, sicherzustellen, dass solche AN weiterhin in ihrer bisherigen Funktion für den Erwerber (neuen Inhaber) arbeiten können – ungeachtet der Tatsache, dass ihr Arbeitsvertrag ursprünglich mit dem Veräußerer abgeschlossen wurde. Offensichtlich geht eine solche Konsequenz weit über den ausschließlich prozeduralen Ansatz der MER hinaus, weshalb die BÜR auch in der mitgliedstaatlichen und europäischen Judikatur der letzten Jahrzehnte eine weit wichtigere Rolle gespielt hat.

1. Konzept des Betriebsübergangs

Einer der wichtigsten Streitpunkte, der immer noch laufend für Fragen und Unsicherheiten sorgt,[196] ist die Frage, was ein „Betrieb" iSd RL ist und unter welchen Umständen anzunehmen ist, dass dieser auf einen neuen Inhaber übergegangen ist.

Beide Fragen werden prinzipiell in Art 1 BÜR behandelt. Gegenstand der RL sind demnach **Unternehmen, Betriebe oder Teile** von diesen. In Übereinstimmung mit der stRsp des EuGH, verlangt Art 1 lit b die Existenz einer „**wirtschaftlichen Einheit**", die als eine organisierte Zusammenfassung von Ressourcen zur Verfolgung einer wirtschaftlichen Tätigkeit definiert wird. Um zumindest einen übertragbaren *Betriebsteil* darzustellen, muss eine Einheit nach der Rsp **hinreichend strukturiert und unabhängig** sein. Die entscheidende Frage ist daher, ob die Funktion, die dieser Teil erfüllt, sinnvoll von den anderen Aktivitäten einer größeren Unternehmensstruktur abgegrenzt werden kann. Darüber hinaus ist ein gewisses Maß an **Dauerhaftigkeit** erforderlich (s Rs *Rygaard*: ein einziges Bauprojekt stellt keine wirtschaftliche Einheit dar). Im Gegensatz dazu ist eine bestimmte Mindestgröße des Betriebsteils nicht zwingend – ein solcher kann im Extremfall aus einer einzelnen Person bestehen, die in einem Unternehmen eine klar abgegrenzte Funktion ausübt (s Rs *Christel Schmidt* zu Reinigungsarbeiten).

Schließlich sind nach Art 1 lit c BÜR **öffentliche Unternehmen** ebenso erfasst wie private, außer wenn es sich ausschließlich um eine Übertragung von Verwal-

---

196 Vgl *Beltzer*, Transfers of Undertakings – Recent Developments at the European Level, European Employment Law Cases 44/2009, 9.

tungsaufgaben handelt (s Rs *Henke*[197]). Dies ist iW dann der Fall, wenn die betroffenen AN zur Gänze mit Hoheitsfunktionen betraut sind. Daher fällt die Privatisierung ehemals öffentlich bereitgestellter *Dienstleistungen* immer in den Anwendungsbereich der RL.

Wenn nun die Existenz einer wirtschaftlichen Einheit feststeht, ist im nächsten Schritt zu klären, ob diese Einheit tatsächlich iSv Art 1 BÜR „übergegangen" ist. Der Wortlaut des Abs 1 („durch **vertragliche Übertragung oder durch Verschmelzung**") scheint einen solchen Übergang von bestimmten Formen vertraglicher Vereinbarungen abhängig zu machen. Eine solche Auslegung stünde jedoch diametral dem Ansatz des EuGH entgegen, dessen sehr weites Verständnis das wirtschaftliche Ergebnis und nicht die rechtliche Gestaltung einer Übertragung zentral setzt.

Seit dem Urteil in der Rs *Spijkers* Mitte der 1980er Jahre wird die Beurteilung eines Übergangs anhand von sieben Faktoren vorgenommen, welche bestimmen, ob ein Unternehmen seine *Identität* bewahrt, wenn es seinen (wirtschaftlichen) Inhaber wechselt. Diese sogenannten *Spijkers*-**Faktoren** umfassen

- die **Art** des Unternehmens oder Betriebes,
- den Übergang **materieller Aktiva** (Gebäude, Fahrzeuge, Maschinen etc),
- den Übergang **immaterieller Aktiva** (etwa Firmenwert und Lizenzen, vor allem aber Know-how),
- die Übernahme eines wesentlichen Teils der **Belegschaft,**
- den Übergang der **Kundschaft** (durch Übertragung von Kundenverzeichnissen und/oder die Empfehlung des neuen Inhabers gegenüber den Kunden),
- den Grad der **Ähnlichkeit** der nach dem Übergang verrichteten Tätigkeit und
- die Dauer einer eventuellen **Unterbrechung** dieser Tätigkeit (nach dem *Spijkers*-Urteil schadet eine Unterbrechung von einigen Wochen nicht).

Selbstverständlich werden in der Praxis in den wenigsten Fällen all diese Kriterien vollumfänglich erfüllt. In Übereinstimmung mit der stRsp des EuGH müssen die Kriterien dann in einem **beweglichen** System gegeneinander abgewogen werden, wobei die entscheidende Frage ist, welche der genannten Kriterien die Essenz der wirtschaftlichen Tätigkeit eines spezifischen Unternehmens bilden.

Das einzige Element unter den *Spijkers*-Faktoren, das als unverzichtbar für die Annahme einer Übertragung eines Betriebs(teils) angesehen werden kann, ist die Fortsetzung (in etwa) **gleichwertiger Tätigkeiten** durch den neuen Inhaber. Dies schließt nicht aus, dass nach der Übertragung einige der alten Funktionen abgeschafft werden, oder umgekehrt, dass der Betrieb Teil eines größeren Unternehmens wird, das auch andere Funktionen erfüllt. In *Klarenberg* entschied der

---

[197] Vgl *Zimmermann/Hofmann*, Betriebsübergänge im kommunalen Bereich, Kommunaljurist 2009, 1 ff.

EuGH, dass eine ausreichende *funktionale Verbindung* zwischen der Situation vor und derjenigen nach der Übertragung auch dann erhalten werden kann, wenn die einzelnen AN des Veräußerers in die größere Struktur eines bestehenden Unternehmens eingegliedert werden. Dafür müssen die betroffenen AN einzeln betrachtet gleichartige Funktionen wie zuvor ausüben, die zueinander in einem ähnlichen Verhältnis stehen wie im ursprünglichen Betrieb.[198]

Bei näherer Betrachtung des mittlerweile sehr umfangreichen Judikaturbestands zur Frage des Betriebsübergangs fällt auf, dass der EuGH in seiner Begründung idR von einer Dichotomie zwischen **„materialintensiven"** und **„arbeitsintensiven"** Unternehmen ausgeht. Erstere Unternehmen sind für ihr Funktionieren so sehr von ihren *materiellen Aktiva* abhängig, dass sie nur durch die Übertragung eines wesentlichen Teils dieser Vermögenswerte übergehen können (s Rs *Liikenne* zu einem Busunternehmen und Rs *Abler* zum Betrieb einer Krankenhausküche[199]). Für diesen Typ von Unternehmen ist der Transfer von *Personal* weder erforderlich noch ausreichend. Im Gegensatz dazu hängt der Übergang von *arbeitsintensiven* Unternehmen (zB Reinigungsgewerbe – Rs *Süzen* – oder Leiharbeit – Rs *Jouini*) gänzlich oder hauptsächlich davon ab, ob der Erwerber einen „nach Zahl und Sachkunde" wesentlichen Teil des Personals des Veräußerers übernimmt. Dies bedeutet, dass die *Beachtlichkeit* der Personalübernahme in diesem Zusammenhang nicht einfach im Sinne einer numerischen Mehrheit beurteilt werden kann: vielmehr ist essentiell, ob die Übertragung auch diejenigen AN betrifft, die von struktureller Bedeutung für das Unternehmen sind (Führungskräfte, AN mit wichtigem Know-how).

Im Vergleich dazu befasst sich ein bescheidenerer Teil der Judikatur mit der Bedeutung von **immateriellen Vermögenswerten** und dem Übergang der **Kundschaft**. Doch es gibt auch Fälle, in denen eben diese Aspekte als für die Identität des Unternehmens wichtiger als AN oder Sachanlagen erachtet wurden: Vgl zB die Entscheidung des EuGH in der Rs *Merckx & Neuhuys*, in der der Gerichtshof den Übergang einer wirtschaftlichen Einheit auf der Grundlage bejahte, dass der neue Inhaber neben einer Vertriebsberechtigung für Kraftfahrzeuge 14 von insgesamt 64 AN übernommen hatte und vom Veräußerer an dessen wichtigste Kunden empfohlen wurde.

Natürlich bedeutet diese stark ergebnisorientierte Sichtweise des Gerichtshofs, dass den **vertraglichen Beziehungen** zwischen dem alten und dem neuen wirtschaftlichen Inhaber des Betriebs kein größeres Gewicht beigemessen wird. Der EuGH stützt diese Auslegung auf einen Vergleich der Bedeutung von „Übergang" in den verschiedenen Sprachfassungen der BÜR und den Zweck der RL (Schutz

---

198 Krit zu diesem Urteil *Tamm*, Europarechtliche Vorgaben für den Betriebsübergang, ZESAR 2012, 151 ff.
199 Vgl *Bauer*, Christel Schmidt lässt grüßen: Neue Hürden des EuGH für Auftragsvergabe, NZA 2004, 14 ff, zur kontroversen Beurteilung des Standpunktes des EuGH in der Literatur.

der AN im Falle des Wechsels des AG). Auch das völlige Fehlen einer unmittelbaren vertraglichen Beziehung ist nicht schädlich für das Konzept des Betriebsübergangs (s Rs *Daddy's Dance Hall* zur Neuverpachtung eines Restaurants und Rs *Redmond Stichting* zur Übertragung einer staatlichen Subvention auf einen neuen Empfänger). Aber auch in diesen Fällen ist eine bloße Übertragung von *Funktionen* nie ausreichend für die Annahme der Übertragung einer wirtschaftlichen Einheit. Daher kommt es nicht zu einem Betriebsübergang, wenn zB ein Auftrag für Reinigungsdienste an ein neues Unternehmen vergeben wird, welches diese am gleichen Ort und in der gleichen Weise wie sein Vorgänger durchführt, sofern keine „Substanz" (Vermögenswerte, Personal etc) vom alten Auftragsnehmer auf den neuen übertragen wird (vgl Rs *CLECE*).

2. AN des Unternehmens

Die Abgrenzung der Personen, die durch die RL begünstigt werden, wird im Detail wieder dem nationalen Recht überlassen: Art 2 Abs 1 lit d BÜR verweist auf **Personen**, die nach dem **Recht der MS** unter den Schutz des **Arbeitsrechts** fallen, wobei der Ausschluss von atypischen AN durch Art 2 Abs 2 untersagt ist. Angesichts der jüngeren Rsp des EuGH zu vergleichbaren Klauseln (Rs *Adeneler*, *O'Brien* – s Unterabschnitt VI.A.1.) ist es wahrscheinlich, dass jede spürbare Beschränkung des persönlichen Geltungsbereichs durch eine restriktive Begriffsdefinition am *Effet-utile*-Prinzip gemessen werden muss. Jedenfalls lässt der dem nationalen Gesetzgeber eingeräumte Spielraum nicht die Einführung von speziellen Ausnahmen von einer sich weiten Definition nur für den Geltungsbereich der RL zu (s Rs *Wagner Miret*).

Ein kürzlich ergangenes Urteil (Rs *Albron*) hat letzten Endes die Relevanz der innerstaatlichen Definition des Arbeitsvertrags deutlich vermindert: Aus der Formulierung des Art 3 Abs 1 BÜR („Arbeitsvertrag *oder* Arbeitsverhältnis") hat der EuGH gefolgert, dass ein **Arbeitsverhältnis** als Grundlage für die Anwendung der RL **auch ohne eine vertragliche Beziehung** zwischen dem AN und dem Veräußerer bestehen kann. Daher ist ein AN auch geschützt, wenn er einen Arbeitsvertrag mit einer Muttergesellschaft abgeschlossen hat, der Betriebsübergang hingegen nur die Tochtergesellschaft betrifft, für die er tatsächlich tätig wird.[200]

3. Rechtsfolgen

Wie oben bereits angedeutet, ist die wichtigste Konsequenz eines Betriebsübergangs, dass alle AN und der **Inhalt ihrer Verträge** gleichermaßen und automa-

---

200 Zu den Folgen dieser Entscheidung für mehrere MS vgl *Knipschild/van Fenema*, Albron: The Transferor, the Employment Relationship and the Principle of Protection (2011), abrufbar unter http://www.kennedyvanderlaan.nl/NR/rdonlyres/53FF25B3-3B35-4ECA-8DD1-528EBC542229/0/AlbronTheTransferortheEmploymentRelationshipandthePrincipleofProtection.pdf, 6 ff.

tisch auf den **neuen Inhaber übergehen**. Im Falle einer Übertragung eines bloßen *Teils* eines bestimmten Unternehmens muss die Verbindung eines einzelnen AN mit der Funktion dieser wirtschaftlichen Einheit beurteilt werden: AN, die bisher nur gelegentlich Aufgaben im übertragenen Teil ausgeführt haben, verbleiben zur Gänze beim Veräußerer. Ein teilweiser Übergang nur für die im übertragenen Teil bisher ausgeübten Tätigkeiten ist nicht möglich (s Rs *Botzen*). Neben der fortgesetzten Anwendbarkeit aller Elemente der individuellen Arbeitsverträge normiert Art 3 Abs 3 BÜR den Fortbestand der Rechte aus einem **KollV**, dem der Veräußerer unterworfen war. Dieser Fortbestand ist jedoch nur gültig, solange kein **anderer KollV** den neuen AG bereits direkt bindet (dann kommt es sofort zum KollV-Wechsel), und dauert höchstens bis zum Ablauf des alten KollV. Darüber hinaus haben die MS die **Möglichkeit**, die Anwendbarkeit des ehemaligen KollV auf **ein Jahr zu begrenzen**. Diese Bestimmungen, die das Prinzip der Fortgeltung von Rechten und Pflichten in Sektoren, die stark durch KollV bestimmt werden, doch sehr wesentlich beeinträchtigen, wurden durch eine kürzlich ergangene Entscheidung des EuGH in Frage gestellt. Nach dieser Entscheidung (Rs *Scattolon*) verbietet es das *Effet-utile*-Prinzip, dass die Anwendung eines neuen KollV nach dem Übergang zu einer erheblichen Reduzierung des Grundentgelts des AN führt.[201] Freilich sind die genauen Grenzen dieses Kriteriums der „**erheblichen Kürzungen des Arbeitsentgelts**" gegenwärtig unklar.

Abgesehen von KollV kennt Art 3 BÜR eine weitere Ausnahme vom Grundsatz der Fortgeltung von Rechten in seinem Abs 4: **Betriebliche Rentenansprüche** müssen nur dann übertragen werden, wenn das nationale Recht dies ausdrücklich vorschreibt. Allerdings verpflichtet Art 3 Abs 4 lit b die MS, durch (andere) Maßnahmen sicherzustellen, dass die Interessen derjenigen, die von dem Rentensystem erfasst waren, geschützt werden (vgl Rs *Kommission v Italien 2009*). Mit Blick auf die iW idente Formulierung des Art 8 Insolvenz-RL liegt es nahe, die dazu ergangene Judikatur auch hier zu berücksichtigen: Danach verletzt ein MS seine Pflicht, Maßnahmen zum Schutz betrieblicher Rentenansprüche zu treffen, wenn nicht einmal eine Ersatzleistung in halber Höhe gewährleistet wird (s Unterabschnitt VII.C.1.).

Der Übergang von Rechten gemäß Art 3 BÜR wird durch das **Verbot von Kündigungen aus dem Grund der Übertragung** in Art 4 Abs 1 ergänzt. Eine Kündigung des Arbeitsvertrages aus **wirtschaftlichen, technischen oder organisatorischen Gründen** ist jedoch möglich, auch wenn diese Gründe auf die eine oder andere Weise mit der Tatsache der Übertragung verbunden sind – zB wenn ein AN nicht mehr gebraucht wird oder weil seine Aufgaben im bestehenden Unternehmen des Erwerbers bereits von einem anderen AN ausgeführt werden. Der EuGH

---

[201] Vgl zur Bedeutung dieses Urteils für die MS *Felten*, Anmerkung zu EuGH, Rs C-108/10, ZESAR 2012, 139 ff.; *Winter*, Betriebsübergang und Tarifvertragsersetzung – was ergibt sich aus dem Urteil Scattolon?, RdA 2013, 36 ff.

hat etwa auch eine Entlassung aufgrund der Nichtübertragbarkeit der Geschäftsräume, in denen der AN gearbeitet hatte, zugelassen (Rs *Kirtruna*): Obwohl die Einstellung der Betriebstätigkeiten an diesem Standort allein durch den Betriebsübergang bedingt war (weil der Eigentümer der Räumlichkeiten einer Übertragung des Mietvertrages an den Erwerber nicht zustimmte), war die Entlassung als solche unabhängig vom Betriebsübergang notwendig.

Grundsätzlich können Kündigungen aus wirtschaftlichen, technischen oder organisatorischen Gründen sowohl durch den **Veräußerer** als auch durch den **Erwerber ausgesprochen** werden (s Rs *Dethier*). Dennoch erwecken „vorsorgliche" Kündigungen durch den Veräußerer idR den Verdacht der Unzulässigkeit, weil es im Grunde Sache des Erwerbers ist, zu beurteilen, ob ein AN in dem Unternehmen nach der Übertragung benötigt wird. Die Entlassung von AN, um das Unternehmen besser verkäuflich zu machen, stünde jedenfalls in Widerspruch zu Art 4.[202] Wenn nun eine solche Kündigung unter Verletzung der BÜR ausgesprochen wurde, muss das Arbeitsverhältnis als ununterbrochen angesehen werden, sodass alle Rechte aus dem ursprünglichen Arbeitsvertrag entsprechend Art 3 BÜR sofort gegenüber dem neuen AG bestehen (vgl Rs *Bork*).

Eine letzte Frage in diesem Zusammenhang bezieht sich auf Situationen, in denen der **AN es ablehnt**, durch den Erwerber übernommen zu werden. Hier hat die Rsp bestätigt, dass im Prinzip die Übertragung des Vertragsverhältnisses unabhängig vom Willen aller Parteien ist („**Eintrittsautomatik**"). Es ergibt sich aus der Rs *Katsikas*, dass es grundsätzlich dem nationalen Gesetzgeber überlassen ist, die Folgen des Widerspruchs eines AN zu bestimmen. Der EuGH betonte in diesem Urteil, dass die Verpflichtung zur Arbeit für einen AG, mit dem der AN keinen Vertrag geschlossen hat, nicht mit den Grundrechten des AN vereinbar wäre. Allerdings genügt idR die Möglichkeit der regulären Selbstkündigung durch den AN, um diese Grundrechte zu schützen. Solang diese gesichert ist, kann die nationale Gesetzgebung einen automatischen Übergang selbst in Fällen vorsehen, in denen dies die RL gar nicht fordert (Rs *Amatori*): Dies muss als „für die AN günstigere Rechtsvorschrift" nach Art 8 der RL angesehen werden, selbst wenn im Einzelfall die AN den Übergang ablehnen.

Anders ist dies nur für den Fall, dass der AN einen triftigen Grund dafür hat, sein Arbeitsverhältnis nicht mit dem Erwerber fortsetzen zu wollen. Art 4 Abs 2 BÜR befasst sich mit solchen Fällen, in denen eine Übertragung des Vertrags auf den neuen Inhaber des Unternehmens eine **wesentliche Änderung** der Arbeitsbedingungen zum **Nachteil des AN** mit sich bringen würde. Dies kann vor allem eine Folge der oben genannten Ausnahmen von der Fortgeltung aller Rechte und Pflichten (KollV, Betriebsrenten) sein. Darüber hinaus hält der EuGH es für ei-

---

202 Vgl *Beltzer*, The Transfer of Undertakings and the Importance of Taking Over Personnel – A Vicious Circle, International Journal of Comparative Labour Law and Industrial Relations 23/1 (2007) 149.

nen ausreichend schweren Nachteil, wenn das Entgelt des AN vom Umsatz des AG abhängig ist und nach dem Betriebsübergang von einem künftig niedrigeren Umsatz auszugehen ist (Rs *Merckx & Neuhuys*).

Kündigt der AN nun aufgrund solcher zu erwartender Nachteile, wird er gegen die negativen Folgen, die eine Selbstkündigung nach innerstaatlichem Recht üblicherweise hat (zB den Verlust von Abfertigungsansprüchen und anderer finanzieller Vergünstigungen, eventuell auch des Arbeitslosengelds), abgesichert. Dies wird durch eine gesetzliche Fiktion in Art 4 Abs 2 BÜR bewirkt, wonach die Situation so zu behandeln ist, **als wäre der AG für die Beendigung des Arbeitsverhältnisses verantwortlich**. Die Entscheidung des EuGH in der Rs *Juuri* hat bestätigt, dass damit nicht die speziellen Folgen einer *ungerechtfertigten* Entlassung durch den AG gemeint sind, sondern nur die einer „gewöhnlichen" AG-Kündigung.

Im Bereich der kollektiven Rechte der AN ist Art 6 BÜR einschlägig, der den Übergang von **AN-Vertretungskörpern** zusammen mit dem Betrieb vorschreibt, vorausgesetzt, dass Letzterer „seine **Selbständigkeit behält**". In der Rs *UGT* hat der EuGH entschieden, dass die Selbständigkeit eines Betriebs dann erhalten bleibt, wenn die unmittelbaren Vorgesetzten der vertretenen Beschäftigten ident bleiben. Art 7 als weitere wichtige Bestimmung verpflichtet den Veräußerer, Vertreter der AN „rechtzeitig" über wesentliche Details bezüglich des Transfers zu **informieren und konsultieren**. Das Gleiche gilt für den Erwerber gegenüber seiner eigenen Belegschaft. Für die Frage der Rechtzeitigkeit kann davon ausgegangen werden, dass die zu Art 2 der Massenentlassungs-RL ergangene Rsp auch im vorliegenden Zusammenhang anwendbar ist. Der Hauptunterschied zwischen diesen beiden Standards der Einbeziehung von AN-Vertretern ist, dass nach der BÜR Konsultation ausschließlich spezifische **Maßnahmen** betrifft, die der AG „hinsichtlich seiner AN in Betracht […] zieht" (und nicht eine etwaige Vermeidung des Betriebsübergangs).

4. Anwendung und Kontroversen

Im Einklang mit einer langjährigen Position des EuGH nimmt Art 5 BÜR Betriebsübergänge vom Anwendungsbereich der RL aus, wenn sie in einem Moment stattfinden, in dem bereits ein **Insolvenzverfahren** gegen den AG eingeleitet worden ist. Diese Ausnahme im Interesse der Erhaltung des insolventen Unternehmens ist nur anwendbar, sofern gerichtliche oder andere öffentliche Aufsicht über das Verfahren gewährleistet ist (vgl Rs *Abels*).

Mit Blick auf die Anwendbarkeit der RL auf den öffentlichen Sektor ist zu beachten, dass der EuGH die zentralen Bestimmungen der RL (insb Art 3) für **unmittelbar anwendbar** befunden hat. Daher verhindert eine unzureichende Umsetzung der BÜR nicht den Übergang der Arbeitsverhältnisse von Beschäftigten öffentlicher Unternehmen oder Einrichtungen, wenn die Voraussetzungen erfüllt sind. Da jedoch die unmittelbare Wirkung einer RL nach der allgemeinen Regel nicht gegenüber Privatpersonen besteht, kann eine öffentliche Einrichtung sich nicht gegenüber ihren AN, die einen Übergang ablehnen, unmittelbar auf die Eintrittsautomatik der RL stützen (s Rs *Sozialhilfeverband Rohrbach*).

Schließlich sei noch erwähnt, dass die RL in ihrer aktuellen Auslegung durch den EuGH Gegenstand heftiger **Kritik** ist. Vor allem ist das komplexe und kasuistische Konzept des Betriebsübergangs kaum in der Lage, **Rechtssicherheit** für die möglicherweise von einem Übergang betroffenen Wirtschaftsakteure zu schaffen. Kritiker verweisen vor allem auf die „**zirkelförmige Argumentation**", welche sich aus der doppelten Rolle der **Personalübernahme** ergibt (die ja einerseits eine *Voraussetzung* für einen Betriebsübergang in arbeitsintensiven Sektoren ist, andererseits aber gleichzeitig das *Resultat* des Übergangs sein soll). Im Ergebnis kann der Erwerber die Übernahme der gesamten Belegschaft des Veräußerers nur dadurch vermeiden, dass er von vornherein *keine* wesentlichen Teile des Personals übernimmt. Dies läuft natürlich gänzlich dem Zweck der RL zuwider.[203] Darüber hinaus wird der europäischen Spruchpraxis vorgeworfen, stark **wettbewerbsverzerrend** zu wirken und Unternehmen mehr als AN zu schützen. Dies beruht darauf, dass, wie erwähnt, ein Betriebsübergang nicht unbedingt eine vertragliche Beziehung zwischen dem Veräußerer und dem Erwerber voraussetzt, sondern auch der Verlust eines Auftrages über bestimmte Dienstleistungen an ein Konkurrenzunternehmen erfasst sein kann. Dies war der Fall in *Temco*, als ein nationaler KollV den neuen Auftragnehmer verpflichtete, einen *Teil* des Personals seines Vorgängers zu übernehmen, und eben diese Personalübernahme die BÜR anwendbar machte. Dementsprechend war ein weiterer Kritikpunkt in diesem Fall, dass die **Autonomie der Sozialpartner** auf nationaler Ebene untergraben wurde, weil im Ergebnis sämtliche AN übernommen werden mussten.[204]

C. Insolvenz

Die dynamische Unternehmenslandschaft des Binnenmarktes der EU bedeutet nicht nur eine Zunahme des Entstehens neuer Unternehmen, sondern auch ein erhöhtes Risiko, dass einzelne Unternehmen im Wettbewerb nicht bestehen. Im Falle der Insolvenz eines AG wird natürlich ein Großteil der Ansprüche, die innerstaatliches Recht und EU-Recht dem AN gegenüber dem AG einräumen, obsolet, was für die Betroffenen oft eine sozial prekäre Situation bedeutet. Vor diesem Hintergrund verlangt die **Insolvenz-RL 2008/94/EG (IR),** deren Erstfassung aus 1980 stammt, die Einführung eines Mechanismus, der Rechte und Ansprüche der AN für den Fall der Zahlungsunfähigkeit des AG absichert.

---

203 Vgl *Beltzer*, The Transfer of Undertakings and the Importance of Taking Over Personnel 142 ff.
204 Vgl die Stellungnahme des Generalanwalts *Geelhoed* zur Rs *Temco* vom 27. September 2001, Rn 56 ff.

VIII. Restrukturierung von Unternehmen

1. Ansprüche des AN

Der Anwendungsbereich der IR wird zunächst durch das Konzept der Insolvenz in ihrem Art 2 Abs 1 definiert. Dieses setzt eine behördliche Entscheidung auf **Eröffnung des Insolvenzverfahrens** gegen den AG oder deren Verweigerung mangels Masse voraus. Die Einstellung von Gehaltszahlungen durch ein insolventes Unternehmen, ohne dass diese formalen Anforderungen erfüllt sind, kann nicht zur Anwendung der RL führen (Rs *Francovich II*).

Wenn nun ein Unternehmen nach dieser Definition zahlungsunfähig ist, müssen seine AN Zugang zu einer **Garantieeinrichtung** haben, die die finanzielle Verantwortung für Ansprüche übernimmt, die gegen den AG nicht mehr durchsetzbar sind. Art 3 Abs 1 IR sorgt für die Einbeziehung aller **Ansprüche aus dem Arbeitsverhältnis**. Diese Ansprüche sind auch dann geschützt, wenn sie nicht direkt auf dem Arbeitsverhältnis basieren, sondern auf einem gerichtlichen Vergleich über zuvor streitige Forderungen. Im Gegensatz dazu muss ein *außergerichtlicher* Vergleich zwischen den Parteien nicht durch die Garantieinstitution anerkannt werden: In diesen Fällen besteht eine erhebliche Missbrauchsgefahr, die die MS zu „notwendigen Maßnahmen" gem Art 12 IR berechtigt (s Rs *Rodríguez Caballero* und *Núñez*).

Darüber hinaus ermöglicht Art 6 der RL eine generelle **Ausnahme von Versicherungsbeiträgen** aus dem Kreis der geschützten Ansprüche. Dies betrifft Beiträge zur staatlichen Sozialversicherung ebenso wie solche zu betrieblichen Systemen der sozialen Sicherheit. Allerdings ist in diesem Fall sicherzustellen, dass zumindest gesetzlich vorgeschriebene Sozialversicherungsleistungen nicht dadurch beeinträchtigt werden, dass im betreffenden Zeitraum keine Beiträge entrichtet wurden (Art 7 IR). Für Betriebsrenten verlangt die sehr vage Bestimmung des Art 8 immerhin „Maßnahmen" zu ihrem Schutz. In der Rs *Robins* leitete der EuGH aus dem sozialen Ziel der RL ab, dass „Schutz" in diesem Sinne nicht erreicht wird, wenn die Ersatzleistung, die ein MS einem AN gewährt, nicht einmal die Hälfte des verlorenen Rentenanspruchs ausmacht.

Alle **anderen Forderungen aus Arbeitsverhältnissen** (Entgelt, Urlaubsleistungen, Abfindungen etc) müssen von der Garantieeinrichtung abgedeckt werden. Die Garantie dieser Ansprüche ist aber nicht notwendigerweise vollumfänglich: Art 4 ermöglicht **zeitliche** wie auch **betragsmäßige Einschränkungen**. Erstere bedeuten, dass Entgelt- und sonstige Ansprüche auf einen Zeitraum von **drei Monaten** innerhalb eines definierten sechsmonatigen Bezugszeitraums begrenzt werden können. Wenn ein längerer Bezugszeitraum (mindestens 18 Monate) gewährt wird, kann die Forderung des AN auch auf die besten acht **Wochen** in diesem Zeitraum begrenzt werden (Art 4 Abs 2 IR). In der Rs *Gomes Viana* bestätigte der EuGH, dass dadurch ältere Ansprüche aus dem Arbeitsverhältnis selbst dann ausgeschlossen werden können, wenn die AN diese bereits gerichtlich geltend gemacht hatten, lange bevor das Unternehmen für insolvent erklärt wurde. Ebenso zulässig ist der komplette Ausschluss von Ansprüchen, die nach Insolvenzeröffnung entstehen (Rs *Mustafa*).

Schwieriger zu beurteilen ist die Erlaubnis der Einführung einer Deckelung des Betrags oberhalb einer „**sozialen Schwelle**" gem Art 4 Abs 3. In diesem Zusammenhang hat der EuGH entschieden, dass die Schwelle der sozialen Akzeptanz jedenfalls unterschritten ist, wenn eine nationale Regelung die dem AN zustehende Summe mit dem Betrag des gesetzlichen sozialen Mindesteinkommens begrenzt, von dem überdies alle vorherigen Zahlungen des AG im Bezugszeitraum abgezogen werden (Rs *Barsotti*). Die Einführung einer Höchstgrenze nach Art 4 IR muss der **Kommission mitgeteilt** werden. Schließlich ist es möglich, bestimmte **Kategorien von Personen** im Sinne des Art 12 lit b–c auszuschließen – entweder weil sie eine besondere Bindung zum AG und gemeinsame Interessen mit diesem haben oder weil sie selbst Inhaber eines wesentlichen Teils des insolventen Unternehmens sind und erheblichen Einfluss auf dieses haben (vgl Rs *Andersson*).

Die Auflistung dieser (doch sehr weitreichenden) Beschränkungsmöglichkeiten ist abschließend: Die MS dürfen **keine zusätzlichen Bedingungen** für einen Anspruch gegenüber der Garantieeinrichtung aufstellen (s Rs *Ardennen* zu einer Bestimmung, wonach der AN innerhalb eines vorgeschriebenen Zeitraums als Arbeitssuchender registriert sein musste).

Betreffend die Organisation der Garantiemittel lautet die logische Grundregel des Art 5 IR, dass sie vom Vermögen des AG getrennt verwaltet werden müssen. Es ist der Entscheidung der MS überlassen, ob der Mechanismus über die Einhebung von **Beiträgen** vom AG oder durch **öffentliche Gelder finanziert** wird (s Rs *Riksskatteverket*). Wichtig ist, dass die Garantieeinrichtung verpflichtet ist, die jeweiligen Summen auch an diejenigen AN auszuzahlen, deren AG es versäumt hat, die vorgeschriebenen Beiträge zu bezahlen.

2. Anwendung

Da Ansprüche aus dem IR immer gegen eine öffentliche Institution gerichtet sein werden, ist die Frage der unmittelbaren Anwendbarkeit von größter Relevanz. Eine solche **unmittelbare Anwendung** kann vernünftigerweise nicht erfolgen, wenn in einem Staat schlicht keine Garantieinstitution geschaffen wurde (ein potentieller Fall der Staatshaftung: s Rs *Francovich I*); sie ist jedoch möglich und verpflichtend, sobald die **grundlegenden Strukturen** einmal bestehen. Dementsprechend muss einem AN, der unter Verletzung der RL vom nationalen Garantiemechanismus ausgeschlossen wurde, Zugang zu den gleichen Bedingungen gewährt werden wie vergleichbaren AN (s Rs *Riksskatteverket*).

Im Hinblick auf die einem AN zur Verfügung stehenden Rechtsbehelfe, um seine Rechte aus der RL durchzusetzen, ist der EU-rechtliche Beurteilungsmaßstab wieder durch die Grundsätze der **Äquivalenz** und der **Effektivität** geprägt. Letzterer Grundsatz verlangt auch, dass Fristen für die Einleitung gerichtlicher Schritte gegen eine angebliche Verletzung im Voraus feststehen und nicht nach Schwankungen in der Rsp mit erheblichen Rechtsunsicherheiten behaftet sind (Rs *Visciano*).

Schließlich regelt Art 9 die ehemals umstrittene Frage der Zuständigkeit im Falle von **multinationalen Unternehmen**: AN können sich danach stets an die Garantieeinrichtung des Staates der Arbeitserbringung wenden, unabhängig davon, wo das Insolvenzverfahren durchgeführt wird.

IX. Arbeitsbedingungen

Arbeitsbedingungen, auch wenn sie weniger offensichtlich mit dem EU-Binnenmarkt verbunden sind als die soeben beschriebenen Restrukturierungsmaßnahmen, machen zweifellos den **umfangreichsten Regelungsbereich** des Arbeits- und Sozialrechts der EU aus und zwar vor allem aufgrund der immensen und nach wie vor wachsenden Anzahl von europäischen Normen zur **Sicherheit und Gesundheit am Arbeitsplatz**. Illustrativ ist in dieser Hinsicht, dass für Sicherheit und Gesundheit eine separate Kompetenzgrundlage im ersten Gedankenstrich des Art 157 AEUV besteht – noch vor der allgemeinen Grundlage für den Bereich der Arbeitsbedingungen. Beide Bestimmungen ermöglichen Rechtssetzung durch das **ordentliche Gesetzgebungsverfahren**.

Abgesehen von diesen günstigen institutionellen Voraussetzungen kann die außergewöhnliche Häufigkeit von Legislativmaßnahmen im Bereich der Sicherheit und Gesundheit[205] dem Erfordernis der relativ hohen technischen Detailliertheit, aber auch ihrer politisch vergleichsweise unkontroversen Natur zugeschrieben werden. Nach einem Überblick über den Ansatz der EU zum Schutz der Sicherheit und Gesundheit werden in den folgenden Abschnitten einige Punkte herausgegriffen, die neben einer Sicherheits-/Gesundheitskomponente noch spezifische soziale Zielsetzungen verfolgen: Arbeitszeit, Vereinbarkeit von Beruf und Familie und Datenschutz am Arbeitsplatz.[206]

A. Sicherheit und Gesundheit
1. Allgemeine Standards

Das **Grundrecht** aller AN auf Arbeitsbedingungen, die ihre Gesundheit, Sicherheit und Würde respektieren, ist in Art 31 Abs 1 GRC verankert. Sekundärrechtlich ist das System der EU zu dessen Verwirklichung durch die allgemeinen Standards der **Arbeitnehmerschutz-Rahmen-RL (ARR) 89/391/EWG** bestimmt, die durch sog **Einzel-RL** ergänzt wird, welche bestimmte Sektoren, Formen bzw Aspekte der Arbeit oder Gruppen von AN behandeln. Auch die Arbeitszeit-RL und die Mutterschutz-RL, auf die im Folgenden näher eingegangen wird, haben den

---

205 Für eine grafische Übersicht vgl *Pochet*, Social Europe: does hard law still have a role to play? European Economic and Employment Policy Brief 2/2008, 3.
206 Vgl zur Bewertung der Zielsetzungen der Mutterschutz-RL *León/Millns*, Parental, Maternity and Paternity Leave: European Legal Constructions of Unpaid Care Giving, Northern Ireland Legal Quarterly 58/3 (2007) 342 ff.

IX. Arbeitsbedingungen

Status einer solchen Einzel-RL. Dieses Regelwerk wird durch so genannte Produkt-RL vervollständigt, die technische Standards für die Ausstattung des Arbeitsplatzes festlegen (zB die Maschinen-RL 2006/42/EG). Die konkreten technischen Sicherheitsnormen werden nicht von den gesetzgebenden Organen der EU, sondern von den Normungsorganisationen CEN, CENELEC und ETSI bestimmt und laufend aktualisiert.

Obwohl Statistiken bereits bemerkenswerte Verbesserungen in Bezug auf die Häufigkeit und Schwere von Arbeitsunfällen und Berufskrankheiten in den Bereichen zeigen, die durch diese gemeinsamen Standards geregelt sind, werden weitere Maßnahmen für erforderlich erachtet – vor allem mit Blick auf die rund 168.000 Todesfälle, die durch solche Unfälle und Krankheiten in Europa jedes Jahr verursacht werden, und das derzeitige Fehlen von konkreten Konzepten zu psychischen Erkrankungen und Stress am Arbeitsplatz.[207]

Art 2 ARR geht von einem breiten Ansatz aus und unterstellt ihren Mindestschutzstandards **alle privaten oder öffentlichen Tätigkeitsbereiche** mit Ausnahme „spezifischer Tätigkeiten im öffentlichen Dienst" wie Polizei oder Streitkräfte, deren Besonderheiten den Bestimmungen der RL „zwingend entgegenstehen" (Art 2 Abs 2). Freilich nimmt der EuGH einen solchen zwingenden Widerspruch nicht ohne Weiteres an, sodass zB öffentliche Notrufdienste nach stRsp in den sachlichen Anwendungsbereich der RL fallen (vgl Rs *Pfeiffer* und *Personalrat Feuerwehr Hamburg*). Der persönliche Anwendungsbereich zeichnet sich dadurch aus, dass weder die AN-Definition des EuGH noch die Definitionen des innerstaatlichen Rechts relevant sind.[208] Vielmehr ist nach Art 3 ARR **jede Person** erfasst, die von einem AG beschäftigt wird, womit ausdrücklich auch Praktikanten und Lehrlinge, nicht jedoch Hausangestellte gemeint sind.

Art 5 ff ARR legen **vorbeugende Sicherheitsmaßnahmen** fest, die von jedem AG ergriffen werden müssen. Deren wesentliche Elemente sind die Bewertung und, soweit möglich, Beseitigung von Risiken „in Bezug auf alle Aspekte, die die Arbeit betreffen" (Art 5 Abs 1), wobei ein Schwerpunkt auf der Information und Schulung der AN zu liegen hat, um deren verantwortungsvollen Umgang mit verbleibenden Risiken sicherzustellen. Von eminenter Bedeutung ist die Ernennung entweder kompetenter eigener AN oder außerbetrieblicher Fachkräfte, welche speziell mit Schutzmaßnahmen und Gefahrenverhütung betraut werden (Art 7 ARR). Die MS müssen sicherstellen, dass AG für Mängel in ihrem Gesundheits- und Sicherheitsmanagement in wirksamer Weise zur **Verantwortung gezogen**

---

[207] Vgl die Entschließung des Europäischen Parlaments vom 15. Dezember 2011 über die Halbzeitüberprüfung der Strategie der Europäischen Union für Gesundheit und Sicherheit am Arbeitsplatz 2007–2012, 2011/2147 (INI); EU-Agenda: Nachrichten zum Europäischen Sozial- und Arbeitsrecht, ZESAR 2012, 50.

[208] Vgl *Cavalier/Upex*, The Concept of Employment Contract in European Union Private Law, International and Comparative Law Quarterly 55/2006, 604.

werden können; die RL verlangt allerdings keine *verschuldensunabhängige* Haftung des AG (s Rs *Kommission v UK 2007*).

Den beschriebenen Pflichten des AG entspricht das **Recht** jedes AN, den **Arbeitsplatz bei Gefahr zu verlassen**, ohne deshalb Nachteile jedweder Art befürchten zu müssen (Art 8 Abs 4 ARR). Umgekehrt sind die AN selbst verpflichtet, zur Verwirklichung der obligatorischen Gesundheits- und Sicherheitsstandards beizutragen (vgl die in Art 13 umschriebenen Informations- und Mitwirkungspflichten). Die effektive Beteiligung der AN soll wiederum durch Standards der **Information und Konsultation** (Art 10 ff ARR) gesichert werden. Im Gegensatz zu den Informations- und Konsultationsnormen, wie sie aus den Restrukturierungs-RL bekannt sind, sieht die ARR auch die Option einer direkten Anhörung der AN anstelle der AN-Vertreter oder zusätzlich zu diesen vor.

2. Jugendarbeitsschutz

Erhöhte Sicherheitsvorkehrungen sind für die Beschäftigung von jüngeren Personen erforderlich, denen ein zusätzlichen Schutz durch die **Jugendarbeitsschutz-RL 94/33/EG** als ein weiteres Beispiel für eine „Einzel-RL" zugesichert ist. Diese RL enthält zunächst ein striktes Verbot von **Kinderarbeit** (Art 4). Im Ergebnis können Kinder iSd Definition in Art 3 lit b (Personen, die entweder unter 15 Jahre alt oder schulpflichtig sind) nur dann beschäftigt werden, wenn eine der **Ausnahmen** der RL zur Anwendung kommt. Diese Ausnahmen betreffen zum einen gelegentliche oder kurzfristige Hausarbeiten bzw Arbeiten in Familienbetrieben gem Art 2 Abs 2, zum anderen kulturelle, künstlerische, sportliche oder Werbetätigkeiten, für die jedoch nach Art 5 Abs 1 eine individuelle vorherige Genehmigung durch eine nationale Behörde notwendig ist. Sobald das Kind das Alter von 14 erreicht hat, erlaubt Art 4 Abs 2 der RL seinen Einsatz im Rahmen von dualen Ausbildungssystemen und Betriebspraktika und ferner die Durchführung von „leichten Arbeiten".[209]

Für jeden AN unter 18 Jahren (s die Definition von „**jungen Menschen**" in Art 3 lit a) werden dem AG durch Art 6 ff **zusätzliche Pflichten** für die Gewährleistung von dessen Sicherheit und Gesundheit auferlegt. Dies umfasst eine Risikobewertung, die sich auf Gefahren konzentriert, die junge AN im Besonderen betreffen, inkl einer kostenlosen Gesundheitsuntersuchung in regelmäßigen Abständen (Art 6 Abs 2). Art 7 iVm dem Anhang der RL **verbietet** bestimmte Tätigkeiten und Beschäftigungsbedingungen für diese Altersgruppe (zB Strahlenbelastung oder Arbeiten über ihre physische oder psychische Leistungsfähigkeit hinaus). Allerdings sind **Ausnahmen** für Jugendliche (nicht für Kinder) möglich, sofern derartige Arbeiten für ihre Berufsausbildung unverzichtbar sind (Art 7 Abs 3 der RL).

---

209 Die Altersgrenzen der RL wurden mit Blick auf ILO-Standards festgesetzt. Vgl *Blanpain*, European Labour Law Rz 1114 ff.

IX. Arbeitsbedingungen

Für die wachsende Zahl junger Menschen, die über diverse Formen von Praktika in den Arbeitsmarkt einsteigen, soll die jüngst ergangene **Empfehlung des Rates zu einem Qualitätsrahmen für Praktika**[210] einen Mindeststandard sichern. Angesichts der Häufigkeit von Praktika mit zweifelhaftem Lerninhalt und schlechten Arbeitsbedingungen sind die MS aufgerufen, Transparenz im Voraus über die Inhalte und Ziele der offenen Praktikumsstellen und über Arbeitsbedingungen (Entlohnung, Sozialleistungen) sowie die Einstellungspolitik der Unternehmen gegenüber ehemaligen Praktikanten zu gewährleisten. Abgesehen von begründeten Fällen sollten Praktika eine Dauer von sechs Monaten nicht überschreiten. Schließlich sind die Mitgliedstaaten aufgefordert, grenzüberschreitende Mobilität von Arbeitnehmern zu erleichtern und finanzielle Unterstützung durch den Europäischen Sozialfonds, den Fonds für regionale Entwicklung und die Jugendbeschäftigungsinitiative in Anspruch zu nehmen.

B. Arbeitszeit

Einschränkungen der Zeitdauer, für die eine Person im Rahmen eines Arbeitsvertrags in Anspruch genommen werden darf, sind traditionell in Belangen von Sicherheits- und Gesundheitsschutz und dem Ziel eines angemessenen Gleichgewichts zwischen Beruf und Privatleben verwurzelt.[211] Dies entspricht einem **Grundrecht** jedes AN gem Art 31 Abs 2 der EU-Grundrechtecharta. Diese Bedenken haben in Zeiten steigender praktischer Bedeutung von Burnout-Syndrom und ähnlichen psychischen Erkrankungen sowie zunehmender Hinweise auf überlange Arbeitszeiten in zentralen Bereichen wie dem Gesundheitssektor keineswegs an Aktualität verloren. Sehr illustrativ sind in dieser Hinsicht die jüngsten Aktionen der Kommission, die die Situation von Ärzten in Irland und Griechenland betreffen, wo Regelungen wie kontinuierliche 36-Stunden-Schichten oder Arbeit über 100 Stunden in einer einzigen Woche ein alltägliches Phänomen sein sollen.[212] Dabei scheint klar, dass Probleme dieser Art keineswegs auf die genannten MS beschränkt sind. Neben der Vermeidung von schwerwiegenden Folgen überlanger Arbeitszeiten für den einzelnen AN kann die Reduzierung der durchschnittlichen Arbeitszeit ein wichtiges arbeitsmarktpolitisches Instrument zur Schaffung von Arbeitsplätzen darstellen.[213]

Derzeit ist die Arbeitszeitfrage in den EU-MS von einer zunehmenden **Flexibilisierung** geprägt, einschließlich diverser Teilzeit- und Überstundenregelungen

---

210 Rat der EU, 10.03.2014.
211 Umfragen zeigen, dass eine Arbeitszeit von mehr als 48 bis 50 Stunden pro Woche statistisch betrachtet mit Stress und psychischen Gesundheitsbeschwerden verbunden ist. Vgl die Mitteilung der Kommission hinsichtlich der Überprüfung der Arbeitszeitrichtlinie 93/104/EG über bestimmte Aspekte der Arbeitszeitgestaltung, KOM(2003) 843 endg, 15.
212 Europäische Kommission, MEMO/11/646, 29/09/2011.
213 Vgl *Anxo*, Working Time: Research and Development (1998) 11.

und unregelmäßiger Arbeitszeiten. Dabei ist die Divergenz zwischen den einzelnen MS beträchtlich. Mit Blick auf die durchschnittliche jährliche Arbeitszeit, die von weniger als 1.400 in den Niederlanden bis zu mehr als 2.100 in Griechenland variierte, bemerkte die Kommission 2010 in einem Konsultationsdokument, dass lange Arbeitszeiten „umgekehrt proportional zur durchschnittlichen Produktivität" der AN zu sein scheinen.[214] Da die nationalen Ansätze, einen Ausgleich zwischen dem Schutz der AN und steigenden Anforderungen der Flexibilisierung zu finden, ebenso vielfältig sind, ist die Schaffung gemeinsamer **Mindeststandards** mit erheblichen Schwierigkeiten konfrontiert. Dies zeigt sich am deutlichsten in den umfangreichen Abweichungsmöglichkeiten und **Ausnahmen** von den Standards, die auf europäischer Ebene bisher vereinbart wurden.

1. Allgemeine Grenzen

Die wichtigste Rechtsgrundlage für die EU-Vorschriften in diesem Bereich[215] ist die **Arbeitszeit-RL (AZR) 2003/88/EG,** die sich iW mit allen wichtigen Bereichen des nationalen Arbeitszeitrechts auseinandersetzt. Mangels einer ausdrücklichen Abgrenzung des persönlichen Geltungsbereichs hat der EuGH diese Regeln auf jene Personen für anwendbar erklärt, die unter seine **autonome Definition eines AN** fallen (s Rs *Isère*). Die Mindeststandards, wie sie in Art 3 ff AZR festgelegt sind, setzen individuellen Arbeitszeitregelungen auf den ersten Blick relativ genaue Grenzen: Sie geben dem AN ein unabdingbares Recht auf

- **Pausen** spätestens nach sechs Stunden Arbeit (Art 4),
- eine tägliche bzw wöchentliche **Ruhezeit** von elf bzw 35 Stunden (Art 3, 5),
- eine **wöchentliche Arbeitszeit** von nicht mehr als 48 Stunden, was Überstunden einschließt (Art 6), und
- eine Einschränkung der **Nachtarbeit** auf acht Stunden pro Tag. Nachtarbeit im Sinne dieser Bestimmung ist nach Art 2 Abs 3–4 Arbeit, die über mindestens drei Stunden täglich zwischen Mitternacht und 5.00 Uhr stattfindet.

Diese grundlegenden Grenzen müssen iZm Art 16 AZR gesehen werden, welcher **Bezugszeiträume** festlegt, in denen einige von ihnen nur im Durchschnitt eingehalten werden müssen. Vor allem muss die 48-Stunden-Woche nur als Durchschnittswert innerhalb einer Periode von vier Monaten erreicht werden, während ein flexibler Bezugszeitraum für die Beschränkungen der Nachtarbeit vorgesehen

---

214 Europäische Kommission, Mitteilung: Überprüfung der Arbeitszeit-RL (zweite Phase der Anhörung der Sozialpartner auf europäischer Ebene gemäß Artikel 154 AEUV), KOM(2010) 801 endg, 6.
215 Unter den sonstigen europäischen Arbeitszeitregelungen ist die wohl bedeutendste die RL 2002/15/EG über die Organisation der Arbeitszeit von Personen, die Fahrtätigkeiten im Bereich des Straßentransports ausüben: Berufskraftfahrer unterliegen besonderen Beschränkungen der Arbeitszeit, auch wenn sie selbständig sind. Vor kurzem hat die Kommission gegen insgesamt sieben MS (darunter auch Österreich) ein Verfahren wegen Nichtumsetzung der RL für diese Kategorie eröffnet: s IP/12/409, 26/04/2012.

ist. **AG müssen verpflichtet werden, aktiv dafür zu sorgen**, dass die Arbeitszeit innerhalb dieser Grenzen gehalten wird: Es ist nicht ausreichend, wenn nach nationalem Recht der AG lediglich nicht verhindern kann, dass der AN Ruhezeiten im Einklang mit der RL in Anspruch nimmt (s Rs *Kommission v UK 2006*). Ungeklärt ist zurzeit, ob die vorgegebenen Grenzen auf *einen Arbeitsvertrag* oder auf die Person *eines AN* zu beziehen sind. Dem Zweck der RL würde sicherlich die zweitgenannte Auslegung entsprechen, weil ansonsten der Schutz im Fall von mehreren Beschäftigungsverhältnissen untergraben würde. Die mitgliedstaatliche Praxis ist in diesem Punkt sehr unterschiedlich.[216]

Strengere Grenzen müssen im Falle der Beschäftigung von Jugendlichen iSd **Jugendarbeitsschutz-RL** beachtet werden: Nach Abschnitt III dieser RL haben junge AN ein Recht auf

- **Pausen** von mindestens 30 Minuten nach 4,5 Stunden (Art 12),
- eine tägliche **Ruhezeit** von 14 Stunden (Kinder) bzw zwölf Stunden (Jugendliche) sowie eine wöchentliche Ruhezeit von zwei („nach Möglichkeit" aufeinanderfolgenden) Tagen, die „im Prinzip" den Sonntag umfassen müssen (Art 10),
- einen maximalen Arbeitstag von **acht Stunden** und eine wöchentliche Höchstarbeitszeit von **40 Stunden** (Art 8: Diese Grenzen verringern sich auf zwei Stunden pro Tag und zwölf pro Woche, wenn die Arbeit während der Schulzeit ausgeführt wird) und
- ein Verbot der **Nachtarbeit** zwischen 20.00 und 6.00 Uhr (Kinder) bzw zwischen 22.00 und 6.00 Uhr (Jugendliche).

Im Gegensatz zur AZR sieht Art 8 Abs 4 der Jugendarbeitsschutz-RL ausdrücklich die Zusammenrechnung der Arbeitszeiten bei verschiedenen AG vor.

Neben den aufgelisteten konkreten Höchstgrenzen vermittelt Art 13 AZR ein Prinzip der weitestmöglichen **Anpassung des Arbeitsrhythmus** an den AN als Menschen aus. Dazu gehört vor allem die Vermeidung von monotoner Arbeit und eines maschinenbestimmten Arbeitsrhythmus. Es versteht sich von selbst, dass sich von diesem vagen Prinzip kaum konkrete Leitlinien für die Gestaltung des Arbeitsprozesses ableiten lassen. Wichtig ist, dass die RL grundsätzlich nicht mit Entgeltfragen befasst ist,[217] sodass es der Entscheidung der MS überlassen ist, ob zB Pausen (teilweise) bezahlt werden oder ob Überstunden einen Anspruch auf einen Zuschlag begründen.

Die zweifellos umstrittenste Frage in der bisherigen europäischen Rsp zur AZR ist die Klassifizierung von **Bereitschaftsdienst** im Rahmen der RL. Angesichts des-

---

216 Vgl Europäische Kommission, Bericht über die Durchführung der Richtlinie 2003/88/EG („Arbeitszeitrichtlinie") in den Mitgliedstaaten, KOM(2010) 802 endg, 6 ff.
217 Zu den Besonderheiten des Art 7 AZR s unten Unterabschnitt VIII.C.2.

sen, dass der Wortlaut des Art 2 Abs 1-2 ersichtlich von einem absoluten Konzept der Arbeitszeit ausgeht (dh jeder bestimmte Zeitraum muss entweder Ruhezeit oder Arbeitszeit darstellen), hat der Gerichtshof eine konkrete Schwelle von Arbeitsintensität festgelegt, ab der die Vorschriften der RL in **vollem Umfang anwendbar sind**. Diese Schwelle ist erreicht, sobald der AN an seinem **Arbeitsplatz anwesend** sein muss – auch wenn er in der Lage ist, seinen Bereitschaftsdienst nach Belieben zu verbringen oder sogar zu schlafen, solange er gerade nicht benötigt wird (Rs *Jaeger*). Die Tatsache, dass der AN nicht die Möglichkeit hat, seinen Arbeitsplatz zu verlassen, Zeit mit seiner Familie zu verbringen etc, steht einer Einstufung solcher Zeiten als Ruhezeit im Sinne des Art 2 Abs 2 entgegen, woraus folgt, dass sie in ihrer Gesamtheit als Arbeitszeit gesehen werden müssen.

Anderes gilt, wenn es dem AN freisteht, wo und wie er seine Zeit verbringt, und er nur bereit sein muss, im Fall eines Anrufes des AG den Arbeitsplatz aufzusuchen. Solche Fälle eines „**inaktiven Bereitschaftsdienstes**" (Journaldienstes) werden als Ruhezeiten gewertet und sind daher bei der Berechnung der Höchstgrenzen der AZR außer Acht zu lassen (s Rs *SIMAP*).[218]

2. Ausnahmen

Wie oben angedeutet, ist die RL durch eine Reihe von Abweichungsmöglichkeiten von ihren einzelnen Mindeststandards geprägt. Dies beginnt mit einer generellen Ausnahme von allen bisher genannten Grenzen bei **unbestimmter oder selbst bestimmter Arbeitszeit** durch Art 17 Abs 1 AZR, der nur AN in spezifischen Situationen (leitende Angestellte, Familienangehörige) erfassen soll. Hinzu kommt, dass die höchst komplexe Regelung in Art 17 Abs 2-4 ein System von weit gefassten Ausnahmen von den meisten der vorgegebenen Grenzen für bestimmte **Branchen und Arbeitsformen** enthält (etwa Offshore-Arbeiten, Schichtarbeit, Überwachungstätigkeiten, Verkehrsdienstleistungen, Landwirtschaft und Tourismus). Auch diese umfangreiche Auflistung ist – wie der EuGH ebenfalls bestätigt hat – **nicht abschließend**, sodass eine Ausweitung der Ausnahmeregelung auf andere Bereiche, in denen ein vergleichbar begründeter Bedarf an Flexibilität besteht, geboten ist (s Rs *Isère* zu Aufsichts- und Betreuungstätigkeiten in einem Ferienlager für Kinder).

Wo selbst auf dieser Grundlage eine Abweichung nicht begründet werden kann, können Ausnahmen von den Höchstgrenzen der Art 3 ff immer noch durch **KollV** eingeführt werden (Art 18 AZR). Zumindest aus dem Wortlaut dieser Bestimmung können keine weiteren Voraussetzungen für kollektivvertragliche Ausnahmen abgeleitet werden, was wohl bedeutet, dass die Zustimmung der

---

218 Vgl *Runggaldier*, Aktuelle Tendenzen in der europäischen Rechtsentwicklung, insbesondere hinsichtlich des Alters und der Arbeitszeit, RdA 2009, Sonderbeilage Heft 5, 40 ff.

IX. Arbeitsbedingungen

AN-Vertreter als ausreichend angesehen wird, um die Angemessenheit der Maßnahme zu gewährleisten.[219]

Im Prinzip sind beide Arten von Ausnahmeregelungen (Art 17 Abs 2–4 sowie Art 18 AZR) nur unter der Voraussetzung der Gewährung von **Ersatzruhezeiten** an die betroffenen AN legitim. Der EuGH hat in der Rs *Jaeger* festgehalten, dass diese Ruhezeiten sofort nach der jeweiligen erweiterten Arbeitszeit zu beginnen haben. Doch auch diese Forderung ist nicht absolut: in Fällen, in denen es „nicht möglich ist", Ausgleichsruhezeiten zu gewähren, muss der AN stattdessen einen **„angemessenen Schutz"** erhalten (Art 17 Abs 2, Art 18). Ein solcher kann in der Beschränkung der Möglichkeit, derart zeitintensive Arbeit zu verrichten, auf eine begrenzte Anzahl von Wochen pro Jahr liegen (s Rs *Isère*). Jedenfalls sind alle Ausnahmen nur dann anwendbar, wenn das innerstaatliche Recht sie in eindeutiger Weise implementiert hat (Rs *Accardo*).

Dass die AZR in der Praxis nach wie vor eine Quelle kontroverser Debatten ist, liegt daran, dass (abgesehen von Art 17 Abs 1) **keine der genannten Abweichungsoptionen** Ausnahmen von der in Art 6 festgeschriebenen **48-Stunden-Woche** rechtfertigen kann. Dieser Standard kann höchstens durch eine Verlängerung des Bezugszeitraums relativiert werden (vgl Art 19 AZR), aber auf lange Sicht muss der Durchschnitt von 48 Wochenstunden ausnahmslos garantiert werden. Darin liegt gewissermaßen das Konzept der RL, über kurze Zeiträume Flexibilität und uU nahezu ununterbrochenes Arbeiten zu ermöglichen, aber gleichzeitig zu gewährleisten, dass die übermäßige Belastung des AN auf lange Sicht kompensiert wird. Allerdings führt das Zusammenspiel dieser Regel mit der Auslegung der Arbeitszeit gem Art 2 durch den EuGH zu einer Grenze, die derzeit in den nationalen Rechtsordnungen zahlreicher MS so nicht eingehalten wird: dass nämlich auch (aktiver) Bereitschaftsdienst nie länger als gemittelt 48 Stunden pro Woche ausgeübt werden darf.

Gänzlich unabhängig von diesem besonderen Problem des Bereitschaftsdienstes war die Unabdingbarkeit des Art 6 AZR schlichtweg unmöglich mit der spezifischen Position des Vereinigten Königreichs zu vereinbaren, das im europäischen Vergleich nach wie vor die bei weitem längste durchschnittliche Wochenarbeitszeit bei Vollzeitbeschäftigten verzeichnet.[220] Dies war letztlich der Hintergrund für die Einführung einer **Opt-out-Möglichkeit** in die AZR, die nunmehr in Art 22 Abs 1 zu finden ist. Dieser Artikel erlaubt es einem MS, der **Kommission** seine Entscheidung mitzuteilen, Art **6 AZR** in den Fällen nicht anzuwenden, in denen der **AN** explizit auf sein Recht auf eine 48-Stunden-Woche **verzichtet**. Art 22 Abs 1 listet einige weitere Voraussetzungen für eine gültige Berufung auf den Opt-out auf, vor allem dass der AN aus einer Weigerung, länger zu arbeiten,

---
219 Ibid.
220 Vgl *Händel/Troost*, Development of working time in the EU (2010) 14.

keine Nachteile erwachsen, und dass den zuständigen Behörden jeder Arbeitsvertrag, der sich auf die Opt-out-Regel stützt, gemeldet wird. In *Pfeiffer* hat der EuGH festgehalten, dass die Zustimmung des AN **ausdrücklich und frei gegeben** werden muss, sodass ein Verweis auf die Bestimmungen eines KollV im Arbeitsvertrag nicht ausreichend ist.

Trotz dieser Einschränkungen ist offensichtlich, dass der Opt-out die Festlegung einer praktisch unbegrenzten Arbeitszeit ermöglicht, ohne jedes Erfordernis von Rechtfertigungsgründen oder Kompensationsmechanismen. Daher würde sein umfangreicher Gebrauch in den MS letztlich die Zielsetzungen der RL untergraben. In diesem Zusammenhang ist darauf hinzuweisen, dass zwar Art 22 Abs 1 AZR zunächst ausschließlich der abweichenden Position des Vereinigten Königreichs Rechnung tragen sollte, im Anschluss an eine Reihe von EuGH-Entscheidungen zum Bereitschaftsdienst jedoch eine **zunehmende Inanspruchnahme** der Opt-out-Möglichkeit durch andere MS zu verzeichnen war. Aktuell haben 16 MS davon Gebrauch gemacht, wobei der Opt-out in elf von ihnen ausschließlich für Fälle des Bereitschaftsdienstes gilt.[221]

Im Hinblick auf die strengeren Grenzwerte der **Jugendarbeitsschutz-RL** werden den MS ähnlich weit gefasste **Abweichungsmöglichkeiten** wie in der AZR zugestanden. Insb erlaubt Art 8 Abs 5 ein Abgehen vom Acht-Stunden-Tag und der 40-Stunden-Woche „in Ausnahmefällen oder in Fällen, in denen dies durch objektive Gründe gerechtfertigt ist". Das Nachtarbeitsverbot für Jugendliche kann in bestimmten Tätigkeitsbereichen (Art 9 Abs 2) bis auf vier Stunden reduziert, in den in Abs 3 dieses Artikels aufgezählten Bereichen (Schifffahrt, Polizei, Krankenhäuser etc) bei Vorliegen objektiver Gründe sogar komplett ausgesetzt werden. Unter den zuletzt genannten Voraussetzungen müssen auch die vorgeschriebenen täglichen und wöchentlichen Ruhezeiten nicht eingehalten werden (Art 10 Abs 4 der RL).

3. Jahresurlaub

Eine Bestimmung, die sich vom allgemeinen Konzept der AZR abhebt, ist die in Art 7 enthaltene Urlaubsregelung. Das liegt nicht nur an der Tatsache, dass diese weder von den Abweichungsmöglichkeiten nach Art 17 und 18 AZR noch von der Opt-out-Möglichkeit unter Art 21 Abs 1 erfasst ist, sondern auch an der Vorschrift, dass der **garantierte Jahresurlaub** ein **bezahlter** ist. Der EuGH hat in einer Reihe von Urteilen betont, dass der Anspruch auf bezahlten Jahresurlaub ein **Grundprinzip des EU-Rechts** darstellt (s nun auch Art 31 Abs 2 GRC), das im Interesse des Schutzes der Sicherheit und Gesundheit streng auszulegen ist.

---

[221] Vgl Europäische Kommission, Reviewing the Working Time Directive 14.

IX. Arbeitsbedingungen

Art 7 AZR berechtigt den AN zu vier Wochen Urlaub, in denen sein Einkommen **vergleichbar mit seinem regulärem Arbeitseinkommen** sein muss (Rs *Robinson-Steele*). In Analogie zu seiner Rsp zum Mutterschaftsurlaub (s Unterabschnitt VIII.C.1.) fordert der EuGH einen Anspruch des AN auf das **Grundentgelt** für die gewöhnliche Arbeitstätigkeit und darüber hinaus auf sämtliche **Zulagen**, die durch dessen **Qualifikation, Position** im Unternehmen oder sein **Dienstalter** bedingt sind. Dies schließt erfolgsabhängige Entgeltkomponenten ein (etwa den Durchschnittsbetrag von Provisionen, die ein Verkaufsberater pro Vertragsabschluss erhält: Rs *Lock*), hingegen nicht solche, die gelegentlich bei der Arbeit anfallende Kosten oder Nebenkosten abdecken sollen (Rs *Williams*). Jede zusätzliche Anforderung, wie etwa einer Mindestbeschäftigungsdauer, ist mit dem zwingenden Charakter der Vorschrift unvereinbar (s Rs *BECTU*). Art 7 Abs 2 ermöglicht den Ersatz des (Natural-)Urlaubsanspruchs durch eine **finanzielle Vergütung nur im Falle der Beendigung des Arbeitsverhältnisses** (vgl Rs *Federatie Nederlandse Vakbeweging*).

Ein **Verlust** des Anspruchs auf Jahresurlaub dadurch, dass der AN diesen über längere Zeit nicht in Anspruch genommen hat, ist **zulässig**, weil er ein berechtigtes Ziel verfolgt: Er verhindert ein ungesundes Horten von Urlaubsansprüchen über Jahre hinweg. Dieses Ziel wird aber nicht erreicht, wenn der AN den Urlaub schlicht nicht rechtzeitig nehmen kann. Deshalb geht der Anspruch durch den Tod des AN nicht verloren (vielmehr steht den Erben eine finanzielle Vergütung zu: Rs *Bollacke*). Konnte der AN den Urlaub krankheitsbedingt nicht rechtzeitig nehmen, so muss dieser auch nach Ablauf des prinzipiell vorgesehenen Verbrauchszeitraums gewährt werden (Rs *Schultz-Hoff*). Eine absolute Obergrenze für Fälle eines sehr lange andauernden Krankenstandes hat der EuGH bedingt zugelassen: Urlaubsansprüche für vergangene Jahre dürfen demnach nach Ablauf einer Zeitspanne, die deutlich länger ist als der Bezugszeitraum, gänzlich verfallen (zB kann der Urlaubsanspruch für ein Kalenderjahr verweigert werden, wenn er in den darauf folgenden eineinhalb Jahren nicht in Anspruch genommen wurde: Rs *KHS, Neidel*).

Demgegenüber enthält Art 7 AZR keinerlei Kriterien für die Festsetzung des genauen **Zeitpunkts** des Jahresurlaubs. Dies lässt Raum für die Berücksichtigung von Bedürfnissen des Unternehmens, was auch die Festlegung eines Betriebsurlaubs für das gesamte Unternehmen umfassen kann (Rs *Pereda*). Nur für schulpflichtige **Kinder** schreibt Art 11 der Jugendarbeitsschutz-RL vor, dass Urlaub „im Rahmen des Möglichen" **während der Schulferien** zu gewähren ist. Wiederholt hatte sich der EuGH mit Fragen des **Zusammentreffens** von Jahresurlaub mit anderen **Gründen für Abwesenheit** während ein und desselben Zeitraums zu befassen. Solche Probleme ergeben sich vor allem, wenn der AN während einer Zeit, in der er nach einer Einzel- oder Betriebsvereinbarung eigentlich seinen Urlaub in Anspruch nehmen sollte, zu Abwesenheit aufgrund von Krankheit oder

Schwangerschaft berechtigt ist. In dieser Frage hat der EuGH festgestellt, dass der AN Anspruch auf einen individuell zu **vereinbarenden Ersatzurlaub** zu einem anderen Zeitpunkt hat, wenn der Zweck des Jahresurlaubs (dh im Wesentlichen Entspannung und Freizeit) durch den Grund, der ihn zur Abwesenheit berechtigt, beeinträchtigt würde (s Rs *Merino Gómez, ANGED*). Zu beachten ist allerdings, dass eine absolute Unvereinbarkeit mit den Jahresurlaub nur für Zeiten des **Mutterschaftsurlaubs** zutrifft, in denen dem AN ein Einkommen durch europäisches Recht garantiert ist (s Unterabschnitt VIII.C.2.). Im Gegensatz dazu kann ein AN ein echtes (finanzielles) Interesse daran haben, seinen Urlaub anstelle eines **Krankenstandes** zu nehmen, weil es gänzlich von der jeweiligen innerstaatlichen Rechtsordnung abhängt, ob und für wie lange AN Sozialleistungen oder sonstige Einkünfte im Krankheitsfall erhalten. Dementsprechend können die MS zulassen, dass ein AN trotz Krankheit **freiwillig seinen Jahresurlaub antritt**; sie können dies aber auch verbieten (Rs *Schultz-Hoff/Stringer*).

Das Gleiche gilt für die verpflichtende **Entstehung neuer Rechte auf Jahresurlaub** auch während eines Zeitraums, in dem der AN aus anderen Gründen berechtigt der Arbeit fernbleibt. Für Zeiten des Mutterschaftsurlaubs, wie er durch die Mutterschutz-RL vorgesehen ist, ergibt sich dies bereits aus Art 11 Abs 2 lit a dieser RL; für krankheitsbedingte Abwesenheit hat der EuGH das unverminderte Entstehen neuer Urlaubsansprüche aus der Tatsache abgeleitet, dass „in der RL 2003/88 nicht zwischen AN, die während des Bezugszeitraums wegen Krankheit der Arbeit ferngeblieben sind, und solchen, die während dieses Zeitraums tatsächlich gearbeitet haben, unterschieden wird" (Rs *Dominguez*). In der Rs *Heimann* hingegen entschied der EuGH, dass ein AN, der wegen schlechter Wirtschaftslage nicht beschäftigt wird und keinen Lohn empfängt, seinen AN-Status jedoch für den Bezug von Sozialleistungen beibehält („Kurzarbeit Null") während dieses Zeitraums keine Urlaubsansprüche erwirbt. Anders als bei krankheitsbedingter Abwesenheit ist hier die Freistellung für den AN vorhersehbar und er kann „sich entweder ausruhen oder Freizeittätigkeiten nachgehen".

4. Anwendung und Kontroversen

Mangels spezifischer Bestimmungen muss die AZR im Hinblick auf die Grundsätze der **Äquivalenz** und der **Effektivität** umgesetzt werden. Kürzlich hat der EuGH entschieden, dass das Effektivitätsprinzip verlangt, dass der AN gegen **Viktimisierung** seitens des AG geschützt wird, auch wenn keine ausdrückliche Bestimmung in diesem Sinne im RL-Text zu finden ist (vgl im Gegensatz dazu die Gleichbehandlungs-RL: s Kapitel V.). Viktimisierung kann dabei etwa in einer Versetzung des AN auf einen schlechter bezahlten Posten als Reaktion auf die Forderung nach Einhaltung der 48-Stunden-Woche bestehen (Rs *Fuß I*). Ein Ausschluss von Schadenersatzansprüchen für den Fall, dass der AN nicht schon im Voraus seine Ablehnung einer im Widerspruch zur AZR stehenden Arbeitszeitvereinbarung geäußert hat, verstößt nicht nur gegen den Grundsatz der Effektivität, sondern auch gegen das **Grundrecht auf einen wirksamen Rechtsbehelf** nach Art 47 GRC (Rs *Fuß II*).

In Bezug auf den öffentlichen Sektor hat der EuGH festgestellt, dass Art 6 **unmittelbar anwendbar** ist (Rs *Pfeiffer*). Es kann angenommen werden, dass das Gleiche auch für die anderen Höchstgrenzen gem Art 3 ff der RL gilt.

Die AZR in ihrer jetzigen Form war iW seit ihrem Inkrafttreten Gegenstand von **Kritik** und **Versuchen einer Neuaushandlung.**[222] Zahlreiche Bestimmungen des geltenden Rechts der MS stehen mehr oder weniger offensichtlich in Widerspruch zu ihren Standards.[223] Die wichtigsten Streitpunkte betreffen die Einordnung des Bereitschaftsdienstes, die endgültige Abschaffung der Opt-out-Möglichkeit (wie sie von mehreren MS schon seit Langem gefordert wird) und in einem geringeren Ausmaß eine explizite Regelung für den Fall einer Mehrfachbeschäftigung. Ein **Vorschlag der Kommission aus 2005,** der den Ansatz des EuGH zum Bereitschaftsdienst unverändert beibehalten und ein Auslaufen des Opt-out innerhalb einer dreijährigen Übergangsfrist vorgeschrieben hätte, erhielt von den gesetzgebenden Institutionen keine Zustimmung. Auch ein Versuch der europäischen **Sozialpartner**, einen Vorschlag zu entwerfen, scheiterte 2012.

C. Mutterschaft

Zumindest ursprünglich war auch die **Mutterschutz-RL (MR) 92/85/EWG** im Bereich **Sicherheits- und Gesundheitsschutz** verankert – mit Hauptaugenmerk auf dem Umgang mit den spezifischen Gefahren, denen schwangere AN und ihre (ungeborene) Kinder im Arbeitsleben ausgesetzt sind. Im Laufe der vergangenen Jahre rückten hingegen zunehmend Fragen der Gleichbehandlung und Arbeitsmarktintegration von Frauen in den Blickpunkt und prägten auch die jüngere Rsp zur RL und Diskussionen über die vielfach geforderten Änderungen der derzeitigen Vorschriften. Zusammen mit der Elternurlaubs-RL (s Abschnitt VIII.C.) verkörpert sie die Bemühungen des EU-Gesetzgebers zur Sicherung und Verbesserung der **Vereinbarkeit von Beruf und Familie**, die als ein zentraler Aspekt des europäischen Sozialmodells angesehen wird.

Der persönliche Geltungsbereich des MR ist durch ihren Art 2 abgegrenzt. Da der Begriff „**AN**" in dieser Bestimmung keinen Verweis auf nationales Recht enthält, hat der EuGH (wenig überraschend) seine **autonome Definition** auf Basis der *Lawrie-Blum*-Kriterien für anwendbar befunden (s Rs *Kiiski*). Wie oben bereits erwähnt (Unterabschnitt V.A.2.a.), umfasst dies auch Führungskräfte, sofern sie

---

222 Vgl *Nowak*, The Working Time Directive and the European Court of Justice, Maastricht Journal of European and Comparative Law 15/2008, 463 ff.
223 Vgl Europäische Kommission, Reviewing the Working Time Directive 10.

von einem Organ, das sie nicht selbst kontrollieren, aus ihrer Position entfernt werden können (Rs *Danosa*). Die zweite Voraussetzung für die Anwendung der RL ist, dass die AN entweder **schwanger, Wöchnerin oder Stillende** ist. Für den Spezialfall der In-vitro-Fertilisation hat der EuGH entschieden, dass Schwangerschaft iSd RL erst ab der Übertragung des Embryos in den Körper der zukünftigen Mutter (und nicht schon ab der Befruchtung in vitro) besteht (s Rs *Mayr*); eine „Bestellmutter", deren Kind durch eine andere Frau geboren wird, kann sich zu keinem Zeitpunkt auf die RL berufen (Rs *C.D, Z.*).

Überraschenderweise ist die dritte Voraussetzung für die Anwendbarkeit der MR, dass die betreffende AN ihren **AG über ihren Zustand** (der Schwangerschaft etc) **informiert**. Mit dieser Einschränkung soll offenbar vermieden werden, dass ein AG wegen Nichtumsetzung der spezifischen Gesundheits- und Sicherheitsmaßnahmen, die die RL im Fall einer Schwangerschaft fordert, zur Rechenschaft gezogen wird, ohne dass ihm die Schwangerschaft auch nur bekannt war. Allerdings führt diese Einschränkung zu problematischen Effektivitätsdefiziten beim Kündigungsschutz (s unten Unterabschnitt VIII.C.3.): Dieser könnte durch eine rasche Kündigung, noch bevor die AN den AG formal gem Art 2 informiert hat, umgangen werden. In *Danosa* hat der EuGH diese Folge durch eine Auslegung abgemildert, wonach das **Wissen des AG** von der Schwangerschaft ausreicht und es unerheblich ist, woher die Information darüber stammt.

1. Schutz vor arbeitsbedingten Risiken

Art 3 ff MR sind Ausdruck ein Prinzips, dem zufolge unter allen Umständen vermieden werden muss, dass die Fortsetzung der beruflichen Tätigkeit der AN ein Risiko für ihre eigene Sicherheit und Gesundheit oder die ihres Kindes darstellt. Art 4 verpflichtet den AG, eine Risikobewertung durchzuführen, die sich vor allem auf die potentielle Gefahr durch Agenzien, Verfahren und Arbeitsbedingungen zu konzentrieren hat, wie sie in der nicht erschöpfenden Liste in **Anhang I** der RL aufgezählt sind. Bei bestimmten Agenzien und Arbeitsbedingungen (zB Arbeit bei Überdruck, mit Blei oder unter Tage) wird die Exposition durch Art 6 MR iZm **Anhang II** ausnahmslos verboten.

Wenn die Risikobeurteilung ergibt, dass im Hinblick auf den üblichen Arbeitsplatz der AN Sicherheits- und Gesundheitsbedenken bestehen, muss der AG nach der **Prioritätsregel** des Art 5 MR vorgehen. Dies erfordert, dass die AN so weit wie möglich befähigt wird, ihre übliche Arbeit unter **angepassten Arbeitsbedingungen** fortzusetzen, mit deren Hilfe das jeweilige Gesundheitsrisiko ausgeräumt wird. Nur wenn dies nicht möglich ist, soll die AN auf einen **anderen Arbeitsplatz** innerhalb des Unternehmens des AG versetzt werden. Nur wenn auch ein derart sicherer Arbeitsplatz für die AN innerhalb des Unternehmens nicht in zumutbarer Weise verfügbar gemacht werden kann, muss sie während des erforderlichen Zeitraums **beurlaubt** werden (vgl auch Rs *Pedersen*).

IX. Arbeitsbedingungen

Eine ähnliche Regelung ist in Art 7 MR enthalten, der ein absolutes Verbot der **Nachtarbeit** für schwangere AN und junge Mütter vorsieht: Prioritär ist die Versetzung der AN auf einen Tagarbeitsplatz, während Urlaub gewährt werden muss, wenn eine solche Versetzung nicht möglich ist.

Unabhängig davon, welche dieser Maßnahmen ergriffen werden, werden sie idR zur gänzlichen oder teilweise Unterbrechung der Arbeitsleistung oder zur Leistung von Arbeiten von niedrigerem Wert für den AG führen. Um größeren Einkommenseinbrüchen aufgrund dieser Tatsache vorzubeugen (diese wären ein Anreiz für die AN, Sicherheitsbedenken zu ignorieren und weiter zu arbeiten), sieht Art 11 Abs 1 MR vor, dass der AN die Fortzahlung von **Arbeitsentgelt und/oder eine angemessene Sozialleistung** gewährt werden müssen. Die Methode der Finanzierung (durch öffentliche Mittel oder solche des AG) ist somit dem nationalen Gesetzgeber überlassen.

Zu beachten ist, dass Art 11 Abs 1 von der Fortzahlung „eines Arbeitsentgelts" spricht, was bedeutet, dass nicht das volle Entgelt der AN fortgezahlt werden muss. In den Rs *Parviainen* und *Gassmayr* hat der EuGH ein System zur Bestimmung der **Angemessenheit** der Zahlung entwickelt, wie sie von Art 11 verlangt wird. Nach dieser Rsp, welche wie erwähnt auch als Vorbild für Jahresurlaubsgeldansprüche diente, muss der Anspruch der AN jedenfalls das **Grundentgelt** abdecken und darüber hinaus sämtliche **Zulagen**, die durch ihre **Qualifikation**, ihre **Position** im Unternehmen oder ihr **Dienstalter** bedingt sind. Im Gegensatz dazu können Entgeltbestandteile, die von besonderen **Umständen der Arbeitsausübung** abhängen (hauptsächlich Zuschläge für erhöhte Anforderungen oder Belastungen, wie etwa lange oder ungünstig gelegene Arbeitszeiten), außer Acht gelassen werden, solange diese Umstände gegenwärtig nicht vorliegen. Erbringt die AN (nach einer Anpassung der Arbeitsbedingungen oder Versetzung auf einen anderen Arbeitsplatz) weiterhin irgendeine Form von Arbeitsleistung, kann ihr Entgelt jedenfalls nicht geringer sein als das, was andere AN des Unternehmens für vergleichbare Aktivitäten tatsächlich verdienen.

Eine weitere wichtige Einschränkung des Rechts auf ein Einkommen für den Zeitraum von Maßnahmen nach Art 5 MR findet sich in Art 11 Abs 4: Diese Bestimmung ermöglicht, dass die Leistung an **Bedingungen** geknüpft wird. In der Praxis der MS bestehen solche Bedingungen etwa im Erfordernis einer gewissen Aufenthaltsdauer, der Zahlung von Beiträgen oder dem Erreichen eines bestimmten Entgeltniveaus.[224] Nur wenn die Bedingung eine bestimmte **Beschäftigungsdauer** vor der Entstehung des Anspruchs vorschreibt, enthält die RL eine klare Grenze (diese darf nicht länger sein als **ein Jahr**); jede andere Regel wird wohl im Hinblick auf den *Effet-utile*-Grundsatz beurteilt werden müssen. Hinzu-

---

224 Vgl *van der Vleuten*, The price of gender equality: members states and governance in the European Union (2007) 156.

zufügen ist, dass, wenn die Schwangerschaft zu Krankheitssymptomen führt, eine dadurch verursachte Abwesenheit nicht zu einer Schlechterbehandlung im Vergleich zu „gewöhnlicher" krankheitsbedingter Abwesenheit führen darf (Rs *Pedersen*).

Ein **Vorschlag der Kommission** zur Änderung der RL aus 2008[225] würde nur eine geringfügige Veränderung der Anspruchsposition in diesem Bereich bringen: Um der praktisch häufigen Nichtbeachtung der *Prioritätsregel* entgegenzuwirken, soll eine neu eingefügte Klausel der AN ihr volles Entgelt garantieren, wenn der AG sie gänzlich beurlaubt, ohne dass die Notwendigkeit dafür medizinisch nachgeprüft wurde.

2. Mutterschaftsurlaub

Selbst dort, wo im Zuge der obligatorischen Risikobewertung keine speziellen Risiken für Sicherheit und Gesundheit festgestellt werden, wird es für jede Frau als unzumutbar angesehen, in den Wochen unmittelbar vor und nach der Entbindung ihrer Arbeit nachzugehen. Folglich hat sie für diese Dauer ein Recht auf Mutterschaftsurlaub, der als Teil des **Grundrechts** auf Vereinbarkeit von Familie und Beruf in Art 33 Abs 2 GRC verankert ist. Obwohl der Anspruch als allgemein gültiger Gesundheitsschutzstandard konzipiert ist, können das konkrete Ausmaß und der Zeitpunkt des Mutterschaftsurlaubs in den MS erheblich variieren: Art 8 MR schreibt nur vor, dass der AN insgesamt ein Recht auf **14 Wochen Urlaub** zukommt, von denen sie zumindest **zwei verpflichtend** nehmen muss. Es bleibt den nationalen Rechtsordnungen überlassen, Anfangs- und Endzeitpunkt des Urlaubs vor bzw nach der Geburt festzusetzen.

In diesem Zusammenhang ist anzumerken, dass die laufenden **Verhandlungen über eine Änderung der RL** durch Bemühungen gekennzeichnet sind, sowohl den freiwilligen als auch den obligatorischen Teil des Mutterschaftsurlaubs auszuweiten. Der zuvor erwähnte Vorschlag der Kommission würde den Gesamtanspruch auf 18 Wochen erhöhen, was hinter den Forderungen des EP zurückbleibt, die Vorstellungen des Rates hingegen deutlich übersteigt.[226] Darüber hinaus enthält der genannte Vorschlag einen Anspruch auf zusätzliche Urlaubstage im Falle einer vorzeitigen oder Mehrlingsgeburt oder der Geburt eines behinderten Kindes.

Aus der Rsp geht hervor, dass der spezifische Zweck des Mutterschaftsurlaubs **unvereinbar** sowohl mit **Erholungs-** als auch mit **Elternurlaub** ist, was bedeutet, dass letztere Formen des Urlaubs bei Mutterschaft unterbrochen und stattdessen

---

[225] KOM(2008) 600/4.
[226] Zur aktuellen politischen Diskussion s http://www.europarl.europa.eu/sides/getDoc.do?type=OQ&reference=O-2011-000184&language=EN.

zu einem späteren Zeitpunkt gewährt werden müssen (Rs *Merino Gómez, Kiiski* und *TSN*).

Ebenso wie im Falle von Beurlaubung oder angepasster Arbeit im Sinne der Art 5 oder 7 MR verlangt Art 11 der RL auch während des Mutterschaftsurlaubs Maßnahmen, die verhindern, dass die AN aus finanziellen Gründen ihre Rechte nicht wahrnimmt. Abs 2 lit b der Bestimmung sieht wieder die Fortzahlung eines **Entgelts** und/oder angemessene **Sozialleistungen** vor. Doch unterscheidet sich der Angemessenheitsstandard dieses Absatzes trotz des nahezu identischen Wortlauts von dem des Abs 1: Art 11 Abs 3 bestimmt, dass der der AN gewährte Betrag zumindest deren hypothetischem Anspruch auf **Leistungen bei Krankheit** entsprechen muss. Dadurch hängt der Mindestanspruch der AN für Zeiten des Mutterschaftsurlaubs letztlich von der Großzügigkeit des Krankengeldsystems der jeweiligen Rechtsordnung ab.[227] Hinzu kommt, dass auch in diesem Zusammenhang Art 11 Abs 4 anwendbar ist und somit die Gewährung der Leistung von **Bedingungen** abhängig gemacht werden kann.

Ganz offensichtlich schließt der eben beschriebene Standard nicht aus, dass sich die Einkommenssituation der AN gegenüber Zeiten tatsächlicher Arbeitsleistung merkbar verschlechtert. Der EuGH hat die Rechtsansicht, dass dies einer Diskriminierung aufgrund des Geschlechts gleichkommt, mit der Begründung abgelehnt, dass hinsichtlich der Entlohnung Mutterschaftsurlaub schlicht *nicht mit tatsächlicher Arbeitserbringung vergleichbar* ist (Rs *Webb, Boyle*). Anders stellt sich die Situation für **andere Ansprüche aus dem Arbeitsverhältnis** dar, insb für den Erwerb von Ansprüchen auf betriebliche Rentenleistungen und Jahresurlaub: Art 11 Abs 2 lit a MR stellt klar, dass abgesehen von Entgeltansprüchen für den betroffenen Zeitraum alle mit dem Arbeitsverhältnis verbundenen Rechte in **vollem Umfang** zu gewährleisten sind.

Auch in diesem Bereich wird gegenwärtig über eine Änderung der aktuellen Norm debattiert: Der **Vorschlag der Kommission** würde den Anspruch der AN auf das Niveau ihres vollen Durchschnittsentgelts anheben, wobei eine Obergrenze für Besserverdienende möglich bliebe. Darüber hinaus würde Art 11 Abs 2 in seiner geänderten Form das Recht der AN festschreiben, nach dem Mutterschaftsurlaub auf ihren Arbeitsplatz zurückzukehren oder – falls dies nicht möglich ist – auf einen gleichwertigen Arbeitsplatz. Dieser Standard entspricht dem geltenden EU-Recht, obwohl er derzeit etwas unsystematisch in Art 15 der Geschlechterdiskriminierungs-RL zu finden ist. Dieses Recht betrifft auch die Beförderungsaussichten einer AN vor Beginn des Mutterschaftsurlaubs. Wenn diese wegen der schwangerschaftsbedingten Abwesenheit nicht an einer für die Beförderung notwendigen Ausbildungsmaßnahme teilnehmen kann, muss der AG sicherstellen, dass sie nach Rückkehr vom Mutterschaftsurlaub innerhalb einer

---

[227] Krit *van der Vleuten*, The price of gender equality 157.

vertretbaren Zeit an einem gleichwertigen Ausbildungsprogramm teilnehmen kann (Rs *Napoli*).

Schließlich muss betont werden, dass auch die MR eine **Mindeststandard-RL** ist und somit umfangreiche finanzielle Ansprüche für beide Arten von Urlaub oder Anpassung der Arbeitsleistung möglich sind. Diese sind in der Praxis sogar relativ häufig und werden durch Gesetz, KollV oder auch einzelne AG gewährt. Der EuGH hat bestätigt, dass ein *AG* als Voraussetzung für die Gewährung weitergehender Rechte auch Bedingungen aufstellen kann, die in Bezug auf den 14-wöchigen Mindestanspruch der RL nicht zulässig wären (s Rs *Boyle* zur Aussetzung des Erwerbs von Anwartschaften auf Jahresurlaub und Rente und zu einem rückwirkenden Verlust von Entgeltansprüchen für den Fall, dass die AN unmittelbar nach dem Mutterschaftsurlaub Elternurlaub nimmt). Hingegen müssen während eines *gesetzlich vorgeschriebenen* längeren Mutterschaftsurlaubs alle in Art 11 genannten Vorteile gewährt werden (Rs *Sass*).

3. Kündigungsschutz

Wie schon oben erwähnt ist eine der entscheidenden Folgen der Anwendbarkeit der MR, dass der betroffenen AN eine besondere Form des Kündigungsschutzes zugestanden wird. Dies geht über den Schutz des Art 14 Abs 1 lit c der **Geschlechterdiskriminierungs-RL** (s Unterabschnitt V.A.1.d.) hinaus, der ja nur anwendbar ist, sofern (gemäß den besonderen Beweisstandards dieser RL) nachgewiesen werden kann, dass die Entlassung aus Gründen der Schwangerschaft ausgesprochen wurde. Im Gegensatz dazu kommt es nach Art 10 MR zu einer **vorübergehenden Aussetzung** des Rechts des AG, den Arbeitsvertrag zu kündigen – vom Beginn der Schwangerschaft bis zum Ende des Mutterschaftsurlaubs, auch wenn die Kündigung nicht *aufgrund* der Schwangerschaft erfolgen würde.

Der EuGH hat es verweigert, den Ausdruck „Kündigung" in Art 10 so weit zu interpretieren, dass er auch das Auslaufen eines befristeten Vertrags während der Schwangerschaft verhindern würde (wie dies in der Rs *Melgar* vertreten wurde). Hingegen entschied der Gerichtshof 2007 in der Rs *Paquay*, dass dieser Artikel schon dann verletzt ist, wenn der AG im geschützten Zeitraum vorbereitende Schritte setzt, um eine AN nach dessen Ablauf zu kündigen – etwa durch eine Zeitungsannonce für eine dauerhafte Besetzung ihres Arbeitsplatzes.

Allerdings ermöglicht die weite und vage formulierte Ausnahmeregelung des Art 10 Abs 1 eine Kündigung durch den AG in „**Ausnahmefällen**", die in keinem kausalen Zusammenhang mit der Schwangerschaft stehen. Liegt ein solcher Ausnahmefall vor, kann der AG das Arbeitsverhältnis durch eine **schriftliche** Mitteilung an die AN beenden, die ausdrücklich jene **Gründe nennt**, die die Entlassung rechtfertigen (Art 10 Abs 2 MR). Darüber hinaus erfordert Abs 1, dass der AG „gegebenenfalls" die **Zustimmung der zuständigen Behörde** einholt. Hinsichtlich dieser Formulierung hat der EuGH klargestellt, dass sie die MS nicht verpflichtet, Verfahren einer behördlichen Genehmigung von Entlassungen neu einzuführen (Rs *Melgar*).

Nach dem Vorschlag der Kommission soll der Zeitraum des Kündigungsschutzes erweitert werden und künftig nach dem Ende des Mutterschaftsurlaubs noch sechs Monate weiterbestehen.

4. Anwendung und Ausblick

Auch die MR enthält mehrere Bestimmungen, die **unmittelbar angewendet** werden können. Dies gilt insb für den **Kündigungsschutz** des Art 10 (s Rs *Melgar*).

In der Rs *Gassmayr* sah der EuGH auch in Art 11 Abs 1–3 eine unmittelbar anwendbare Verpflichtung, auf die ein Anspruch auf eine **finanzielle Leistung** entsprechend dem jeweiligen Angemessenheitsmaßstab gestützt werden kann. In Analogie zu der beschriebenen Rsp zur Insolvenz-RL (s Unterabschnitt VII.C.2.) setzt dies wohl voraus, dass der betreffende MS die grundsätzliche Wahl zwischen Entgeltfortzahlung durch den AG und Sozialleistung bereits getroffen hat. Entsprechend dem allgemeinen Ansatz des Gerichtshofs wird die unmittelbare Anwendbarkeit auch nicht durch die Tatsache verhindert, dass der MS nach Art 11 Abs 4 Bedingungen vorschreiben könnte: Wenn ein MS eine Bestimmung nicht ordnungsgemäß umgesetzt hat, kann er sich nicht darauf berufen, dass er bei der Umsetzung von einer Ausnahmeregelung Gebrauch gemacht hätte (Rs *Gassmayr*).

Wie erwähnt existieren bereits seit Längerem Pläne, die derzeitige RL durch eine **Neufassung** zu ersetzen. Gegenwärtig **stagnieren** allerdings **die Verhandlungen** mit Blick auf die Uneinigkeit unter den MS und EU-Institutionen in mehreren Punkten.[228] Neben der erwähnten umstrittenen Dauer des Mutterschaftsurlaubs betrifft dies insb die Einführung eines Rechts auf **Vaterschaftsurlaub**, die vor allem vonseiten des EP gefordert wird.[229]

5. Mutterschaftsurlaub für Selbständige und mitarbeitende Partnerinnen

Die MR ist eindeutig auf den Kontext eines Arbeitsverhältnisses ausgerichtet, mit dem AG als primärem Adressaten von verpflichtender Risikobewertung und Folgemaßnahmen, Kündigungsschutz und potenziellen Zahlungsverpflichtungen. Zumindest aus finanzieller Sicht können aber selbständig erwerbstätige Frauen und mitarbeitende Ehe- bzw Lebenspartnerinnen in vergleichbarer Weise wie

---

228 Vgl EU-Agenda: Nachrichten zum Europäischen Sozial- und Arbeitsrecht, ZESAR 2012, 49 ff.
229 Vgl Europäisches Parlament, Legislative Entschließung vom 20. Oktober 2010 (erste Lesung), P7_-TA (2010) 0373.

AN geschützt werden, um schädliche Arbeitsleistung zwecks Erzielung eines Einkommens zu vermeiden. Da Art 33 Abs 2 GRC explizit auf „jede Person" anwendbar ist, entspricht die Garantie eines **bezahlten Urlaubs** auch für selbständige Mütter dem Schutz ihrer durch die EU anerkannten **sozialen Grundrechte**. Zumindest für einen Zeitraum von **14 Wochen** vor und/oder nach der Entbindung wird ein solcher Schutz seit Kurzem auch durch das EU-Sekundärrecht vorgeschrieben.

Die einschlägigen Bestimmungen sind in der Neufassung der Gleichbehandlungs-RL für Selbständige zu finden (**2010/41/EU** – s Unterabschnitt V.A.2.a.). Art 8 der RL sieht im Unterschied zu Art 11 Abs 2 lit b der MR einen **flexiblen Mindeststandard** für die finanzielle Unterstützung während des Mutterschaftsurlaubs vor: Alternativ zu dem hypothetischen Betrag des Krankengeldes kann der nationale Gesetzgeber den Betrag auch unter Bezugnahme auf Durchschnittseinkommen von Selbständigen oder „jegliche andere familienbezogene Leistung" festsetzen (Art 8 Abs 3). Als weitere Abweichung gibt es keinen obligatorischen Mindestzeitraum, für den eine Selbständige ihre Tätigkeit unterbrechen müsste.

Schließlich kann es die Natur der selbständigen Tätigkeit erfordern, dass sie in einem gewissen Umfang fortgesetzt wird, während sich eine Frau im Mutterschaftsurlaub befindet. Die RL berücksichtigt dies, indem sie den Zugang der betroffenen Frauen zu Diensten vorsieht, die eine **zeitlich befristete Vertretung** für die Fortführung ihrer Tätigkeiten bereitstellen (vgl Art 8 Abs 4). Allerdings ist der Ansatz der RL ein sehr bescheidener: Es besteht lediglich ein Recht auf Zugang zu bereits in der MS **bestehenden Systemen**. Wenn ein MS einen derartigen Vertretungsmechanismus zur Verfügung stellt, kann er im Gegenzug finanzielle Leistungen während des Mutterschaftsurlaubs entsprechend reduzieren oder ganz verweigern.

Abschließend sei darauf hingewiesen, dass es für Selbständige keine Entsprechung für die Art 5 und 7 MR gibt, sodass eine schwangere Selbständige, die ihre Tätigkeit aufgrund von Gesundheits- und Sicherheitsrisiken schon vor dem regulären Mutterschaftsurlaub unterbrechen muss, keine finanziellen oder anderen Ansprüche aus dem EU-Recht ableiten kann.

D. Abwesenheit aus familiären Gründen

Ein weiterer Rechtsakt, dessen Umsetzungsfrist erst vor Kurzem abgelaufen ist, ist die **Elternurlaubs-RL (2010/18/EU)**. Die RL dient ausschließlich der Implementierung einer Rahmenvereinbarung der europäischen Sozialpartner, für die der Elternurlaub das erste jemals in einer solchen Vereinbarung behandelte Thema war. Ebenso war die 1995 geschlossene **Rahmenvereinbarung über Elternlaub (ERV)** die Erste, die durch eine RL (96/34/EG) umgesetzt wurde – und bisher ist sie die Einzige, die später (**2009**) von den Sozialpartnern erfolgreich neuverhandelt wurde.

1. Elternurlaub

Elternurlaub ist der komplementäre Aspekt zum Mutterschutz im Konzept der EU zur **Vereinbarkeit von Beruf und Familie** (vgl Art 33 Abs 2 GRC). Im Vergleich ist seine Regelung auf EU-Ebene jedoch auch nach Umsetzung der neugefassten Rahmenvereinbarung noch sehr allgemein gehalten und beinhaltet deutlich weniger konkret verpflichtende Vorschriften als die MR. ZT ist dies dadurch bedingt, dass zwingende gesundheitliche Bedenken in diesem Bereich fehlen, was eine weitaus größere Flexibilität ermöglicht als beim Mutterschutz. Darüber hinaus gestaltet sich die Erarbeitung gemeinsamer Standards auf der Basis sehr unterschiedlicher nationaler Rechtstraditionen schwierig.[230] Im Ergebnis haben zahlreiche Bestimmungen der Elternurlaubs-RL einen sehr geringen normativen Gehalt bzw sind sogar als *soft law* einzuordnen.[231]

§ 2 der ERV gibt jedem AN das Recht, nach der **Geburt oder Adoption** eines Kindes Urlaub zu dessen Betreuung zu nehmen. Dieses Recht muss nicht unmittelbar nach der Geburt bzw Adoption oder dem Ablauf des Mutterschaftsurlaubs ausgeübt werden, sondern kann bis zu einem bestimmten Alter des Kindes, das von den MS oder nationalen Sozialpartnern definiert werden soll, in Anspruch genommen werden. Vorbehaltlich spezieller Bestimmungen des nationalen Rechts kann der **AG** den vom AN gewünschten Zeitpunkt des Elternurlaubs nur aus „**berechtigten betrieblichen Gründen**" ablehnen (§ 3 Abs 1 lit c). Die genannte Obergrenze für das Alter des Kindes (acht Jahre) dürfte kaum von praktischer Bedeutung sein, wenn man bedenkt, dass die ERV für den AN günstigeren Vorschriften generell nicht entgegensteht (vgl § 8).

Die neue Rahmenvereinbarung erweitert den Mindestanspruch auf **vier Monate Urlaub**, von denen mindestens **einer „nicht übertragbar"** sein darf (§ 2 Abs 2 ERV). Übertragbarkeit in diesem Zusammenhang bezieht sich auf eine Situation, in der zwei erwerbstätige Elternteile mit jeweils separatem Urlaubsanspruch die Verantwortung für die Kinderbetreuung auf einen Elternteil konzentrieren wollen. Die MS können hier eine Übertragung der Berechtigung von einem Elternteil auf den anderen gestatten, nicht aber für den gesamten viermonatigen (oder nach nationalem Recht längeren) Anspruch.[232] Das erklärte Ziel dieser neuen Beschränkung ist die Förderung einer ausgewogeneren Inanspruchnahme des Elternurlaubs, in anderen Worten ein Anreiz für Väter, sich an der Kinderbetreuung

---

[230] Vgl *Kamerman/Moss*, The Politics of Parental Leave Policies: Children, Parenting, Gender and the Labour Market (2009) 247.
[231] Vgl *León/Millns*, Parental, Maternity and Paternity Leave 350 ff.
[232] Vgl die immer noch viel geringere Inanspruchnahme von Elternurlaub durch Männer in allen MS: Dazu *León/Millns*, Parental, Maternity and Paternity Leave 357.

zu beteiligen. Der EuGH hat festgestellt, dass diese Mindestdauer *pro Elternteil* gilt, nicht pro Kind – mit dem Ergebnis, dass die Geburt von Zwillingen nicht unbedingt zu einem doppelt so langen Anspruch führt (Rs *Chatzi*).

Den relativ klaren Bestimmungen des § 2 ERV steht § 3 gegenüber, der den weiten **Ermessensspielraum der MS** bei der Regelung der Details des Urlaubs zum Ausdruck bringt.[233] Dies betrifft die Zulässigkeit von **Teilzeitarbeit** und flexibler Vereinbarungen, die Frist für die **Mitteilung** des geplanten Urlaubsantritts an den AG und insb die Vorschrift einer **Wartezeit**, vor deren Ablauf ein AN kein Recht auf Elternurlaub hat. Ebenso wie Art 11 Abs 4 des MR (s Unterabschnitte VIII.C.1. ff) begrenzt § 3 Abs 1 lit c ERV die zulässige Wartezeit auf maximal **ein Jahr**. Andere Arten von Bedingungen des Anspruchs sind nicht vorgesehen.

Schließlich scheint es zweifelhaft, ob sich etwa aus der Verpflichtung der MS, die Erforderlichkeit spezieller Rechte für Eltern von **behinderten Kindern** (§ 3 Abs 3 ERV) oder **Adoptiveltern** (§ 4) zu „prüfen", konkret justiziable Rechte ableiten lassen.

§ 5 der neuen Rahmenvereinbarung führt zu einer teilweisen Angleichung der Rechtsposition eines AN im Elternurlaub mit jener einer AN während des Mutterschaftsurlaubs. Dies betrifft insb das Recht des AN, auf den ursprünglichen Arbeitsplatz (subsidiär auf einen gleichwertigen **Arbeitsplatz**) **zurückzukehren** (§ 5 Abs 1 ERV), sowie den **Schutz vor Entlassung** und jeder anderen Form von **Diskriminierung** aus Gründen der Beantragung oder Inanspruchnahme von Elternurlaub. Letztgenannte Bestimmung entspricht jedoch nicht einer allgemeinen vorübergehenden Aussetzung des Kündigungsrechts, wie sie in Art 10 der MR vorgeschrieben ist.

Ein weiterer Aspekt, unter dem die Standards für Elternurlaub hinter denen für den Mutterschaftsurlaub zurückbleiben, betrifft Rechte iZm dem Arbeitsvertrag. Während die MR ein beschränktes Recht auf Entgelt bzw Sozialleistungen und den vollumfänglichen Fortbestand aller anderen Rechte (einschließlich des Erwerbs neuer Anwartschaften) vorsieht, garantiert § 5 Abs 2 ERV nur die **Wahrung bereits erworbener Rechte**. Solch ein erworbenes Recht besteht zB in einem Jahresurlaubskontingent, das zu Beginn des Elternurlaubs bereits besteht: Dieses darf nicht einmal nach zweijährigem Elternurlaub verfallen (s Rs *Zentralbetriebsrat der Landeskrankenhäuser Tirols*). Das Gleiche gilt für einen Abfertigungsanspruch, der nicht deshalb vermindert werden darf, weil während einer Elternteilzeit vorübergehend ein geringeres Einkommen erzielt wird (s Rs *Meerts*).

Im Gegensatz dazu verleiht die ERV dem AN **kein Recht** auf den Erwerb **neuer Ansprüche**, so als ob er in dem betreffenden Zeitraum gearbeitet hätte. Vor allem überlässt § 5 Abs 5 die Entscheidung über „**einkommensrelevante** Fragen" den

---

[233] Vgl *Kamerman/Moss*, The Politics of Parental Leave Policies 252.

MS, sodass der Elternurlaub nach den innerstaatlichen Vorschriften auch gänzlich unbezahlt sein kann. Dasselbe gilt für **sozialversicherungsrechtliche** Fragen (s Rs *Gómez-Limón* zur Zulässigkeit der Reduzierung einer Invaliditätsrente als Folge der Elternteilzeit).

2. Abwesenheit aus dringenden familiären Gründen

Die ERV regelt neben dem Elternurlaub auch eine zweite Art von Urlaubsanspruch, der in Fällen „**höherer Gewalt**" entsteht, womit nach § 7 Abs 1 dringende familiäre Gründe bei Krankheiten oder Unfällen gemeint sind. Die nähere Ausgestaltung des Anspruchs wird zur Gänze dem nationalen Recht überlassen, welches ausdrücklich die Dauer der Freistellung pro Jahr und/oder pro Fall begrenzen darf.

E. Datenschutz am Arbeitsplatz

Im Lichte der technologischen Entwicklungen der vergangenen Jahrzehnte haben die Grenzen, die diversen Maßnahmen des AG durch das **Grundrecht auf Schutz der Privatsphäre** gesetzt sind, immer mehr an Aufmerksamkeit gewonnen. Art 7 GRC legt einen Standard fest, der auch in internationalen Menschenrechtsabkommen verankert ist (s zB Art 8 EMRK und dessen Auslegung durch den EGMR, insb in den Urteilen in Rs *Halford v UK* und *Niemietz v Deutschland*). Neben dem allgemeinen Recht auf Privatsphäre enthält Art 8 GRC ein besonderes Recht auf den Schutz personenbezogener Daten (vgl in diesem Zusammenhang das 1981 geschlossene Übereinkommen des Europarats zum Schutz des Menschen bei der automatischen Verarbeitung personenbezogener Daten).

Im Verlauf der 1970er Jahre begannen viele der EU-MS, bestimmte Verbote und Beschränkungen im Interesse des Schutzes der Privatsphäre in ihre jeweilige Rechtsordnung aufzunehmen.[234] Für den EU-Binnenmarkt drohte dies bald zu einem Hindernis größeren Ausmaßes zu werden, denn die einschlägigen innerstaatlichen Regelungen untersagten die Weitergabe von Daten an Personen und Einrichtungen aus anderen MS, wenn diese nicht den gleichen Datenschutzstandards unterworfen waren. Um dieser Situation zu begegnen, führte die **RL 95/46/EG (Datenschutz-RL – DSR)** das Prinzip des **freien Datenflusses** zwischen den MS ein, dem ein obligatorisches gemeinsames **Mindestniveau an Datenschutz** gegenübersteht.[235]

Art 1 dieser RL schließt alle natürlichen Personen (auch Drittstaatsangehörige) in ihren persönlichen Geltungsbereich ein. **Personenbezogene Daten** sind gem

---

234 Vgl *Marcella/Stucki*, Privacy Handbook: Guidelines, Exposures, Policy Implementation, and International Issues (2003) xiii.
235 Vgl *Forst*, Beschäftigtendatenschutz im Kommissionsvorschlag einer EU-Datenschutzverordnung, NZA 2012, 364 ff.

Art 2 lit a DSR alle Informationen über eine bestimmbare Person. Obwohl die RL damit nicht speziell auf arbeitsvertragliche Beziehungen zugeschnitten ist, bilden diese doch einen der praktisch wichtigsten Bereiche ihrer Anwendung. AG erheben und verarbeiten routinemäßig eine Vielzahl an Daten im Sinne von Art 2 in Bezug auf ihre Belegschaft (Name, Kontaktdaten, Lebenslauf, Geschlecht, Gesundheitszustand, Angehörige, Einkommen etc) und zeichnen uU im Laufe des Arbeitsverhältnisses zusätzliche Daten auf (audiovisuellen Aufnahmen, Sichtung der Korrespondenz, Leistungsbewertung, Disziplinarmaßnahmen etc).

1. Zulässigkeit der Datenverarbeitung

Art 7 DSR zählt die Fälle, in denen die MS die Verarbeitung von personenbezogenen Daten erlauben dürfen, abschließend auf. Alle dort genannten Tatbestände können auch in der Beziehung AG–AN relevant sein. Im Einzelnen kann die Rechtmäßigkeit der Datenverarbeitung entweder auf ihre Erforderlichkeit im Hinblick auf übergeordnete Interessen oder aber auf die **eindeutige Zustimmung** der betroffenen Person gegründet werden. Nach Art 2 lit h muss diese Zustimmung „ohne Zwang, für den konkreten Fall und in Kenntnis der Sachlage" gegeben werden. In der Praxis erkennen mehrere MS die Zustimmung des AN selbst nicht als ausreichende Rechtfertigung für jede Art der Datenverarbeitung an; vielmehr wird eine zusätzliche Genehmigung durch AN-Vertreter gefordert.[236]

Fehlt eine rechtfertigende Zustimmung des AN, ist die Zulässigkeit der Datenverarbeitung abhängig von ihrer **Erforderlichkeit**

- zur Erfüllung eines **Vertrages,**
- zur Erfüllung einer **rechtlichen Verpflichtung** des AG,
- zum Schutz lebenswichtiger **Interessen des AN** selbst,
- zur Wahrnehmung einer Aufgabe im **öffentlichen Interesse** oder
- zur Verwirklichung **rechtmäßiger Interessen** des AG oder eines Dritten.

Das Erforderlichkeitskriterium impliziert, dass jede dieser Begründungen nur vorbehaltlich einer **Verhältnismäßigkeitsprüfung** eine Rechtfertigung darstellt. Wird die Datenverarbeitung auf den letztgenannten Punkt gestützt, verlangt schon der Wortlaut des Art 7 lit f DSR ausdrücklich eine Abwägung der Interessen von AG bzw Dritten mit den Grundrechten des AN. Darüber hinaus muss der AN im Falle einer Legitimation durch einen der beiden letzten Punkte die Möglichkeit haben, einer weiteren Datenspeicherung oder -verarbeitung unter Angabe zwingender Gründe iZm seiner jeweiligen Situation zu widersprechen (Art 14 DSR). Einer kürzlich ergangenen umstrittenen Entscheidung des EuGH

---

236 Vgl King et al, Workplace Privacy and Discrimination Issues Related to Genetic Data: A Comparative Law Study of the European Union and the United States, American Business Law Journal 43/1 (2006) 153.

(Rs *ASNEF*) zufolge sind die MS nicht berechtigt, zusätzliche Bedingungen für die Anwendbarkeit der einzelnen rechtfertigenden Gründe vorzuschreiben. Wenn daher der AG ein überwiegendes Interesse im Sinne von Art 7 lit f DSR hat, kann Datenverarbeitung nicht deshalb verwehrt werden, weil er eine zusätzliche innerstaatliche Voraussetzung (dass nur in öffentlichen Quellen zu findende Daten verarbeitet werden dürfen) nicht erfüllt.[237]

Strengere Normen gelten für sogenannte **sensible Daten**, dh Daten über Rasse oder ethnische Herkunft, politische Meinung, Glauben, Gewerkschaftszugehörigkeit, Gesundheit oder Sexualleben (Art 8 DSR): Während diese Daten allgemein (solange sie nicht vom Betroffenen selbst öffentlich bekannt gemacht wurden) nur mit **ausdrücklicher Einwilligung** oder – wo eine solche Zustimmung nicht möglich ist – um lebenswichtige Interessen zu schützen verarbeitet werden dürfen, gibt es doch eine breite Ausnahme für die Wahrnehmung von **Rechten und Pflichten** auf dem Gebiet des **Arbeitsrechts**. Wenn das nationale Recht diese Ausnahme zulässt, muss es zur gleichen Zeit *angemessene Garantien* im Sinne von Art 8 Abs 2 lit b DSR vorsehen.

Zu diesen durchwegs eher vagen Bestimmungen fehlt bisher eine genauere Auseinandersetzung in der Judikatur. Allerdings wurden einige Leitlinien durch die Stellungnahmen der „**Art-29-Datenschutzgruppe**" aufgestellt. Die Datenschutzgruppe ist ein europäisches Expertengremium, bestehend aus Vertretern der nationalen Kontrollstellen (s unten). Um eine einheitliche Umsetzung der RL zu fördern, gibt die Datenschutzgruppe regelmäßig **Stellungnahmen** zu deren Anwendung in bestimmten Kontexten ab. Eine davon ihnen ist die *Stellungnahme zur Verarbeitung personenbezogener Daten von Beschäftigten 2001*. Diese betont die Notwendigkeit des **Ausgleichs** zwischen dem Schutz eines Grundrechts der AN mit potenziell berechtigten **Interessen des AG** an einer Überwachung des Arbeitsplatzes, des E-Mailverkehrs oder der Internetnutzung, an AN-Standortbestimmung oder der Verarbeitung von Ton und Bild. Ohne eine Universallösung für die vielfältigen Konstellationen im Einzelfall konstruieren zu wollen, verlangt die Stellungnahme, dass die Entscheidung über den zulässigen Umfang der Datenverarbeitung auf den **Grundsätzen der Zweckgebundenheit** (Verarbeitung aus einem bestimmten Grund), **Transparenz und Verhältnismäßigkeit** beruhen soll. Wo die Rechtmäßigkeit der Datenverarbeitung auf die Zustimmung des AN gestützt werden soll, muss sichergestellt werden, dass diesem eine reale Wahlfreiheit gegeben wird und die Zustimmung ohne Nachteil zurückgenommen werden kann.

Weitere Details über Fragen des Datenschutzes im Arbeitsleben finden sich in anderen Dokumenten der Datenschutzgruppe, wie zB dem *Arbeitsdokument zur Überwachung der elektronischen Kommunikation von Beschäftigten 2002*, dem *Arbeitspapier über Biometrie 2003* und der *Stellungnahme zur Nutzung von*

---

237 Vgl *Wuermeling*, Beschäftigungsdatenschutz auf der europäischen Achterbahn, NZA 2012, 368 ff.

Standortdaten 2005. Beobachter unterstreichen, dass technische Entwicklungen stets neue Herausforderungen an den Umgang mit Datenschutzproblemen stellen – zB in Bezug auf die Frage von Gentests bei der Einstellung, die letztlich zu genetischer Diskriminierung im Widerspruch zu Art 21 GRC führen können.[238]

2. Verfahren und Garantien für gesammelte Daten

Sobald Daten gesammelt worden sind, müssen den AN, auf die sie sich beziehen, bestimmte Rechte gewährt werden: **Zugang** zu den Daten (Art 12 DSR), **Auskünfte** über deren Einhebung (einschließlich Zweck, Inhalt und Empfänger) und gegebenenfalls deren **Berichtigung oder Löschung** (Art 10 ff). Art 16 ff DSR erfordern den Schutz der erhobenen Daten durch technische und organisatorische Maßnahmen.

Schließlich enthält die RL bestimmte Verfahrensgarantien für ihre wirksame Umsetzung. Art 28 DSR sieht die Einrichtung einer unabhängigen **nationalen Kontrollstelle** vor, der gemäß Art 18 jeder Fall der (teilweise) automatischen Verarbeitung personenbezogener Daten für einen bestimmten Zweck gemeldet werden muss, vorbehaltlich einiger Ausnahmen im selben Artikel. Der AN selbst muss Zugang zu einem Rechtsbehelf einschließlich gerichtlicher Überprüfung haben (Art 22 DSR).

Von herausragender Bedeutung für multinationale AG sind die Bestimmungen von Art 25 DSR zur **Übertragung von Daten an Drittländer**: Diese ist nur unter der Voraussetzung erlaubt, dass ein **angemessener Datenschutz im Zielstaat** gewährleistet ist. Es versteht sich von selbst, dass diese Regel eine wichtige Funktion zur Vermeidung einer Umgehung der RL durch ein Outsourcing der Datenverarbeitung in ein Drittland hat. In der Praxis hat diese Bestimmung eine beträchtliche Anzahl von Drittländern veranlasst, ihre innerstaatlichen Datenschutzvorschriften zu ändern und Sicherheitsvorkehrungen ähnlich den europäischen einzuführen, weil eine Verhinderung des AN-bezogenen Datenflusses transnational tätige Unternehmen mit immensen Schwierigkeiten konfrontiert hätte. Im Gegensatz dazu sind insb **US-amerikanische AG** immer noch durch das Verbot von Art 25 betroffen, denn im US-Recht fehlt ein nennenswerter rechtlicher Schutz der Privatsphäre in privaten vertraglichen Beziehungen und den betroffenen AN stehen auch keine wirksamen Rechtsmittel zur Verfügung. Vor diesem Hintergrund haben langjährige Verhandlungen zwischen der Europäischen Kommission und US-Behörden zur Festlegung der sogenannten **Safe-Harbour-Prinzipien** für individuelle AG geführt.[239] Diese basieren auf Art 26 Abs 2 DSR, der den MS

---

238 Vgl *O'Brien*, Equality's False Summits 44.
239 Europäische Kommission, Entscheidung gemäß der Richtlinie 95/46/EG des Europäischen Parlaments und des Rates über die Angemessenheit des von den Grundsätzen des „sicheren Hafens" und der diesbezüglichen „häufig gestellten Fragen" (FAQ) gewährleisteten Schutzes, vorgelegt vom Handelsministerium der USA (520/2000/EG).

IX. Arbeitsbedingungen

Ausnahmeregelungen zu Art 25 erlaubt, worin angemessene Garantien durch einen spezifischen AG als Datenadressaten sichergestellt werden. Wenn sich daher ein Unternehmen freiwillig zur Einhaltung der Safe-Harbour-Prinzipien verpflichtet, können die Daten über die EU-Außengrenze hinweg in einer ähnlichen Weise wie innerhalb des Binnenmarktes übertragen werden.

3. Ausblick

Die Kommission beabsichtigt, die Harmonisierung in Fragen des Datenschutzes zu stärken, indem die DSR durch eine Verordnung ersetzt wird.[240] Die Neuerungen für den Bereich des Arbeitslebens wären insgesamt begrenzt: Da Pläne über ein Verbot bestimmter Formen der Datenverarbeitung auch bei Zustimmung des AN wieder fallen gelassen wurden, bestünde die wesentliche Änderung aus AG-Sicht darin, dass die möglichen Sanktionen für eine Verletzung des europäischen Datenschutzregimes empfindlich verschärft würden (bis zu 2 % des globalen Umsatzes eines Unternehmens).[241]

---

240 Europäische Kommission, Vorschlag für eine Verordnung zum Schutz natürlicher Personen bei der Verarbeitung personenbezogener Daten und zum freien Datenverkehr, KOM(2012) 11 endg.
241 Vgl *Forst*, NZA 2012, 365 ff.

X. Kollektives Arbeitsrecht

Kollektive Arbeitsbeziehungen haben traditionell eine entscheidende Rolle bei der Entwicklung des Arbeits- und Sozialrechts in Europa gespielt, vor allem in den „alten" MS der EU, wo das kollektive Arbeitsrecht einen grundlegenden Bestandteil der jeweiligen nationalen Rechtsordnungen ausmacht. Dies ist in hohem Maße im geltenden EU-Recht reflektiert. In besonders deutlicher Weise enthält die GRC nicht nur die klassischen Standards aus internationalen Menschenrechtsdokumenten und ILO-Konventionen (**Koalitionsfreiheit** – Art 12 GRC – und das **Recht auf Kollektivverhandlungen und Kollektivmaßnahmen** – Art 28 GRC), sondern auch ein besonderes Recht auf **Information und Konsultation** (Art 27 GRC), was den aktuellen Schwerpunkt des EU-Sekundärrechts auf diesem Gebiet widerspiegelt, wie es im Folgenden dargestellt wird.

Die Rolle, die kollektiven Rechten und kollektiver Interessenvertretung nach diesen Grundrechtsnormen und einer Reihe von deklaratorischen Bestimmungen der Gründungsverträge (vgl insb §§ 151 ff AEUV) zukommt, findet jedoch keinen Ausdruck in einem soliden Bestand von EU-**Kompetenzen** zu ihrer Harmonisierung. Wie in Abschnitt I.C. erwähnt, schließt Art 153 Abs 5 AEUV die Regelung des Rechts auf Vereinigungsfreiheit und Arbeitskampfmaßnahmen (Streik und Aussperrung) gänzlich von rechtssetzenden Maßnahmen durch die EU aus. Darüber hinaus besteht eine wesentliche Hürde für die Annahme gemeinsamer Regeln auch im Erfordernis einer einstimmigen Entscheidung des Rates, wie es für Fragen der *Mitbestimmung* im Sinne des Art 153 Abs 1 lit f besteht.

Dennoch wurden mittlerweile bestimmte EU-rechtliche Standards (wenn auch mit zT minimalen Ansprüchen) für nahezu alle relevanten Ebenen der kollektiven Interessenvertretung verabschiedet – vom transnationalen sozialen Dialog als Teil der politischen Entscheidungsfindung auf europäischer Ebene bis zu den Rechten der AN-Vertreter in Betrieben mit zumindest 20 Beschäftigten. Die folgende Übersicht beginnt mit dem höchsten Niveau der industriellen Beziehungen und endet mit den Mindeststandards für rein nationale Fragen.

A. Der europäische soziale Dialog
1. Die Sozialpartner auf EU-Ebene

Die Vertretung der gemeinsamen Interessen von AG und AN hat den nationalen Kontext bereits lange vor der Gründung der EU überschritten, als die internationale (iW auf Europa konzentrierte) Gewerkschaftsbewegung bereits im späten 19. Jahrhundert an Bedeutung gewann. Der institutionalisierte soziale Dialog wurde im Rahmen der ILO schon kurz nach Ende des Ersten Weltkrieges in Gang gesetzt.[242]

Gegenwärtig ist der europäische soziale Dialog auf **branchenübergreifender** Ebene durch drei Akteure auf Seiten der AG und eine AN-Organisation geprägt. Letztere ist der Europäische Gewerkschaftsbund (**EGB**; ETUC), dessen Mitgliedsorganisationen nahezu alle wesentlichen nationalen gewerkschaftlichen Zentren in der EU abdecken.[243] Die AG-Seite ist wesentlich stärker fragmentiert und weniger allumfassend: Dazu gehören **BusinessEurope** (früher: UNICE) als die Organisation mit dem breitesten Mandat, **CEEP** (Centre Européen des Employeurs Publics) als Vertreter für öffentliche Unternehmen und **UEAPME** (Union Européenne de l'Artisanat et des Petites et Moyennes Entreprises), die auf die Vertretung von KMU spezialisiert ist. Neben diesen Akteuren existieren Fachverbände, die sozialen Dialog auf **sektoraler Ebene** führen.

Die Einbeziehung dieser Organisationen – bzw ihrer jeweiligen Vorgänger – in die Gestaltung der europäischen Sozialpolitik geht zurück auf den Mitte der 1980er Jahre initiierten „*Val-Duchesse-Prozess*"[244]. Formalisiert wurde dies durch den Vertrag von Maastricht, der den Sozialpartnern bestimmte Rechte der Einbindung in die Normsetzung im Rahmen der EU zuerkannte. Derzeit sind diese in den **Art 154 f AEUV** zu finden.

2. Vereinbarungen und ihre Umsetzung

Die Einführung dessen, was nunmehr das Sozialkapitel des AEUV ist, hat auch einen neuen Typus eines Gesetzgebungsverfahrens geschaffen, das nur bei Legislativmaßnahmen im Rahmen dieses Kapitels anwendbar ist. Nach Art 154 AEUV ist das übliche Verfahren ausgehend von einem Vorschlag der Kommission nachrangig gegenüber dem Recht der **Sozialpartner**, einen solchen **Vorschlag untereinander auszuverhandeln**. Zu diesem Zweck hat die **Kommission**, sobald sie die Ausarbeitung eines Vorschlags im Bereich Sozialpolitik beabsichtigt, in dem die Zuständigkeit der EU auf Art 153 basiert, den Sozialpartnern mittels **zweifacher Konsultation** die Gelegenheit zur Übernahme der Initiative zu geben: einmal grundlegend in Bezug auf die Erwünschtheit von EU-Maßnahmen auf dem vorgesehenen Gebiet und einmal bezüglich der konkreten Inhalte der geplanten Gesetzgebung (Art 154 Abs 2–3 AEUV).

---

242 Vgl *Windmuller/Pursey/Baker*, The International Trade Union Movement, in *Blanpain*, Comparative Labour Law and Industrial Relations in Industrialized Market Economies[10] (2010) 74 ff.
243 Die kleineren Organisationen zur Vertretung von Fach- und Führungskräften – Eurocadres und CEC (European Confederation of Executives and Managerial Staff) – werden im sozialen Dialog auf europäischer Ebene im Rahmen der EGB-Delegation vertreten. Vgl http://ec.europa.eu/social/main.jsp?catId=479&langId=en.
244 Vgl *Kamerman/Moss*, The Politics of Parental Leave Policies 245.

In jedem Stadium dieses Konsultationsverfahrens können die Sozialpartner die Aufgabe der Formulierung des Rechtsakts übernehmen. Wenn sie der Kommission eine diesbezügliche Absicht mitteilen, muss Letztere über einen Zeitraum von **neun Monaten** eigene Schritte zur Erarbeitung unterlassen. Diese garantierte Frist für Verhandlungen kann die Kommission verlängern (Art 154 Abs 4), was in der Praxis die Regel ist und wiederholt sozialpartnerschaftliche Verhandlungen über eine Vielzahl von Jahren zur Folge hatte (s insb die in Abschnitt IX.B. beschriebenen RL).

Wenn die Verhandlungen erfolgreich sind, hängt es ausschließlich vom **Rat** ab, ob die Vereinbarung der Sozialpartner in **verbindliches europäisches Recht umgesetzt wird** (Art 155 AEUV). Dabei hat der Rat nur die Möglichkeit der Annahme oder der Ablehnung des Vorschlags, nicht aber die Option, Änderungen vorzunehmen. Die **Mehrheit**, die für diese Entscheidung im Rat erforderlich ist, entspricht jener, welche **Art 153** für den jeweiligen Regelungsbereich vorschreibt. Dies bedeutet, dass es im Bereich der Sozialpolitik möglich ist, dass die Gesetzgebung auf einer simplen qualifizierten Mehrheit im Rat beruht (dh eventuell dem Interesse einer Reihe von Staaten widerspricht), ohne dass das **Parlament** ein Mitspracherecht bei der Entscheidung über die Annahme hätte (das EP ist nach Art 155 Abs 2 AEUV nur zu informieren).

Diese letztgenannte Tatsache veranschaulicht, dass die Legitimität des EU-Rechts in dem beschriebenen Verfahren entscheidend davon abhängt, ob die fehlende Zustimmung des EP durch die Einbeziehung von Akteuren ausgeglichen wird, die ein gewisses Maß an **Repräsentativität** gewährleisten. Zu diesem Zweck hat die Kommission eine Mitteilung[245] veröffentlicht, die Kriterien für jene Organisationen festlegt, die als „Sozialpartner" im Sinne des Art 154 konsultiert werden. Diese müssen

- entweder **branchenübergreifend** tätig sein **oder sich auf die jeweiligen** von der geplanten Gesetzgebung berührten Sektoren oder Kategorien beziehen,
- auf **europäischer Ebene** organisiert sein,
- aus **Organisationen** bestehen, die in – „so weit wie möglich" – **allen MS** ein integraler Bestandteil des Systems der Arbeitsbeziehungen sind und die Fähigkeit haben, Vereinbarungen auszuhandeln oder
- über die **geeigneten Strukturen** verfügen, um ihre effektive Beteiligung an der Konsultation zu gewährleisten.

Offensichtlich hatte diese Mitteilung nicht das Potenzial, Debatten über die Frage der Repräsentativität zum Verstummen zu bringen und so führte auch gleich die erste Rahmenvereinbarung der europäischen Sozialpartner (über den Elternurlaub) nach ihrer Umsetzung in eine RL des Rates zu einer Anfechtung vor dem

---

245 Mitteilung über die Anwendung des Abkommens über die Sozialpolitik, KOM(93) 600 endg.

EuG. In seinem Urteil in der Rs *UEAPME* lehnte das Gericht eine Argumentation ab, wonach eine Organisation mit einem beträchtlichen Grad an Repräsentativität ein individuelles Recht auf Mitsprache in auf europäischer Ebene abgeschlossenen Sozialpartnervereinbarungen hätte. Sobald die Kommission alle Organisationen konsultiert hat, die nach den obigen Kriterien als Sozialpartner gelten, ist es Sache der einzelnen Organisationen, mit wem sie eine Vereinbarung aushandeln. Eine solche Vereinbarung ist wiederum geeignet für eine Annahme als eine RL des Rates, sofern sie von repräsentativen Organisationen der AG sowie der AN unterzeichnet ist – **auch wenn nicht alle** vorhandenen **repräsentativen Organisationen beteiligt** waren. Es liegt in der **Verantwortung der Kommission und des Rates**, diese Voraussetzung für die Repräsentativität in jedem Fall zu prüfen.

Mit diesem Urteil hat das EuG iW die Kriterien der Kommission als ausreichend bestätigt. Vereinfach gesagt bedeutet dies, dass eine Sozialpartnervereinbarung als Grundlage für eine RL geeignet ist, wenn auf beiden Seiten des Verhandlungstischs zumindest eine Vereinigung mit Mitgliedsorganisationen in allen Mitgliedstaaten beteiligt ist (das trifft sowohl auf den EGB als auch auf BusinessEurope zu), selbst wenn ein Großteil der AG in einer Reihe von Ländern in dieser Konstellation nicht vertreten ist. In der Praxis hat das Thema nach einer Kooperationsvereinbarung zwischen BusinessEurope und UEAPME im Jahr 1998 viel von seiner Brisanz verloren und bei allen seither geschlossenen Rahmenvereinbarungen war auch UEAPME am Abschluss beteiligt.[246]

Es bleibt hinzuzufügen, dass die Sozialpartner ebenso über Angelegenheiten verhandeln können, die ihnen nicht von der Kommission vorgelegt werden, und sie umgekehrt auch nicht verpflichtet sind, die Umsetzung über eine RL des Rates zu beantragen. Art 155 Abs 2 AEUV erwähnt als **Alternative** die Möglichkeit der Umsetzung „nach den jeweiligen Verfahren und **Gepflogenheiten der Sozialpartner und der MS**". Falls die Vereinbarung ein Thema außerhalb der EU-Kompetenzen iSd Art 153 betrifft, ist dieser zweite Weg der Umsetzung auch die einzige Option.

In der Praxis folgte auf die anfängliche Häufigkeit der Umsetzung von Rahmenvereinbarungen durch RL (**ERV, TZRV und BRV** wurden allesamt innerhalb der zweiten Hälfte der 1990er Jahre umgesetzt) der ausschließliche Abschluss „**freiwilliger Vereinbarungen**" seit der Jahrtausendwende.[247] Diese Vereinbarungen – zu den Themen **Telearbeit** (s Abschnitt VI.D.), **Stress am Arbeitsplatz, Mobbing und Gewalt** am Arbeitsplatz und **integrative Arbeitsmärkte**[248] – wurden einer Durchführung durch die nationalen „Gepflogenheiten" nach Art 155 Abs 2 anvertraut. Das Ausmaß der Verantwortung der MS, die vereinbarten Standards

---

246 Vgl *Blanpain*, European Labour Law 887.
247 Genauer gesagt gab es 2009 noch eine Rahmenvereinbarung der ersten Kategorie, welche die ursprüngliche ERV ersetzte – s Unterabschnitt VIII.D.1.
248 Alle Rahmenvereinbarungen können unter http://www.etuc.org/r/615 eingesehen werden.

in irgendeiner Form in ihr Rechtssystem aufzunehmen – oder eine solche Aufnahme zumindest angemessen zu prüfen –, ist noch **umstritten**.[249] Das Gleiche gilt für die mögliche Bindungswirkung dieser Vereinbarungen für nationale Mitgliedsorganisationen der beteiligten europäischen Sozialpartner.[250] Dies verdeutlicht den grundlegenden Unterschied zwischen dem europäischen sozialen Dialog und Kollektivverhandlungen auf nationaler Ebene, denen idR ein Effekt auf individuelle Arbeitsverträge rechtlich zugesichert ist.

Neben den genannten Rahmenvereinbarungen auf branchenübergreifender Ebene sind einige RL zum Thema Arbeitsbedingungen auch ein Ergebnis des sozialen Dialogs auf **sektoraler Ebene** (vgl zB die RL zur Regelung der Arbeitszeit von Seeleuten und von AN in der zivilen Luftfahrt).[251]

Abschließend ist anzumerken, dass die Aushandlung von Abkommen zwischen den europäischen Sozialpartnern sich idR überaus schwierig gestaltet. Dies beruht vor allem auf dem Fehlen konkreter Anreize, einen Konsens zu finden (vgl dagegen die konkreten Vorteile einer auf nationaler Ebene geschlossenen Vereinbarung für die Parteien – Bindungswirkung, Friedenspflicht etc). Das hat zu einem **Scheitern der Verhandlungen in einer Reihe von Bereichen** geführt, in denen die Kommission schließlich beschloss, mit einem eigenen Vorschlag voranzugehen – zB in Bezug auf Leiharbeit, ergänzende Rentenansprüche (s Unterabschnitt X.A.5.a.) und Europäische Betriebsräte (Unterabschnitt IX.B.2.). Über andere Themen, etwa (sexuelle) Belästigung oder die Schaffung eines allgemeinen Rahmens für Information und Konsultation (Unterabschnitt IX.B.3.), wurden Verhandlungen trotz wiederholter Aufforderung durch die Kommission nie aufgenommen. Konkrete Ergebnisse konnten häufig nur auf konstanten Druck vonseiten der Kommission gegenüber der AG-Seite erreicht werden (*„Damocles bargaining"*[252]).

B. Beteiligung der AN in europäischen Unternehmen

Die Einbeziehung der AN eines Unternehmens in seine Entscheidungsprozesse ist zu einem gewissen Grad in **allen MS der EU** ein traditionelles Merkmal des nationalen Arbeitsrechts. Allerdings **variieren** der Umfang und die konkrete Ausgestaltung dieser Beteiligung erheblich[253] und reichen vom effektiven Fehlen

---

249 Vgl *Ales*, Transnational Collective Bargaining in Europe: The Case for legislative Action at EU Level, Journal Compilation of the International Labour Organization (2009) 151.
250 Vgl *Runggaldier*, Der Europäische Kollektivvertrag: Eine Variante gemeinschaftsrechtlicher Normsetzung?, DRdA 1/2006, 4 ff.
251 RL 1999/63/EG und 2000/79/EG.
252 *Blanpain*, European framework agreements and telework: Law and practice, a European and comparative study (2007); *Blanpain*, European Labour Law (2010) 749.
253 Vgl *Runggaldier*, Flexibilisierung des Arbeitsrechts und Tarifvertragsrecht. Österreich und Italien im Vergleich, Industrielle Beziehungen 2003, 41 ff.

jeglicher konkreten Rechtsposition (wie es für die anglosächsische Rechtstradition typisch ist) bis zur Zuweisung von konkreten Mitentscheidungsbefugnissen an AN-Vertreter sogar in unternehmerischen Entscheidungen (wofür insb die deutsche Rechtsordnung bekannt ist).[254]

Versuche, die Vertretung der europäischen AN auf Betriebsebene zu harmonisieren, existieren seit den 1970er Jahren. Sie wurden vor allem durch Bemühungen vorangetrieben, unerwünschten **Wettbewerb** zwischen den MS und **Sozialdumping** zu vermeiden (vgl Abschnitt IV.C.): starke Rechte der AN-Vertreter gelten als besonders starker negativer Anreiz für die Ansiedelung von Unternehmen in einem bestimmten MS, wenn andere Standorte weniger weit gehende Verpflichtungen versprechen. Eine Harmonisierung auf einem hohen Standard wurde dabei nicht nur mit sozialen, sondern auch mit wirtschaftlichen Argumenten gefordert: Mitbestimmung ist demnach ein entscheidender Faktor für die Verbundenheit der AN mit ihrem Unternehmen, was sich konkret positiv auf ihre Leistung auswirkt. Unterstützt wurde diese Argumentation durch die meist vergleichsweise sehr starke Wirtschaftsleistung der MS mit umfangreichen Partizipationsrechten der Belegschaft.[255]

Gegenwärtig zeichnet sich das europäische Betriebsverfassungsrecht durch eine sehr sichtbare Beschränkung auf **Mindestanforderungen** aus. Fragen der Struktur und Zusammensetzung von Vertretungskörpern oder Verfahren für deren Einbeziehung sind generell nicht erfasst. Noch bedeutsamer ist, dass es keine gemeinsamen Standards darüber gibt, ob und unter welchen Umständen AN ein Recht auf *Mitbestimmung* gegeben werden soll. Vielmehr ist das zentrale und entscheidende Konzept in diesem Bereich eines der **Information und Konsultation** (bzw „Unterrichtung und Anhörung"[256]).[257] Dieses Konzept ist mittlerweile in einer Vielzahl von Gegenständen des europäischen Arbeitsrechts sichtbar, zB Massenentlassungen, Betriebsübergang, Sicherheit und Gesundheit oder atypische Beschäftigung. In allen diesen Bereichen schreiben die jeweiligen RL die aktive Bereitstellung von Informationen über zentrale dort geregelte Fragen an – nicht näher definierte – AN-Vertreter vor und gewähren diesen die Möglichkeit, Vorschläge zu unterbreiten.

Im einer Grundsatzentscheidung Mitte der 1990er Jahre (*Kommission v UK 1994*) entschied der EuGH, dass diese Art von Bestimmungen auch eine inhärente institutionelle Komponente hat: Informations- und Konsultationsrechte **setzen voraus**, dass irgendeine Form von **Vertretungskörper im betroffenen Unterneh-**

---

254 Vgl *Gold*, Employee Participation in the EU 9 ff.
255 Ibid 12 ff, 18.
256 Die beiden Begriffspaare sind in ihrer Bedeutung identisch; in den neueren RL findet sich bereits häufiger die Bezeichnung „Unterrichtung und Anhörung".
257 Zu den rechtlichen Schwierigkeiten, wenn Europäischen Betriebsräten doch ein bindendes Mitspracherecht zugestanden wird, s *Ales*, Transnational Collective Bargaining in Europe 152.

men existiert. Folglich wird die RL über Massenentlassungen nicht korrekt umgesetzt, wenn das nationale Rechtssystem die Errichtung jeglicher Form der Vertretung von ihrer Anerkennung durch den jeweiligen AG abhängig macht. Dies war eine klare Absage an das angelsächsische Modell der bloß freiwilligen AN-Vertretung auf betrieblicher Ebene.

1. Societas Europaea (SE)

Die weitestreichende Form der Determinierung betriebsverfassungsrechtlicher Fragen durch das EU-Recht betrifft die AN-Vertretung in der Europäischen Gesellschaft (SE) als einer genuin europäischen Unternehmensform. Zum Thema Interessenvertretung in der SE hat die EU eine separate RL **(2001/86/EG – SER)** erlassen, die die **VO 2157/2001** über das Statut der Europäischen Gesellschaft ergänzt, wo die Regeln für die Gründung und das allgemeine Funktionieren dieses Unternehmenstypus zu finden sind.

Der derzeitige Rechtsrahmen ist das Ergebnis von über 30 Jahre dauernden erfolglosen **Bemühungen**, das **Gesellschaftsrecht in der EU zu harmonisieren**. Sein Hauptziel ist es, Restrukturierungen und Standortverlagerungen innerhalb des Gemeinsamen Marktes zu erleichtern und damit die Mobilität und Wettbewerbsfähigkeit der europäischen Unternehmen zu verbessern. Weitergehende Konzepte eines Ersatzes bestehender nationaler Strukturen durch ein einheitliches europäisches Gesellschaftsrecht sind letztlich gescheitert (vgl die Zurücknahme des Vorschlags der Fünften Gesellschaftsrechts-RL[258]), wobei sich gerade in Fragen der AN-Beteiligung unüberwindbare Differenzen zeigten, die den politischen Verhandlungsprozess lähmten. Im Ergebnis wurde die Societas Europaea als bloß optionale **Alternative zu den nationalen Rechtsformen** von Unternehmen konzipiert und ihre Reglementierung ist durch breite Verweise auf nationales Recht geprägt.

Schließlich sei auch erwähnt, dass die AN-Beteiligung in der **Europäischen Genossenschaft (SCE)** in der RL 2003/72/EG auf gänzlich vergleichbare Weise geregelt ist wie in der SE; auf eine separate Darstellung wird nachstehend verzichtet.

a) Vereinbarung über AN-Vertretung

Die Einbeziehung der AN ist ein Thema, das bei der Errichtung einer SE von Anfang an geplant werden muss. Hier ist bedeutsam, dass eine solche **Errichtung** immer von bereits **bestehenden Unternehmen** ausgeht, die bis dahin den Vorschriften einer oder mehrerer innerstaatlicher Rechtsordnungen über die AN-Vertretung unterliegen: Art 2 der SE-Verordnung ermöglicht die Gründung einer SE durch eine grenzüberschreitende *Verschmelzung* von Aktiengesellschaf-

---

258 Vgl *Gold*, Employee Participation in the EU 15.

ten, die Errichtung einer *Holdinggesellschaft* durch Unternehmen mit Sitz in verschiedenen MS, die Gründung einer gemeinsamen *Tochtergesellschaft* durch solche Unternehmen oder die *Umwandlung* einer nationalen Aktiengesellschaft, die eine existierende Tochtergesellschaft in einem anderen MS hat. Die SER soll nun sicherstellen, dass die betroffenen AN idR nicht gezwungen werden, Vertretungsrechte aufzugeben, die sie zuvor nach nationalem Recht genossen haben; Vorrang hat jedoch immer eine Einigung zwischen den Beteiligten im Einzelfall.

Zu diesem Zweck schreiben die Art 3 ff SER die Bildung eines sog **besonderen Verhandlungsgremiums** (BVG) vor, um mit den Leitungsorganen der beteiligten Unternehmen die Vertretungsstrukturen in der künftigen SE **auszuverhandeln**. Die **Zusammensetzung** dieses Gremiums basiert auf einem modifizierten Konzept der Verhältnismäßigkeit: Jeweils mindestens ein Vertreter wird von der nationalen Arbeitnehmerschaft in jedem MS gewählt oder ernannt, unabhängig von deren Anteil an der Gesamtbelegschaft des SE. Wenn mehr als 10 % dieser Gesamtbelegschaft in einem bestimmten MS beschäftigt sind, werden die AN dort berechtigt, einen zusätzlichen Vertreter zu bestimmen, zwei im Falle eines 20 %-Anteils, drei für 30 % etc (Art 3 Abs 1 lit a). Einige weitere besondere Bestimmungen gelten im Falle einer SE-Gründung durch Verschmelzung. Verfahrensrechtliche Fragen sind gänzlich den Bestimmungen des innerstaatlichen Rechts überlassen.

Das BVG kann anschließend mit **einfacher Mehrheit** über die Positionen entscheiden, die es in den Verhandlungen mit den Leitungsorganen einnimmt. In diesem Rahmen sind die Verhandlungspartner grundsätzlich frei, Vertretungskörper und/oder Verfahren nach ihren individuellen Vorstellungen über die AN-Vertretung in der künftigen SE zu gestalten. Eine gewisse Absicherung ist aber für **Mitbestimmungsrechte** im Sinne von Art 2 lit k der RL vorgesehen: Dieser Begriff bezieht sich auf nationale Vorschriften, die AN einen Einfluss auf die **Zusammensetzung des Aufsichts- oder Verwaltungsorgans** des Unternehmens (in der Praxis idR des Aufsichtsrats) geben. Wenn der Hälfte der betroffenen AN im Rahmen ihres nationalen Gesellschaftsrechts bestimmte Mitbestimmungsrechte zugestanden sind, kann ihnen ein gleichwertiger Einfluss in den Organen der SE **nur durch** eine Entscheidung des BVG mit **qualifizierter Zweidrittelmehrheit entzogen** werden (Art 3 Abs 4). Im Falle einer Gründung durch Verschmelzung gelten diese Garantien bereits, wenn die betroffenen AN ein Viertel der Belegschaft ausmachen. Wenn schließlich die SE durch eine bloße **Umwandlung** eines bestehenden Unternehmens errichtet wird, gibt es keinen Raum für jedwede Form der Reduzierung der bisher geltenden AN-Mitbestimmungsrechte (Art 4 Abs 4 SER).[259]

Die RL ist auch bemüht, die notwendigen Bedingungen für einen effektiven Verhandlungsprozess zu gewährleisten. Insb wird das BVG berechtigt, **Experten** (ua

---

259 Vgl *Runggaldier*, Die AN-Mitbestimmung in der SE, GesRZ-Sonderheft 2004, 1.

Gewerkschaftsvertreter) zur Unterstützung heranzuziehen; die **Kosten** sind von den beteiligten Unternehmen zu tragen (Art 3 Abs 5 ff). Wichtig ist auch, dass allen **Mitgliedern** des BVG der gleiche **Schutzstandard** (Kündigungsschutz, Diskriminierungsschutz etc) garantiert wird, wie er für AN-Vertreter im nationalen Recht gilt (Art 10 SER). In diesem Zusammenhang sei bereits darauf hingewiesen, dass diese nationalen Vorschriften über den Schutz der AN-Vertreter dem Erfordernis der Angemessenheit iSd Art 7 der RL 2002/14/EG genügen müssen (s Unterabschnitt IX.B.3,).

b) Auffangregeln

Wenn **keine Einigung** zwischen dem BVG und den Leitungsorganen zustande kommt, gelangen die **subsidiären Vorschriften des Anhangs** der RL iVm den Detailregelungen der MS zur Anwendung. Diese Regeln sind einerseits eine Garantie für das Management, dass die Gründung der SE auch im Falle eines Scheiterns der Verhandlungen voranschreiten kann, andererseits sind sie ein wichtiger Bezugsstandard für die AN-Seite, auf den diese jedenfalls zurückfallen können, wenn die Vorschläge der Leitungsorgane dahinter zurückbleiben.

Art 7 sieht die Anwendung der Auffangregelung vor, sobald die Verhandlungen entweder durch eine gemeinsame **Entscheidung** der Parteien eingestellt werden oder innerhalb von **sechs Monaten** zu keinem Ergebnis führen. Das nach dieser Regelung vorgesehene Vertretungsorgan der AN der SE ist nach denselben Grundsätzen **zusammengesetzt wie das BVG**, und seinen Mitgliedern müssen die gleichen **Rechte** und der gleiche **Schutz** gewährt werden, wie dies für BVG-Mitglieder oben skizziert wurde. Teil 2 lit g des Anhangs sieht zusätzlich einen Anspruch auf bezahlte Freistellung für **Fortbildungsmaßnahmen** ohne Verlust des Entgelts vor.

Das Vertretungsorgan hat das Recht, vom zuständigen Organ der SE mindestens **einmal im Jahr** über die Entwicklung der Geschäftslage und die Perspektiven der SE **informiert und konsultiert** zu werden, wobei Teil 2 lit b des Anhangs eine demonstrative Aufzählung der Angelegenheiten enthält, die einbezogen werden sollen. Darüber hinaus werden spezifische Informations- und Konsultationsrechte bei „außergewöhnlichen Umständen" (Sitzverlegung, Betriebsübergang, Werksschließungen etc) gewährt. Im Gegensatz dazu ist kein Recht auf Mitentscheidung der AN-Vertreter in diesen Fragen vorgesehen; sie müssen zwar gehört werden, können aber kein Veto einlegen. Auch gibt es spezielle Schutzbestimmungen für die **Mitbestimmung** – in dem Sinne, dass Mitbestimmungsrechte in der SE den **günstigsten nationalen Vorschriften** entsprechen müssen, die auf einen Teil der Belegschaft bisher anwendbar waren (Teil 3 des Anhangs). Daher richtet sich die Anzahl der von den AN bestimmten Mitglieder in den Leitungsorganen der SE nach der höchsten Zahl, die in einer der beteiligten Gesellschaften bisher maßgeblich war.

c) Praxis

In den ersten Jahren nach dem Inkrafttreten des SE-Statuts im Oktober 2004 war das Interesse der europäischen Unternehmen an dieser Gesellschaftsform marginal. Abgesehen von **rechtlichen Unsicherheiten** und in der Praxis oft langen, umständlichen **Verhandlungen** mit dem BVG wurden dafür vor allem die Garantien der RL für den Erhalt von weitestmöglichen **Mitbestimmungsrechten** verantwortlich gemacht, und tatsächlich waren SE-Gründungen hauptsächlich auf MS zentriert, wo Unternehmen bereits davor einen vergleichsweise starken Einfluss der Beschäftigten auf ihren Aufsichtsrat kannten.[260]

In den Folgejahren stieg die Anzahl von SE hingegen nahezu exponentiell an. Im März 2014 zählte eine von gewerkschaftlicher Seite ins Leben gerufene Datenbank[261] insgesamt 2.125 SE in Europa. Was die einen als Erfolg der SE als zunehmend attraktiver Gesellschaftstyp ansehen, ist für Kritiker vielmehr ein Indiz dafür, dass die SE trotz des schützenden Ansatzes der RL ein beliebtes Instrument darstellt, um bestehende **Rechte auf AN-Beteiligung zu umgehen**. Einerseits ist dies möglich, wenn das nationale Recht etwa ab einer gewissen Größe eines Unternehmens Mitbestimmungsrechte vorsieht, die für kleinere Gesellschaften nicht gelten. Hier kann die „rechtzeitige" Umwandlung eines wachsenden Unternehmens in eine SE die weitere Anwendbarkeit der weniger strengen Mitbestimmungsstandards sicherstellen. Zum anderen beschäftigte weniger als die Hälfte der 613 Gesellschaften, über die nähere Informationen in der erwähnten Datenbank vorlagen, bei ihrer Gründung mehr als fünf AN. Unter den verbleibenden 1.512 SE (von denen 99 % in der Tschechischen Republik registriert sind), dürften gegenwärtig häufig weder AN noch eine tatsächliche wirtschaftliche Tätigkeit vorhanden sein.[262] Wenn nun zum Zeitpunkt der Gründung (nahezu) keine AN vorhanden sind, kann selbstverständlich die Grundidee der Verhandlungen mit einem repräsentativen Vertretungskörper nicht verwirklicht werden. Mitbestimmungsrechte im Sinne von Art 2 lit k existieren nur in 55 SE, von denen 45 in Deutschland registriert sind. AN-Vertreter in Österreich und Deutschland haben immer wieder die Befürchtung geäußert, dass die SE eben diese Rechtstradition völlig untergraben könnte.[263]

---

260 Vgl *Schmidt*, The European Company (SE): Practical Failure or Model for Other Supranational Company Types?, Asian Journal of Law and Economics 1/2 (2010) 2, 11 ff, 14.
261 ETUI European Company Database – Daten abrufbar unter http://www.worker-participation.eu/European-Company/SE-COMPANIES/SE-Database-ECDB/News-on-European-Companies-March-2012.
262 Ibid.
263 *Gold/Schwimbersky*, The European Company Statute: Implications for Industrial Relations in the European Union, European Journal of Industrial Relations 14/2008, 60. Dennoch unterstreichen die Autoren auf Seite 56, dass es nicht zutreffend wäre, die Umgehung von AN-Beteiligungsrechten als wichtigstes Motiv für die Gründung einer SE in der Praxis anzusehen.

Da Judikatur zur SER noch gänzlich fehlt, ist gegenwärtig unklar, inwieweit die Verpflichtung der MS nach **Art 11, Maßnahmen gegen den Missbrauch** der SE zur Vorenthaltung von Beteiligungsrechten zu treffen, in den genannten Umgehungsfällen Abhilfe schaffen könnte.

2. Andere multinationale Unternehmen

Die Unzulänglichkeit einer nur einzelstaatlichen Reglementierung der AN-Beteiligung zur Gewährleistung gewisser Mindeststandards ist nicht auf Fälle beschränkt, in denen ein Unternehmen beschließt, eine europäische Gesellschaftsform anzunehmen. Ganz allgemein gehen nationale Vorschriften über die Vertretung idR kaum über die Festsetzung von Rechten der AN(-Vertreter) gegenüber ihrem rechtlichen AG hinaus. Innerhalb größerer Konzernstrukturen, wie sie sich im EU-Binnenmarkt entwickelt haben, werden **Entscheidungsprozesse** hingegen regelmäßig **zentralisiert** – wodurch die auf die nationale Ebene beschränkten AN-Vertretungsgremien den Zugang zu den Organen verlieren, die die für die Belegschaft wesentlichen Entscheidungen real treffen.

Vor diesem Hintergrund schreibt die **Europäische Betriebsrats-RL (EBR –** nunmehr **RL 2009/38/EG)** Mechanismen der AN-Vertretung gegenüber dem zentralen Management größerer grenzüberschreitend tätiger Unternehmen und Konzerne vor. Die Entwurfsphase bis zu ihrer Annahme war ähnlich langwierig und schwierig wie bezüglich der Regeln für die SE und erstreckte sich über 20 Jahre, bevor die ursprüngliche EBR im Jahr 1994 verabschiedet wurde. Trotz (oder gerade wegen) ihrer zentralen Bedeutung für die europäischen Sozialpartner auf beiden Seiten konnte auch zwischen diesen keine Einigung über den Inhalt der RL erreicht werden. Letztlich brach der EGB die Verhandlungen ab, um der Erarbeitung eines Entwurfs durch die Kommission nicht länger im Wege zu stehen.[264]

Die von der RL erfassten Unternehmen(sgruppen) sind in ihrem Art 2 Abs 1 lit a ff abgegrenzt: Das entscheidende Kriterium ist eine Belegschaft von mindestens **1.000 AN**, von denen jeweils **zumindest 150 in zwei verschiedenen MS** beschäftigt sind („gemeinschaftsweit operierende Unternehmen[sgruppen]"). Wo dies der Fall ist, müssen Vertretungsstrukturen nach einem Muster geschaffen werden, das dem der SER ähnelt.

a) Vereinbarung über AN-Vertretung

Wieder liegt der Schwerpunkt auf einer individuellen Lösung als Ergebnis eines Verhandlungsprozesses zwischen der zentralen Leitung und einem besonderen Verhandlungsgremium. Da in diesem Zusammenhang der Beginn der Verhandlungen nicht wie bei der SE durch einen Gründungsakt bestimmt wird, müssen

---

264 Vgl *Jagodziński*, Recast Directive on European Works Councils: Cosmetic Surgery or Substantial Progress? Industrial Relations Journal 40/6 (2009) 537.

Verhandlungen von den Beteiligten initiiert werden. Art 5 gibt das Recht der **Initiative** der **zentralen Leitung** und alternativ mindestens **100 AN** (entweder direkt oder über ihre Vertreter). In Kodifizierung von EuGH-Rsp zur alten EBR verpflichtet Art 4 Abs 4 das Management auf allen Ebenen, AN und/oder ihre Vertreter über das Vorliegen der Voraussetzungen für die Anwendung der RL (zB die Anzahl der AN in anderen Betrieben) zu informieren.

Die **Zusammensetzung** des BVG (s Art 5 Abs 2 lit b EBR) folgt den Regeln der SER (Vertretung der AN aus jeder MS; zusätzliche Vertreter für jeden 10 %-Anteil an der Gesamtbelegschaft). Dasselbe gilt für Fragen wie **Kostentragung** durch den AG (Art 5 Abs 6) und die Rechte und den **Schutz** der einzelnen AN-Vertreter nach Art 10 EBR.

Ein erfolgreicher Abschluss der Verhandlungen erfordert eine Einigung auf die Einrichtung eines **Europäischen Betriebsrats oder** die Bezeichnung eines **Verfahrens zur Unterrichtung und Anhörung**. Art 6 EBR legt den **Mindestinhalt der Vereinbarung** fest – Zusammensetzung, Verfahren, Finanzierung, die mögliche Schaffung eines engeren Ausschusses etc. Eine wichtige Streitfrage bei der Änderung der RL war, ob es zu einer verpflichtenden **Neuverhandlung** der ursprünglichen Vereinbarung kommen sollte, wenn sich die Struktur eines Unternehmens wesentlich verändert. Dies sollte vor allem verhindern, dass große Gruppen neu hinzukommender AN etwa im Falle von Verschmelzung, Übernahme etc mit einem *fait accompli* bezüglich der Vertretungsstrukturen konfrontiert und evtl massiv benachteiligt sind.[265] Art 6 Abs 2 lit g bleibt diesbezüglich sehr vage und verlangt nur, „gegebenenfalls" in der Vereinbarung die Fälle festzulegen, in denen eine Neuaushandlung erfolgen soll, „gegebenenfalls auch bei Änderungen der Struktur des […] Unternehmens".

Im Gegensatz zur Situation der SE-Gründung stellen sich Fragen der *Mitbestimmung* nicht, denn die Zusammensetzung der Verwaltungs- und Aufsichtsorgane des Unternehmens wird weiterhin durch innerstaatliches Recht geregelt.

b) Subsidiäre Regeln

In Analogie zu den Auffangregeln der SER haben nach Art 7 iVm dem Anhang der EBR „**subsidiäre Vorschriften**" zu gelten, wenn keine Einigung gefunden wird. Auch hier ist die Existenz dieser Vorschriften ein wichtiges Element für die Unterstützung der Verhandlungsposition der AN. Der Hauptunterschied besteht in den Fristen, die zu ihrer automatischen Anwendung führen: **Sechs Monate**, wenn die zentrale Leitung die Aufnahme von Konsultationen schlicht verweigert, und ganze **drei Jahre**, wenn bereits begonnene Verhandlungen zu keiner Einigung führen.

---

265 Ibid 542.

Auch die konkreten Bestimmungen des Anhangs über die Errichtung und das Funktionieren des Europäischen Betriebsrats **ähneln** denen für die **Vertretungsorgan der SE**. Die neue RL trifft aber eine klarere Unterscheidung zwischen Fragen, die nur die *Information* des Betriebsrates erfordern (iW Fakten über die wirtschaftliche Situation des Unternehmens), und solchen, bei denen ein *Konsultationsverfahren* obligatorisch ist (Fragen zur Beschäftigungssituation und Arbeitsorganisation: s Teil 1 lit a des Anhangs). Neuerdings schreiben die subsidiären Regeln auch die Wahl eines **engeren Ausschusses** von nicht mehr als fünf Betriebsratsmitgliedern vor, die ihre Aufgaben „regelmäßig" wahrnehmen können müssen (Teil 1 lit d) und bei „außergewöhnlichen Umständen" das Recht haben, eine Sitzung mit dem Management zu initiieren (Teil 3 des Anhangs).

c) Praxis

Obwohl die Gesamtzahl der Europäischen Betriebsräte in der EU in der jüngsten Vergangenheit deutlich zugenommen hat, sind diese immer noch in **weniger als der Hälfte** der grundsätzlich unter die Definition von Art 2 Abs 1 lit a ff fallenden **Unternehmen etabliert**. Häufig gestaltet sich die Beteiligung der AN auf der zentralen Ebene durch Sprachbarrieren sowie einen Mangel an Informationen, Zeit, Ressourcen und grenzüberschreitender Solidarität äußerst schwierig.[266]

Für einige dieser Fragen wurde mit den zusätzlichen Bestimmungen der überarbeiteten RL (in Kraft seit Juni 2011) der Versuch unternommen, die Wirksamkeit der geltenden Vorschriften zu erhöhen. Dies betrifft zB die erwähnte Informationspflicht über die Voraussetzungen der RL in Art 4 Abs 4 EBR, das Recht auf Ausbildung und Finanzierung in Art 10, Treffen der Vertreter der AN ohne Anwesenheit der zentralen Leitung und die Ermöglichung von Unterstützung durch Gewerkschaftsorganisationen (Art 5 Abs 4).

3. Andere Unternehmen

Schließlich wurden einige grundlegende gemeinsame Vorschriften über Information und Konsultation auch für Unternehmensstrukturen festgelegt, die keine gemeinschaftsweit operierenden Unternehmen darstellen. Die **Rahmen-RL Information und Konsultation (2002/14/EG)** wurde im Jahr 2002 trotz des heftigen Widerstands des Vereinigten Königreichs und eines Scheiterns der Sozialpartnerverhandlungen über die Frage angenommen.[267] Sie erfasst jedes **Unternehmen**, das irgendeine Art von wirtschaftlicher Tätigkeit ausübt (Art 2 lit a), sofern es zumindest **50 AN** beschäftigt, alternativ auch alle **Betriebe** mit einer Belegschaft von mindestens **20 AN** (Art 3 Abs 1 der RL).

---

[266] Vgl *Knudsen* et al, European Works Councils and the Problem of Identity, in *Whittall* et al (Hrsg), Towards a European Labour Identity: The Case of the European Works Council (2007) 5 ff.
[267] Vgl *Pochet*, Social Europe 11 ff.

Es bleibt der Entscheidung der MS überlassen, wie die Beteiligung der AN zu organisieren ist (Gründung eines Betriebsrates, Ad-hoc-Gremien etc); die RL konzentriert sich iW auf die Bezeichnung zwingender **Inhalte der Information und Konsultation**, wie sie in Art 4 aufgezählt sind. Wieder bezieht sich die Informationspflicht des AG auf die wirtschaftliche Situation des Unternehmens, während in Fragen der Beschäftigungssituation und Arbeitsorganisation auch Konsultation (als Meinungsaustausch und Dialog im Sinne von Art 2 lit g) erforderlich ist (Art 4 Abs 2 der RL).

Abgesehen von diesen Standards über den Umfang der Information und Konsultation ist ein zentrales Element der RL das Erfordernis, **AN-Vertretern** einen angemessenen **Schutz** zu garantieren (Art 7). In seinem Urteil in der Rs *Holst* hat der EuGH festgestellt, dass dies nicht bedeutet, dass diesen Vertretern notwendigerweise ein Kündigungsschutz über den anderer AN hinaus zugestanden werden muss. Allerdings ergibt sich aus dieser Entscheidung auch, dass absolutes Mindesterfordernis ein wirksamer Schutz gegen eine **Entlassung aus Gründen der Tätigkeit** als AN-Vertreter ist.

Alles in allem bleibt ein Großteil der Standards der RL hinter typischen Normen des innerstaatlichen Betriebsverfassungsrechts zurück, womit die RL vor allem für das Vereinigte Königreich und Irland von Bedeutung ist, nicht hingegen für MS mit einer stärkeren Tradition der AN-Beteiligung.[268]

4. Evaluierung des EU-Rechts zur Information und Konsultation

In einem groß angelegten, 2013 ins Leben gerufenen Projekt führte die Europäische Kommission einen „Fitness-Check" für den gegenwärtigen *acquis communautaire* im Bereich der Information und Konsultation auf der Grundlage von drei RL durch – der MER, der BÜR und der Rahmen-RL Information und Konsultation. Das Ergebnis dieser Auswertung war eine sehr positive Einschätzung der derzeitigen Vorschriften als „relevant, effektiv, kohärente und gegenseitig bestärkend". Gleichzeitig weisen die Schlussfolgerungen der Kommission auf einige Problemfelder hin – etwa die Beschränkungen des Geltungsbereichs der RL (Ausschluss von Kleinunternehmen, öffentlichen Verwaltungsinstitutionen, Seeleuten), das erwähnte Fehlen von Informations- und Konsultationsgremien in einem Großteil der Unternehmen bzw die mangelnde Einbeziehung dieser Einrichtungen durch die Unternehmensleitung sowie Mängel in der Kohärenz der RL (insbesondere bei der Definition von „Information und Konsultation").[269]

---

268 Vgl *Gold*, Employee Participation in the EU: The long and winding road to legislation, Economic and Industrial Democracy 31/2010, abrufbar unter http://www.sagepublications. com, 19.
269 Europäische Kommission, 'Fitness check' on EU law in the area of Information and Consultation of Workers, Commission Staff Working Document 26/07/2013, SWD(2013) 293 final.

C. Nationales kollektives Arbeitsrecht: Kollisionen mit EU-Binnenmarktvorschriften

Innerstaatliches kollektives Arbeitsrecht, wie es in den MS gegenwärtig in Geltung ist, enthält eine Reihe von Elementen, die sich im Hinblick auf zentrale Bereiche der EU-Verträge als problematisch erweisen können – insb das EU-Wettbewerbsrecht und die Grundfreiheiten.

Im Hinblick auf das **Wettbewerbsrecht** (Art 101 ff AEUV) ist das wichtigste Beispiel eines Konflikts mit nationalen Standards die Situation, in der ein KollV bestimmte Dienstleistungsanbieter massiv begünstigt. Der EuGH hatte sich in der Vergangenheit mit KollV zu befassen, die die Zugehörigkeit aller AG eines Wirtschaftssektors zu einem bestimmten Rentenfonds oder einem gemeinsamen Krankenversicherungssystem vorschrieben (Rs *Albany, Van der Woude*). Mit Blick auf die zentrale Bedeutung, die die Gründungsverträge dem sozialen Dialog zuerkennen, entschied der Gerichtshof, dass **KollV** von den Beschränkungen des EU-Wettbewerbsrechts ganz **allgemein befreit** sein müssen, um ihre essentiellen sozialen Zielsetzungen erfüllen zu können. Mehr als das, dieses Argument rechtfertigt auch eine **Ausweitung des Geltungsbereichs** der fraglichen Bestimmungen auf AG, die keiner KollV-Partei angehören, durch eine behördliche Entscheidung.

In offensichtlichem Gegensatz dazu hat der EuGH im Bereich des **Freizügigkeitsrechts** eine derart weit reichende Ausnahme weder für KollV noch für Arbeitskampfmaßnahmen anerkannt. Dies ergibt sich aus den Entscheidungen in den Rs *Laval* und *Viking* (s Abschnitt IV.C.), als Beschränkungen der Niederlassungs- und Dienstleistungsfreiheit einer **Verhältnismäßigkeitsprüfung** unterworfen wurden, die ebenso streng ausfiel wie für Maßnahmen einer nationalen Regierung.

XI. Soziale Sicherheit

Soziale Sicherheit und sozialer Schutz als grundlegende Bestandteile der nationalen Rechtsordnungen der MS könnten nicht völlig außerhalb des Anwendungsbereichs des EU-Rechts bleiben. Das **Grundrecht** jedes Einzelnen auf Zugang zu sozialer Sicherheit, Sozialhilfe und Gesundheitswesen ist in Art 34 und 35 GRC verankert. Die prinzipielle **Zuständigkeit** der EU, gemeinsame Standards in diesem Bereich erlassen, ist in das Sozialkapitel des AEUV (Art 153 Abs 1 lit c) aufgenommen worden. In der Realität aber ist diese Kompetenz (die einen einstimmigen Beschluss des Rates erfordert) **nicht verwendet** worden, um auch nur eine rudimentäre Harmonisierung des bestehenden Sozialversicherungsrechts zu erreichen. Die Gründe hierfür sind im politischen Bereich zu finden, denn das Sozialsystem eines MS bildet zweifellos einen wesentlichen Aspekt seiner grundlegenden soziopolitischen Orientierung – und ebenso des öffentlichen Budgets. Dennoch sind erste Anzeichen für eine Bereitschaft der MS, bestimmte Aspekte des Sozialversicherungsrechts zu harmonisieren, iZm der Diskussion über eine „EU-Wirtschaftsregierung" im Rahmen der aktuellen Wirtschaftskrise zu erkennen.[270]

Erste vorsichtige Schritte in Richtung gemeinsamer Standards wurden durch die Einführung von **OMK**-Prozessen in den Bereichen Renten und Gesundheitsversorgung gesetzt.[271] Im Gegensatz zu dem in Abschnitt II.A. beschriebenen OMK-Ansatz in der Beschäftigungspolitik beruhen diese Prozesse auf politischen Vereinbarungen und haben keine Grundlage im AEUV.[272]

Im Kontrast dazu können Bestimmungen über die **Koordinierung** der sozialen Sicherheit im EU-Recht bis zu den Anfängen seiner Existenz zurückverfolgt werden. Diese Koordinierung ist als notwendige Voraussetzung für die **Freizügigkeit** von Personen über die EU-Binnengrenzen hinweg unbestritten. Um zu verhindern, dass der (erwartete) Verlust von Sozialleistungen zu einem bedeutenden abschreckenden Faktor für die Mobilität von Arbeitskräften wird, wurden Wander-AN wesentliche Garantien der Gleichbehandlung und des Leistungsexports bereits durch die VO 3 und 4/EWG zugestanden. Soweit derartige Bestimmun-

---

270 Vgl EU-Agenda: Nachrichten zum Europäischen Sozial- und Arbeitsrecht, ZESAR 2012, 1 ff.
271 Vgl die Mitteilung der Kommission „Ein neuer Rahmen für die offene Koordinierung der Sozialschutzpolitik und der Eingliederungspolitik", KOM(2005) 706, und *Daly*, Whither EU Social Policy? 7 ff.
272 Die Entwicklungen, die die Kommission zum zentralen Kernthema der sozialversicherungsrechtlichen Pensionen vorantreiben will, wurden kürzlich als Weißbuch: Eine Agenda für angemessene, sichere und nachhaltige Renten, KOM(2012) 55 endg, veröffentlicht.

gen nur Wander-AN begünstigen, wird ihre Rechtsgrundlage derzeit durch Art 48 AEUV gebildet, der eine Verabschiedung im ordentlichen Gesetzgebungsverfahren ermöglicht, während die Aufnahme anderer EU-Bürger noch einen einstimmigen Beschluss des Rates erfordert (Art 21 Abs 3 AEUV).[273]

A. Koordinierung von Leistungen der sozialen Sicherheit

1. Geltungsbereich der Koordinierungsvorschriften

Derzeit sind die einschlägigen Bestimmungen des EU-Sekundärrechts in der **Koordinierungs-VO (KV) 883/2004** zu finden, weitere Details für die Umsetzung in der **Durchführungsverordnung 987/2009**. Art 2 KV spiegelt die schrittweise Erweiterung des persönlichen Anwendungsbereichs im Laufe der mehrfachen Änderungen der RL wider:[274] Der Wortlaut dieser Bestimmung umfasst **alle Bürger der MS**, Staatenlose und Flüchtlinge sowie die Familienmitglieder aller dieser Kategorien. Mittlerweile ist der Geltungsbereich faktisch noch weiter, denn die VO 1231/2010 bezieht auch **alle DSA** mit ein, sofern sie sich rechtmäßig im Hoheitsgebiet der EU aufhalten.

Ebenso weit gefasst ist Art 3 der KV, der ihren sachlichen Anwendungsbereich definiert. Er umfasst effektiv alle typischen Elemente nationaler Systeme der sozialen Sicherheit: Schutz gegen soziale Risiken bei **Krankheit, Mutterschaft** und (neu) **Vaterschaft, Invalidität, Alter, Tod**, **Arbeitsunfällen** und Berufskrankheiten, **Arbeitslosigkeit** und **Familienlasten**.

Die Kriterien für die Feststellung, ob eine **spezifische nationale Leistung** unter Art 3 KV fällt, sind, in den Worten des EuGH, ihr **Sinn und Zweck** sowie ihre Berechnungsgrundlage und die Voraussetzungen für ihre Gewährung. Daher kann ein Vorschuss für eine Invaliditätsrente während des Verfahrens zur Prüfung von deren Voraussetzungen als Leistung bei *Arbeitslosigkeit* angesehen werden, wenn die Leistung entzogen wird, sobald der Antragsteller Arbeit findet, und als Arbeitslosengeld angerechnet wird, falls die Invaliditätsrente nicht zuerkannt wird (Rs *Petersen 2008*). Das „Sinn-und-Zweck"-Kriterium ist auch dann erfüllt, wenn eine Leistung zB auf die Verhinderung zukünftiger Krankheit oder Arbeitslosigkeit abzielt (s Rs *Heinze, Campana*). Im weiten Verständnis des EuGH umfassen „Leistungen bei Krankheit" auch Zahlungen für Pflegebedürftigkeit bei dauerhaften gesundheitlichen Beeinträchtigungen (vgl Rs *Molenaar*).[275]

---

273 Angesichts des weiten persönlichen Geltungsbereich der aktuellen Koordinierung der sozialen Sicherheit (s die folgenden Absätze) kann eine Überarbeitung der geltenden VO nur noch einstimmig geschehen. Zu den praktischen Konsequenzen vgl White, The new European Social Security Regulations in Context (2010) abrufbar unter https://lra.le.ac.uk/bitstream/2381/9136/3/The%20new% 20social%20security%20regulation%20-%20 author's%20final%20draft.pdf, 2, 20 ff.
274 Vgl White, The new European Social Security Regulations in Context 9 ff.
275 Vgl Bokeloh, Das Petroni-Prinzip des Europäischen Gerichtshofes, ZESAR 2012, 126.

XI. Soziale Sicherheit

Gleichzeitig nennt Art 3 Abs 5 KV zwei Angelegenheiten, die gänzlich aus dem Anwendungsbereich der Verordnung **ausgenommen** sind: soziale Fürsorge (Sozialhilfe) und Leistungen für Kriegsopfer. Als Ausnahme von einer allgemeinen Regel des EU-Rechts wird diese Bestimmung vom EuGH **eng ausgelegt**. Die Vorteile, die als „**soziale Fürsorge**" noch nicht auf Staatsbürger und Einwohner anderer MS erweitert werden müssen, können daher nur solche Leistungen umfassen, die ausschließlich ein **unbedingtes Minimum** an Unterhalt für die Bedürftigen garantieren. Als Sozialhilfe in diesem Sinne gilt eine Leistung jedenfalls dann nicht, wenn sie „unabhängig von jeder auf Ermessensausübung beruhenden Einzelfallbeurteilung der persönlichen Bedürftigkeit aufgrund einer gesetzlich umschriebenen Stellung gewährt wird" (Rs *Frilli*, *Hughes*). Beruht eine Leistung zwar auf der Zielsetzung einer Mindestabsicherung, erfordert aber keine Bedürftigkeitsprüfung im Einzelfall, kann sie uU als „besondere beitragsunabhängige Geldleistung" zumindest von der Verpflichtung zum Leistungsexport ausgenommen werden (s unten).

Wichtig ist, dass der Geltungsbereich der RL nicht auf „klassische" staatlich finanzierte Leistungen der Sozialversicherungsträger eingeschränkt ist, sondern sich auch auf **obligatorische vom AG finanzierte Leistungen** erstreckt (Art 3 Abs 2 KV). Das wichtigste Beispiel dafür bildet die Entgeltfortzahlung im Krankheitsfall, die ein weit verbreitetes Konzept in den MS der EU ist. Schließlich setzt die Anwendung der RL ein **grenzüberschreitendes Element** voraus, unter Ausschluss von Fällen, in denen eine weniger günstige Behandlung nur eine Kategorie von eigenen Staatsangehörigen der MS betrifft (s Rs *Gouvernement Wallon*).

Durch spezifische Vereinbarungen wurden die Bestimmungen der KV auf den EWR und die Schweiz erweitert.[276] In Fällen, die stets noch von diesem umfangreichen Koordinierungssystem ausgenommen sind, kann Art 45 AEUV als Grundlage dienen, um negative Konsequenzen zu vermeiden. So entschied der EuGH in der Rs *Gardella*, dass, wenn ein AN (in Ausübung seines Rechts auf Freizügigkeit) im EU-Ausland für eine internationale Organisation gearbeitet hat, diese Zeitspanne bei der Berechnung von Pensionsansprüchen berücksichtigt werden muss, auch wenn sie nicht dem Sozialrecht eines MS unterlag.

2. Grundprinzipien

Art 4 ff KV legen die Grundsätze fest, die verhindern sollen, dass Mobilität zwischen den MS der EU zu ungerechtfertigten Nachteilen für ein Individuum führt. Der Grundsatz des **Diskriminierungsverbots** in Art 4 ist im Grunde eine Wiederholung einer Norm, die – für EU-Bürger – schon aus dem Primärrecht her-

---

[276] Vgl den überarbeiteten Anhang II zum Personenfreizügigkeitsabkommen zwischen der Schweiz und der EU und den überarbeiteten Anhang VI zum Übereinkommen über den Europäischen Wirtschaftsraum.

A. Koordinierung von Leistungen der sozialen Sicherheit

vorgeht (Art 18, 45 und 56 AEUV – s Kapitel IV.). Für andere Gruppen von erfassten Personen ist es diese Bestimmung, die dafür sorgt, dass die Gewährung von Leistungen der sozialen Sicherheit nicht – unmittelbar oder mittelbar – von der Staatsangehörigkeit abhängig gemacht wird.

Diese Regel zur Gleichbehandlung von Personen wird nun durch Art 5 KV über die **Gleichbehandlung** von **Leistungen, Einkünften, Sachverhalten oder Ereignissen** ergänzt. Dies bedeutet, dass, wenn eine Leistung zB vom Status einer Person als Rentenempfänger oder Erwerbstätiger abhängt, Rentenbezug oder Erwerbstätigkeiten in einem anderen MS im selben Umfang zu berücksichtigen sind, als wären sie in dem MS angesiedelt, von dem die Leistung beantragt wird. Das Gleiche gilt für jede andere Form der Voraussetzung, zB das Erleiden eines Unfalls oder die hauptsächliche Betreuung eines Kindes. Ein weiteres Prinzip, das in gewisser Weise durch die beiden beschriebenen impliziert ist, ist die **Zusammenrechnung von Zeiten** nach Art 6: Wenn ein Vorteil abhängig von Versicherungs-, Beschäftigungs- oder Aufenthaltszeiten gewährt wird, darf es für die Berechtigung keinen Unterschied machen, wenn entsprechende Perioden in einem anderen MS zurückgelegt wurden. Für die Änderung dieses Grundsatzes im Falle von Rentenleistungen s Unterabschnitt X.A.5.

Schließlich enthält Art 7 KV das zentrale Prinzip der **Leistungsexports**: Vorausgesetzt, dass eine Person grundsätzlich einen Anspruch auf eine Leistung hat, muss sie diese auch dann erhalten können, wenn sie sich in einem anderen MS aufhält. Im Gegensatz zu anderen Grundsätzen der Verordnung gilt diese Regel nicht ohne Ausnahme. Die wichtigste Gruppe von Ausnahmen stellen die sog **besonderen beitragsunabhängigen Geldleistungen** nach Art 70 KV dar. Das sind Leistungen, die so eng mit dem Leben in einer bestimmten MS verbunden sind, dass es nicht gerechtfertigt wäre, sie auch Personen zu gewähren, deren Wohnsitz sich nicht im fraglichen MS befindet. Abs 2 des Art 70 KV verweist einerseits auf die Vergütungen, die den Empfängern einer Leistung gem Art 3 ein **Existenzminimum sicherzustellen** sollen. Darüber hinaus erwähnt er Vorteile mit dem Ziel des **Schutzes von Behinderten**, sofern auch sie „eng mit dem sozialen Umfeld dieser Person in dem betreffenden MS verknüpft" sind.[277] Das ist der Fall, wenn der Betrag von konkreten zusätzlichen Aufwendungen abhängig ist, die durch die Behinderung verursacht werden (s Rs *Barlett*).[278] Wie durch die Bezeichnung als *beitragsunabhängig* impliziert, muss die in Rede stehende Leistung durch allgemeine **öffentliche Gelder finanziert** werden, nicht durch Beiträge der Leistungsberechtigten.[279]

---

277 Vgl *Runggaldier*, EuGH: Ausgleichszulage exportpflichtig, RdW 2004, 346 f.
278 Vgl auch *Weber*, Anmerkung zu EuGH, Rs C-537/09, ZESAR 2012, 80 ff.
279 Im Gegensatz zur oben beschriebenen Sozialhilfe sind besondere beitragsfreie Leistungen jedoch nicht von einer strikten Bedürftigkeitsprüfung abhängig. Vgl *Windisch-Graetz*, ZESAR 2012, 191.

Schließlich muss ein MS, um den Export von Leistungen auf der Grundlage von Art 70 KV zu verweigern, diese spezifische Leistung für die Aufnahme in **Anhang X zur VO** melden. Natürlich ersetzt die Auflistung im Anhang nicht die Erfüllung der übrigen Kriterien des Art 70, weshalb der EuGH wiederholt festgestellt hat, dass die Aufnahme bestimmter staatlicher Leistungen in diesen Katalog zu Unrecht erfolgt ist.[280] Üblicherweise beruhte dies auf der Feststellung, dass die in Rede stehende Leistung nicht wirklich von den Kosten abhängig war, die mit dem Leben in einem bestimmten MS zusammenhingen (s zB Rs *Jauch* und *Hosse* zum österreichischen *Pflegegeld*).

Abgesehen von besonderen beitragsunabhängigen Geldleistungen gilt eine Beschränkung des Leistungsexports gem Art 7 bei Arbeitslosenleistungen: Diese müssen für die Arbeitssuche im Ausland nur zeitlich begrenzt gewährt werden (s Unterabschnitt X.A.6.).

3. Kollisionsnormen

Die genannten Grundsätze des Diskriminierungsverbots und des Leistungsexports würden in vielen Fällen zu einer Situation führen, in der mehr als ein Staat verpflichtet wäre, denselben Personen Leistungen für das gleiche Risiko zu erbringen. Um solche Überlappungen zu vermeiden, sieht Art 11 KV vor, dass jedes Individuum im Prinzip den Rechtsvorschriften eines **einzigen zuständigen MS** unterliegt.

Logischerweise wird für die wirtschaftlich aktive Bevölkerung der **MS der (un)selbständigen Beschäftigung** als zuständiger Staat identifiziert, was Widersprüche zu den Gleichbehandlungsstandards des AEUV verhindert. Die Kompetenz dieses MS bleibt auch während der Zeit **erhalten**, in der der Betroffene dort **Leistungen** als Folge dieser wirtschaftlichen Tätigkeit erhält (zB Arbeitslosengeld). Diese Regel gilt nicht für (Alters-, Hinterbliebenen- oder Invaliditäts-)Renten (Art 11 Abs 2 KV). Personen, die nicht auf der Grundlage ihrer wirtschaftlichen Tätigkeit zugeordnet werden können, sind dem System der sozialen Sicherheit des **MS ihres Wohnsitzes** zugeordnet (Art 11 Abs 3 lit e KV).

Um eine gewisse Stabilität der Zugehörigkeit zu einem System der sozialen Sicherheit zu gewährleisten, verhindert Art 12 eine Änderung der Zuständigkeit im Fall von nur vorübergehender **Entsendung** eines AN in einen anderen MS für einen Zeitraum von bis zu **zwei Jahren**.[281] Gleichzeitig will die Bestimmung Missbrauch („Kettenentsendungen) vermeiden, indem sie die Fälle ausnimmt, in denen der AN entsendet wird, um eine andere Person zu ersetzen. Mittlerweile wird

---

280 Vgl den Überblick über EuGH-Rsp bei *Beschorner*, Die beitragsunabhängigen Geldleistungen iSv Art 4 Abs 2a VO (EWG) Nr 1408/71 in der Rechtsprechung des EuGH, ZESAR 2009, 320 ff. Vgl auch *White*, The new European Social Security Regulations in Context 18.
281 Zu den Voraussetzungen dieser missbrauchsanfälligen Ausnahme s Rs *Plum*.

auch **Selbständigen** Zugang zu dieser Möglichkeit gegeben, während eines Auslandsaufenthaltes im System ihres ursprünglich zuständigen MS zu verbleiben, sofern sie in einem anderen MS für einen Zeitraum von nicht mehr als zwei Jahren einer ähnlichen Tätigkeit nachgehen. Praktisch bedeutsam ist, dass die Entscheidung darüber, ob Tätigkeiten eines AN in einem anderen MS als Entsendung zu betrachten sind, auf Basis des obligatorischen Antrags des AG iSd Art 15 der Durchführungsverordnung vom ursprünglich zuständigen MS getroffen wird. Nach Art 19 bestätigt dieser Staat seine weiterhin aufrechte Zuständigkeit durch Ausstellung eines standardisierten Dokuments (Formular A1). Neben dem Zwei-Jahres-Kriterium sollte sich die Behörde im Grunde versichern, dass für die gesamte Dauer der Entsendung der AN in einer Situation der Unterordnung gegenüber seinem ursprünglichen AG bleibt und dass dieser AG tatsächlich wirtschaftliche Tätigkeiten im Herkunftsstaat ausübt (vgl Rs *Fitzwilliam, Plum*).[282] In der Praxis wird jedoch von den Beschäftigungsstaaten häufig bemängelt, dass viele nationale Behörden das Dokument ohne nennenswerte Überprüfung der Anforderung auszugeben scheinen.[283] Es bleibt abzuwarten, inwieweit die neue Durchsetzungs-RL zur Entsende-RL (s Unterabschnitt IV.C.4.) zur Entschärfung derartiger Probleme führt.

Schließlich stellt Art 13 KV **Prioritätsregeln** für die immer häufigeren Fälle von mehrfacher Erwerbstätigkeit einer einzelnen Person auf. Hier folgt die Zuständigkeit in erster Linie der **unselbständigen Beschäftigung**; gleichzeitige selbständige Betätigung bleibt unberücksichtigt (Art 13 Abs 3). Wo Tätigkeiten derselben Art in mehr als einem MS durchgeführt werden, kommt es zur Zugehörigkeit zum System des Wohn-MS, vorausgesetzt, dass ein **erheblicher Teil der beruflichen Tätigkeit** dort stattfindet. Diese vage Formulierung wird durch Art 14 Abs 8 der Durchführungs-VO konkretisiert, wonach ein wesentlicher Teil idR einen Anteil von mindestens **25 %** der unselbständigen Aktivitäten an der gesamten Erwerbstätigkeit der betreffenden Person erfordert. Wird kein solcher wesentlicher Teil der Aktivitäten im Wohn-MS ausgeübt, werden **Selbständige** nach dem örtlichen **Schwerpunkt ihrer Tätigkeit** zugeordnet. Für AN mit nur einem AG ist der **Sitz des AG** entscheidend, bei mehreren AG wird die Zuständigkeit wiederum dem **Wohn-MS** erteilt.[284]

---

282 Vgl auch Europäische Kommission, Beschluss Nr A2 vom 12. Juni 2009 zur Auslegung des Artikels 12 der Verordnung (EG) Nr 883/2004 des Europäischen Parlaments und des Rates hinsichtlich der auf entsandte Arbeitnehmer sowie auf Selbständige, die vorübergehend eine Tätigkeit in einem anderen als dem zuständigen Mitgliedstaat ausüben, anzuwendenden Rechtsvorschriften, sowie *Behrend*, Soziale Rechte entsandter Arbeitnehmer aus den EU-Mitgliedstaaten, ZESAR 2012, 55 ff.
283 Zu den spezifischen Problemen der österreichischen Behörden mit vermutlich missbräuchlichem AG-Verhalten s *Pöltl*, Zur Bindungswirkung der Entsendebescheinigung A1, ZAS 2012, 12 ff.
284 Vgl *Cremers*, Coordination of National Social Security in the EU: Rules Applicable in Multiple Cross Border Situations, WP 10/89 (2010) 23.

Diese grundlegende Bestimmung eines zuständigen Staates ist jedoch lediglich ein Ausgangspunkt für die (zT geteilte) Verantwortung der MS in Bezug auf die in Art 3 KV aufgezählten Risiken. Die wichtigsten Sonderbestimmungen für einzelne Risiken werden nachstehend skizziert.

4. Krankheit, Unfall, Mutterschaft und Vaterschaft

Art 17 ff KV grenzen die soziale Verantwortung der MS für Fälle von Krankheit, Mutterschaft und Vaterschaft ab; Art 36 Abs 1 schreibt die Anwendung derselben Regeln bei Arbeitsunfällen und Berufskrankheiten vor. Mit Ausnahme der Leistungen bei Vaterschaft haben diese Systeme gemeinsam, dass sie aus zwei Komponenten bestehen: Unterstützung für die Deckung der Kosten einer medizinischen Behandlung (**Sachleistungen**) und Zahlungen, um den Verlust von Einkommen auszugleichen, während die Person unfähig ist, zu arbeiten (**Geldleistungen**).

Für Geldleistungen gibt es keine nennenswerten Besonderheiten – sie werden vom **zuständigen MS** (vgl Art 11 ff) nach seinem nationalen Recht erbracht (vgl Art 21) und müssen nach der allgemeinen Regel des Art 7 KV exportiert werden. Zur Feststellung der Arbeitsunfähigkeit der betreffenden Person kann die zuständige Institution (wie bereits erwähnt ist, dies häufig der AG) ein **ärztliches Attest** von einem autorisierten Arzt im Aufenthaltsstaat verlangen. Im Zweifelsfall kann diese Institution – stattdessen oder zusätzlich – eine Untersuchung durch einen eigenen Arzt fordern (vgl Rs *Paletta*), sofern der Patient in der Lage ist, die Reise ohne Beeinträchtigung seiner Gesundheit anzutreten, und die Reisekosten von der Institution ersetzt werden (Art 87 der Durchführungsverordnung).

Pflegegeldleistungen in fixierter Höhe, die nicht von den tatsächlichen Ausgaben für Pflegedienstleistungen abhängen, werden auch als Geldleistungen angesehen. Da sie jedoch andere Risiken abdecken als „gewöhnliche" Leistungen bei Krankheit, können sie einem pensionierten Versicherten nicht mit der Argumentation verweigert werden, dass solche gewöhnlichen Krankenversicherungsleistungen bereits vom (zuständigen) Wohnsitzstaat bezogen werden (Rs *Da Silva Martins*).

Im Gegensatz dazu verlangt Art 17 KV für **Sachleistungen**, dass sie der erkrankten Person (auch) vom **Wohn-MS** gewährt werden. Dieser MS erbringt die Leistung, die die Kosten der Behandlung ausgleichen soll, **nach seinem eigenen Recht** und bekommt anschließend vom zuständigen MS gem Art 35 seine Aufwendungen erstattet. Die Anwendung des Rechts des MS der Behandlung stellt sicher, dass ein behandelnder Arzt weiß, welche Leistungen von der Krankenkasse abgedeckt werden. Wenn die versicherte Person sich vorübergehend weder im zuständigen MS noch im Wohn-MS aufhält, ist sie dennoch berechtigt, die **erforderliche medizinische Behandlung** nach dem Recht des **MS des Aufenthalts** zu empfangen (Art 19 KV). Das praktische Funktionieren dieses Mechanismus wurde durch die Einführung der Europäischen Krankenversicherungskarte (s Beschluss Nr S1 der Verwaltungskommission für die soziale Sicherheit der Wander-AN) erheblich erleichtert.[285] 2013 besaß mehr als die Hälfte der versicherten Bevölkerung der EU (fast 200 Mio Menschen) eine Krankenversicherungskarte.[286]

Andere Behandlungen im Ausland, die nicht aufgrund eines vorübergehenden Aufenthalts dort notwendig sind, brauchen nicht durch das Sachleistungssystem des zuständigen MS gedeckt zu werden, es sei denn, der zuständige Träger hat eine **vorherige Genehmigung** gem Art 20 KV erteilt. Nach Abs 2 dieses Artikels kann diese Genehmigung nicht verweigert werden, wenn die fragliche Behandlung nach dem Recht des Wohn-MS abgedeckt wäre, dort aber nicht innerhalb einer medizinisch vertretbaren Frist bereitgestellt werden kann (s Rs *Watts*). Ein MS darf diese Bestimmung auch nicht dadurch ihrer Effektivität berauben, dass er alle Behandlungsarten, die auf seinem eigenen Staatsgebiet nicht durchgeführt werden können, von der Finanzierung durch seinen Krankenversicherungsträger ausschließt (Rs *Elchinov*). Gem Art 26 Abs 8 der Durchführungsverordnung hat die vom zuständigen Träger gewährte Entschädigung auch Reise- und Aufenthaltskosten zu umfassen.

Dieser relativ restriktive Ansatz zur gezielten Behandlung im Ausland erwies sich im Hinblick auf die Grundfreiheiten des AEUV als problematisch. Der EuGH beurteilte es als einen Verstoß gegen die **Waren- bzw Dienstleistungsfreiheit**, wenn ein nationales System der sozialen Sicherheit Kostenerstattung für den Kauf einer Brille (Rs *Decker*) oder eine zahnärztliche Behandlung (Rs *Kohll*) lediglich deshalb verweigert, weil diese in einem anderen MS stattgefunden haben. Eine nachträgliche Kostenerstattung muss nach dieser Rsp selbst in solchen nationalen Systemen sichergestellt werden, in denen die versicherte Person im System des Wohn-MS die Behandlung (auf Basis von Verträgen des Trägers mit den behandelnden Ärzten) kostenlos erhalten hätte (s Rs *Müller-Fauré* und *Van Riet*). Natürlich übersteigt diese rein auf den Grundfreiheiten beruhende **Erstattungspflicht** nicht das Erfordernis der **Gleichbehandlung**, sodass der zuständige Träger (im Gegensatz zur Erstattung aufgrund der VO) weder mehr bezahlen muss, als er für eine vergleichbare Behandlung auf seinem eigenen Territorium zahlen würde, noch Nebenkosten für Reisen und Unterkunft ersetzen muss.

Doch kann wie auch sonst eine Einschränkung der Grundfreiheiten aus Gründen der öffentlichen Gesundheit **gerechtfertigt** sein. Daher hat der EuGH festgestellt, dass die Erstattung von Behandlungskosten im Ausland verweigert werden kann, wenn dies erforderlich ist, um das **finanzielle Gleichgewicht der Systeme der so-**

---

285 Beschluss Nr S1 vom 12. Juni 2009 betreffend die europäische Krankenversicherungskarte.
286 Europäische Kommission, Knapp 200 Millionen Europäer haben eine Europäische Krankenversicherungskarte, Pressemitteilung IP/14/703 24/06/2014.

zialen Sicherheit zu schützen. Die Sachverhalte, bei denen der Gerichtshof anerkannt hat, dass eine unkontrollierte Behandlung im Ausland dieses finanzielle Gleichgewicht gefährden könnte, waren im Bereich der **Krankenhausversorgung** (Rs *Smits und Peerbooms*) und ähnlicher Formen der planungs- und kostenintensiven Behandlung (Rs *Kommission v Frankreich 2008*) angesiedelt. Selbstverständlich kann aber von einem Patienten nur dann verlangt werden, Krankenhaus- und ähnliche Dienstleistungen im Wohn-MS in Anspruch zu nehmen, wenn dieser eine gleichwertige Behandlung ohne schädliche Verzögerung gewährleistet.

Trotz der relativ klaren Maßstäbe dieser Judikatur konnten die MS sich bisher nicht darauf einigen, sie in den Text der VO aufzunehmen.[287]

a) Patientenrechte

Mit Blick auf die unzureichende Durchführung der beschriebenen Rsp durch die MS, den unklaren rechtlichen Status von Patienten gegenüber dem Behandlungsstaat und Studien, die eine stets steigende Bereitschaft der Europäer zu Auslandsbehandlungen belegen,[288] ist die Frage der Rechte mobiler Patienten in jüngster Zeit Gegenstand spezifischer Rechtsvorschriften der EU geworden.

Art 4 der **Patientenrechte-RL (2011/24/EU)** verpflichtet die MS nun ausdrücklich, Versicherten der anderen MS gleichberechtigten **Zugang** zu ihren Gesundheitssystemen zu geben und bestimmte **Standards** hinsichtlich Qualität, Sicherheit und Transparenz zu gewährleisten. Einschränkungen sind möglich, wenn sie durch zwingende Gründe des Allgemeininteresses iSv Art 4 Abs 3 der RL gerechtfertigt sind. Die zentrale Verpflichtung des allgemein zuständigen MS zur **Kostenerstattung** im Einklang mit der beschriebenen Rsp des EuGH ist in Art 7 der RL niedergelegt, während Art 8 die Fälle auflistet, in denen dies wegen fehlender **Genehmigung** verweigert werden kann. Abgesehen von dem genannten Bereich der stationären Krankenhausversorgung erwähnt diese Vorschrift andere Formen hochspezialisierter und kostspieliger Behandlung (die die MS der Kommission im Voraus mitteilen müssen), Behandlung mit spezifischen Risiken für den Patienten oder Dritte und Behandlung, die Bedenken im Hinblick auf ihre Qualität oder Sicherheit aufwirft.

Die Realisierung einer echten Patientenmobilität innerhalb der EU soll durch eine Reihe von ergänzenden Bestimmungen der RL gefördert werden, etwa die **transparente Berechnung** der zu erstattenden Kosten (Art 7 Abs 6), die Anerkennung von in einem anderen MS ausgestellten **Verschreibungen** (Art 11),

---

287 Vgl *Tiedemann*, Pflicht zur Vorabgenehmigung der grenzüberschreitenden Inanspruchnahme von Gesundheitsleistungen in der EU, ZESAR 2012, 15.
288 Vgl *Sauter*, Harmonisation in healthcare: the EU patients' rights Directive (2011), abrufbar unter http://ssrn.com/abstract=1859251, 4.

Verwaltungszusammenarbeit und E-Health (Art 14). Die RL war bis Oktober 2013 umzusetzen. Langfristig wird erwartet, dass ihre Bestimmungen zu mehr Wettbewerb zwischen den europäischen Gesundheitsdienstleistern und -systemen führen, aber auch fiskale Strategien eines gezielten „Outsourcing" von Gesundheitsversorgung in andere MS zur Kostenreduktion verstärken werden.[289] Gegenwärtig scheint die Übernahme der neuen Vorschriften in nationales Recht jedoch mehreren MS Probleme zu bereiten: Im Juli 2014 leitete die Kommission ein Vertragsverletzungsverfahren wegen scheinbar mangelhafter Umsetzung gegen 12 MS ein.[290]

5. Rentenleistungen

Eine andere Art von Sozialleistung, welche eine nähere Regelung erfordert, sind Renten, gleichgültig, ob sie nun für Alter, Invalidität oder zur Hinterbliebenenversorgung gewährt werden. Die Bestimmungen der Art 50 ff KV, die weitgehend auch auf Invaliditätsrenten nach Art 44 ff anwendbar sind, stipulieren eine Ausnahme von dem Grundsatz, dass ein einziger zuständiger MS die gesamte Verantwortung für Leistungen der sozialen Sicherheit für eine bestimmte Person trägt. Vielmehr erwerben Personen mit Wohnsitz oder wirtschaftlicher Tätigkeit in verschiedenen MS im Laufe der Zeit ein Recht auf eine **zusammengesetzte** Rente, die aus **Teilrenten aus allen zuständigen MS** besteht.

Art 52 KV verpflichtet jeden dieser MS, eine **doppelte Berechnung** durchzuführen: Zunächst muss der Anspruch der betroffenen Person ausschließlich nach nationalem Recht beurteilt werden („**autonome Leistung**"). In Systemen, die Rentenansprüche von einem Minimum an Versicherungs- oder Wohnzeiten abhängig machen, kann diese Berechnung häufig zur Verneinung jeglichen Anspruchs für einen mobilen Versicherten führen. Eine parallele Berechnung muss daher den theoretischen Betrag festlegen, den die Person erhalten würde, wenn alle ihre Versicherungs- oder Wohnzeiten im betreffenden MS zurückgelegt worden wären. Daraus wird eine proportionale **anteilige Leistung** auf Grundlage der Zeiten berechnet, die tatsächlich innerhalb dieses MS lokalisiert waren. Diese beiden Ergebnisse müssen verglichen werden und das Individuum ist berechtigt, den **jeweils höheren Betrag zu erhalten**.

Die Berücksichtigung der autonomen Leistung ist notwendig, um dem sog *Petroni*-Prinzip des EuGH[291] zu entsprechen, wonach es unvereinbar mit dem Zweck der EU-Kompetenz für die Koordinierung der sozialen Sicherheit wäre, wenn sie

---

289 Vgl zur Praxis des Outsourcings im Vereinigten Königreich McHale/Bell, Traveller's checks, Health Service Journal 39/2002.
290 Darunter auch Österreich – trotz Verabschiedung des EU-Patientenmobilitätsgesetz (EU-PMG, BGBl I Nr. 32/2014) im April 2014. Zum Vertragsverletzungsverfahren durch die Kommission siehe die Presseaussendung unter http://ec.europa.eu/deutschland/press/pr_releases/12544_de.htm.
291 Vgl *White*, The new European Social Security Regulations in Context 3.

XI. Soziale Sicherheit

zu einem Verlust von Ansprüchen führen könnte, die schon aufgrund einer einzigen nationalen Rechtsordnung oder eines gültigen bilateralen Abkommens gewährt würden.[292] Wenn daher ein MS prinzipiell eine Pauschalrente unabhängig von früheren Versicherungszeiten gewährt, kann er diese nicht einfach auf eine anteilige Leistung reduzieren: Er kann nur die von anderen MS tatsächlich gewährten Beträge nach den komplexen **Doppelleistungsbestimmungen** der Art 53 ff KV abziehen.

a) Zusatzrenten

Während die eben beschriebenen Regeln eine solide Garantie dafür bieten sollten, dass Mobilität innerhalb der EU nicht zu einem Verlust von Rentenansprüchen gegenüber Staaten („Renten der ersten Säule") führt, bestehen weiterhin Bedenken hinsichtlich der Renten der „**zweiten Säule**", dh der zusätzlichen betrieblichen Altersversorgung, die durch freiwillige AG-Beiträge finanziert wird.[293] Derzeit sind 25 % der aktiven Bevölkerung der EU von einem solchen Versorgungssystem erfasst – ein Anteil, der in einzelnen MS weitaus höher ist (vgl die Niederlande und Dänemark mit jeweils über 80 %). Die gegenwärtig Versorgungsberechtigten dieser Systeme erhalten im Durchschnitt 10 % ihres Renteneinkommens aus der Zusatzversicherung (40 % im Vereinigten Königreich und den Niederlanden).[294]

Ein erster Schritt zur Koordinierung der Rentenleistungen auch in diesem Bereich wurde durch die Verabschiedung der **RL 98/49/EG** gesetzt. Diese RL schreibt Mindestgarantien fest, die sich teilweise bereits aus Art 45 AEUV ableiten lassen – vor allem die **Aufrechterhaltung bereits erworbener Rentenansprüche** unabhängig von den Bewegungen des Berechtigten zwischen den MS (Art 4) und den **Leistungsexport** (Art 5). Darüber hinaus darf der ununterbrochene **Erwerb** von Anwartschaften innerhalb eines Systems nicht durch die **Entsendung** eines AN in einen anderen MS beeinträchtigt werden (Art 6 der RL). Schließlich verpflichtet Art 7 die AG, Mitglieder des Rentensystems über ihre Rechte und Möglichkeiten zu informieren, wenn diese ihre Tätigkeit in einen anderen MS verlagern, falls und insoweit ein AN bei einem Arbeitsplatzwechsel innerhalb des MS zu informieren wäre.

Freizügigkeitserwägungen waren auch die Grundlage der *Casteels*-Entscheidung, welche klarstellte, dass es Art 45 AEUV widerspricht, wenn Betriebspensions-

---

292 Ein Überblick über die Judikatur zum *Petroni*-Prinzip findet sich bei *Bokeloh*, ZESAR 2012, 121 ff.
293 Vgl Europäische Kommission, Grünbuch über die zusätzliche Altersversorgung im Binnenmarkt, KOM(97) 283 endg.
294 Vgl *van Meerten*, Pensions reform in the European Union: Recent developments after the implementation of the IORP directive, Pensions International Journal 14/4 (2009) 259; *Haverland*, When the Welfare State Meets the Regulatory State: EU Occupational Pension Policy. Background Paper to the EUSA Tenth Biennial International Conference, Montreal, Canada, May 17–19 (2007) 3.

ansprüche eines AN, der für denselben AG in verschiedenen MS arbeitet, von einer Mindestarbeitsdauer in einem bestimmten MS abhängen.

Ganz offensichtlich schafft die gerade beschriebene RL keine Abhilfe in der wahrscheinlichen Situation, dass der AN bei seinem Wechsel ins Ausland noch keine konkreten Auszahlungsansprüche aus dem ursprünglichen System hat und somit mit einem vollständigen Verlust von Beitragszeiten konfrontiert sein könnte. Nach jahrelangen Debatten über Bestrebungen der Kommission, eine obligatorische Übertragungsoption für AN zu schaffen (die in der Lage sein sollten, ihre bisherigen Rentenansprüche beim Wechsel zu einem anderen AG mit einem anderen Zusatzrentensystem mitzunehmen[295]) wurde Anfang 2014 eine Einigung auf einen weniger weitgehenden Ansatz erzielt:

RL 2014/50/EU über Mindestvorschriften zur Erhöhung der Mobilität von AN zwischen den MS durch Verbesserung des Erwerbs und der Wahrung von Zusatzrentenansprüchen (Portabilitäts-RL)[296] enthält Mindestanforderungen, die ein AG beim Aufbau eines ergänzenden Rentensystems zu beachten hat. Nach deren Art 4 darf der Erwerb von Rentenanwartschaften nur von Unverfallbarkeitsfristen und Wartezeiten von höchstens drei Jahren und einer **Mindestaltersschwelle** von maximal 21 Jahren abhängig gemacht werden. Falls keine unverfallbaren Rentenansprüche erworben werden, hat der AN bei Beendigung des Arbeitsverhältnisses ein Recht auf Rückerstattung aller Beiträge. Wenn hingegen der AN Anwartschaften innerhalb eines Systems erworben hat, müssen diese nach Art 5 im Rentensystem erhalten werden. Der Wert solcher ruhender Anwartschaften muss entweder entsprechend den Anwartschaften aktiver Versorgungsanwärter oder „in einer anderen Weise behandelt werden, die als gerecht betrachtet wird" (wobei ausdrücklich auf Verzinsung, Kapitalrendite, Anpassung mit der Inflation oder dem Lohnniveau verwiesen wird).

Art 6 gibt Mitgliedern des Systems ein Recht auf klare und zeitnahe **Informationen** über ihre gegenwärtigen Rechte und Möglichkeiten. Die Information muss verständlich, schriftlich, innerhalb angemessener Frist und auf Verlangen mindestens einmal jährlich erfolgen. Der Geltungsbereich der RL ist beschränkt: Art 2 schließt etwa Invaliditäts- und Hinterbliebenenrenten und Ansprüche von nicht grenzüberschreitend mobilen AN aus. Abweichungen von Art 4 und 5 können durch die Sozialpartner auf nationaler Ebene vereinbart werden, dürfen aber „keinen weniger günstigen Schutz bieten". Die RL ist bis zum 21. Mai 2018 umzusetzen.

---

295 Vgl *Mabbett*, Supplementary Pensions between Social Policy and Social Regulation, West European Politics 32/4 (2009) 784.
296 Auch als „Ex-Portabilitäts-RL" bezeichnet.

6. Arbeitslosenleistungen

Die Besonderheit des Arbeitslosengeldes ist, dass hier eine finanzielle Unterstützung idR mit Dienstleistungen und Kontrollmaßnahmen durch eine Arbeitsmarktinstitution verbunden ist, was eine gewisse Nähe dieser Institution zum AN erfordert. Daher ist nur im Falle von **Kurzarbeit** bzw vorübergehendem Beschäftigungsausfall nach der allgemeinen Regel der **Beschäftigungsstaat** der zuständige MS (Art 65 Abs 1). Wo hingegen der Versicherte **vollarbeitslos** ist, kommt es in einer grenzüberschreitenden Situation nach Art 65 Abs 2 und Abs 5 KV zur **Zuständigkeit des Wohn-MS**. Anders ist dies nur für Nicht-Grenzgänger (dh Personen, die während aufrechter Beschäftigung eher selten in ihren Wohn-MS zurückgekehrt sind – vgl Art 1 lit f), die auch nach Beginn der Arbeitslosigkeit nicht in den MS ihres Wohnsitzes zurückkehren: Sie bleiben vom Recht des MS der letzten Beschäftigung erfasst.[297]

Für die Berechnung der Leistung erfordert Art 61 KV, dass alle Beitragszeiten in **verschiedenen Mitgliedstaaten zusammengezählt** werden, während die Berechnungsgrundlage ausschließlich das Einkommen des AN im letzten Beschäftigungsstaat bildet (Art 62).

Der **Export von Leistungen** ist gem Art 64 KV eingeschränkt: Arbeitslose erhalten erst nach mindestens vierwöchiger erfolgloser Arbeitssuche in dem für Leistungen bei Arbeitslosigkeit zuständigen MS das Recht, in einem anderen MS nach Arbeit zu suchen. Während des Aufenthaltes im Ausland muss sich der Leistungsberechtigte auch bei den Arbeitsmarktinstitutionen im Ziel-MS melden und dem dortigen Kontrollregime unterwerfen (Art 64 Abs 1 lit b KV). Unter diesen Voraussetzungen bleibt das Recht auf Arbeitslosengeld über einen Zeitraum von **drei Monaten** erhalten, der nach Abs 1 lit c dieses Artikels verlängert werden kann.[298] Die strenge Sanktion, die für eine verspätete Rückkehr vorgesehen ist, ist ein endgültiger Verlust des Anspruchs, auch *pro futuro* (Abs 2).[299]

7. Familienleistungen

Ein letzter Bereich, der einige Sonderregelungen erfordert, sind die Familienleistungen, die gem Art 1 lit z KV jede Leistung zum Ausgleich von **Familienlasten**

---

297 Während die Vorgängerregelung zu Art 65 nach der Rsp des EuGH auf sog atypische Grenzgänger nicht anwendbar war (Rs *Miethe*), hat der Gerichtshof diese Rsp in Bezug auf die Neuregelung in der VO 883/2004 für obsolet erklärt (Rs *Jeltes*).

298 Mit Blick auf die dringende Notwendigkeit, Arbeitsuchende in der EU in der gegenwärtigen Situation der explodierenden Arbeitslosigkeit zu unterstützen, hat die Kommission kürzlich die MS aufgefordert, Leistungsexport über sechs Monate zu gewähren: s Europäische Kommission, Communication: Towards a job-rich recovery, KOM(2012) 173 endg, 18 ff.

299 Eine weitere Liberalisierung in diesem Bereich scheiterte bisher an der mangelnden Bereitschaft der MS, auf eine Kontrolle des Begünstigten durch ihre eigenen Institutionen zu verzichten. Vgl *White*, The new European Social Security Regulations in Context 16; *Pennings*, Coordination of Unemployment Benefits under Regulation 883/2004, EJSS 2009, 177.

umfassen.[300] Im Gegensatz zur früheren Judikatur schließt die neue Definition Unterhaltsvorschüsse (dh Leistungen beim Ausbleiben von Unterhaltszahlungen durch einen Elternteil) ausdrücklich aus der Definition aus. Die Komplexität der Koordinierung in diesem Bereich rührt aus der Tatsache, dass die nationalen Vorschriften idR eine bestimmte Höhe von Zuschüssen *pro Kind* vorsehen, aber als Empfänger einen *Elternteil* identifizieren. Wenn nun diese Eltern unterschiedlichen Rechtsordnungen unterliegen, werden Kollisionen von Leistungsansprüchen nach Art 68 KV gelöst.

Dieser Artikel sieht zunächst den **Vorrang** von Ansprüchen, die sich aus einer **(un)selbständigen Tätigkeit** eines Elternteils ergeben, über Berechtigungen für dasselbe Kind nach dem Wohnsitz vor. Wenn diese Regel nicht zu einer Lösung führt, hat unter mehreren gleichartigen Leistungen diejenige Priorität, die vom **Wohn-MS des Kindes** erbracht wird. Falls diese Bestimmungen zu einer Unterdrückung der höheren der potenziellen Leistungen führen und diese auf der Grundlage von Erwerbstätigkeit oder Rentenbezug gewährt würden, muss die Differenz zum niedrigeren Vorteil als **Unterschiedsbetrag** zugeschossen werden (Art 68 Abs 1–2 KV).[301] Dabei ist es unerheblich, welchen Elternteil die nationale Gesetzgebung als direkten Leistungsempfänger vorsieht: Ein Anspruch gegenüber einem MS besteht auch, wenn dessen Rechtsvorschriften eine Zahlung an die hauptsächliche Betreuungsperson vorsehen, der betreffende MS aber nur für den anderen Elternteil zuständig ist (Rs *Dodl & Oberhollenzer*).

B. Systeme der sozialen Sicherheit: Kollisionen mit den EU-Binnenmarktvorschriften

Die Besonderheiten der nationalen Systeme der sozialen Sicherheit machen sie anfällig für Konflikte mit dem EU-Wettbewerbs- und Freizügigkeitsrecht.

Was das Wettbewerbsrecht betrifft, so sind Sozialversicherungssysteme idR durch Monopole und/oder staatliche Subventionen geprägt, die den Einrichtungen gewährt werden, die für die Bereitstellung von Zahlungen und Dienstleistungen sorgen. In diesem Zusammenhang ist darauf hinzuweisen, dass der Begriff „**Unternehmen**" unter den **EU-Wettbewerbsregeln** gemäß Art 101 ff AEUV vom EuGH dahingehend interpretiert wird, dass er jede **wirtschaftliche Tätigkeit** erfasst, die darin besteht, Güter oder Dienstleistungen auf einem bestimmten

---

300 Zu den Problemen, die sich aus dieser Definition ergeben, s *Eichenhofer*, Sozialrecht der Europäischen Union[4] (2010) Rz 297.
301 Darüber hinaus verlangt das *Petroni*-Prinzip, dass ein MS, der eine Leistung allgemein an alle Einwohner gewährt, einen entsprechenden Zuschuss an jene leistet, die von ihrem zuständigen MS keine oder niedrigere Leistungen erhalten: vgl Rs *Hudziński/Wawrzyniak* und *Devetzi*, Von „Bosmann" zu „Hudziński" und „Wawrzyniak": Deutsches Kindergeld in Europa, ZESAR 2012, 447 ff und *Vießmann/Merkel*, Europarechtliche Koordinierung von Familienleistungen nach Verordnung (EG) Nr 883/2004, NZA 2012, 575 ff.

Markt anzubieten (vgl Rs *Pavlov*). Allerdings hat der Gerichtshof von diesem Konzept Einrichtungen, die **gänzlich „auf dem Grundsatz der nationalen Solidarität beruhen", ausgenommen**: Dies ist dann der Fall, wenn die Einrichtung ein System mit obligatorischer Mitgliedschaft verwaltet, eine Einkommensumverteilung nach sozialen Kriterien vornimmt und unter staatlicher Aufsicht steht. „Klassische" öffentliche Kranken- oder Rentenversicherungen sind daher vom Regime der Art 101 ff AEUV ausgenommen (s Rs *Poucet & Pistre*); dasselbe gilt gem dem Urteil in der Rs *FENIN* für öffentliche Krankenhäuser.[302]

Demgegenüber reichen eine soziale Zielsetzung und der Non-Profit-Charakter eines Unternehmens für eine Ausnahme nicht aus, sodass andere Elemente sozialer Sicherungssysteme Unternehmen iSd EuGH-Definition darstellen (s Rs *Höfner & Elser* zu Arbeitsämtern,[303] Rs *Glöckner* zu Ambulanzdienstleistungen und Rs *Fédération Française* zu freiwilligen Versicherungen auf Kapitaldeckungsbasis). Wo dies der Fall ist, können die fraglichen Einheiten dennoch als Anbieter von sog **Dienstleistungen von allgemeinem wirtschaftlichem Interesse** privilegiert sein, die nicht durch EU-Recht nach Art 106 Abs 2 AEUV behindert werden müssen. Der besondere Stellenwert solcher Dienste nach EU-Recht wird weiter durch Art 14 AEUV und Art 36 GRC betont, die die Verantwortung der Union und der MS für das Funktionieren und die Gewährleistung des Zugangs zu Dienstleistungen von allgemeinem wirtschaftlichem Interesse hervorheben.

Beschränkungen des Wettbewerbs zugunsten von Dienstleistungen von allgemeinem wirtschaftlichen Interesse (Monopolstellung, staatliche Subventionen) sind Gegenstand einer **Verhältnismäßigkeitsprüfung**. In seiner Entscheidung in *Altmark Trans* hat der EuGH **vier Kriterien** für die Beurteilung dessen aufgestellt, ob öffentliche Zahlungen für solche Dienste eine angemessene Entschädigung (und somit keine verbotenen **staatlichen Beihilfen**) darstellen: eine klar definierte gemeinwirtschaftliche Verpflichtung des betreffenden Unternehmens, transparente Parameter für die Berechnung der Entschädigung, die Beschränkung auf einen kostendeckenden Betrag und die Bestimmung dieses Betrages durch den Vergleich mit einem „typischen" Unternehmen auf dem Markt. Die Erforderlichkeit von Beschränkungen kann sich insb aus dem Ziel der Prävention von *negativer Auslese* ergeben: ZB würden sich private Versicherungen zweifellos auf die Abdeckung von Kategorien mit beschränktem Risiko zu einem attraktiven Preis konzentrieren, während eine staatliche Versicherung auf solidarischer Grundlage gleiche Bedingungen für alle Versicherten garantiert. Es versteht sich von selbst, dass die *Altmark-Trans*-Kriterien lediglich eine vage Richtschnur für das Ausmaß darstellen, in dem Einrichtungen im Rahmen nationaler Sozialsysteme vom Wettbewerb durch private Dienstleister abgeschirmt werden können.

---

302 Krit *Frenz*, Sozialversicherungsträger unter Kartellrecht, ZESAR 2013, 107 ff.
303 Zur Bedeutung der Liberalisierung auf diesem Gebiet s *Blanpain*, European Labour Law Rz 1107 ff.

Die besondere Stellung der Dienstleistungen von allgemeinem wirtschaftlichen Interesse gilt auch für die **EU-Grundfreiheiten**.[304] Dies ist höchst relevant, denn die detaillierten Bestimmungen des innerstaatlichen Rechts über die Erbringung von Dienstleistungen im sozialen Bereich werden es ausländischen Dienstleistern häufig unmöglich oder zumindest sehr schwer machen, auf dem jeweiligen Markt Fuß zu fassen. Da in diesem Bereich keine absoluten Ausnahmen existieren, hat eine **Verhältnismäßigkeitsprüfung** auch in den Fällen zu erfolgen, die vom Wettbewerbsrecht komplett ausgenommen sind (s Rs *Kattner* zu Versicherungen mit Pflichtmitgliedschaft).

Die Dienstleistungs-RL in ihrer jetzigen Form schließt „nicht wirtschaftliche Dienstleistungen von allgemeinem Interesse", Gesundheits- und soziale Dienstleistungen schlicht von ihrem Anwendungsbereich aus (vgl Art 2 der RL). Die Kommission hat ein Handbuch zur Durchsetzung der Dienstleistungs-RL veröffentlicht,[305] welches Kriterien für die Anwendung dieser Ausnahmebestimmungen festlegt und auch vom EuGH als Interpretationsgrundlage herangezogen wird (s Rs *Fenmarbel*). Zusammen mit der Patientenrechte-RL (s Unterabschnitt X.A.4.a.) bilden sie die zentralen Parameter für die erlaubten Beschränkungen des freien Dienstleistungsverkehrs. Das Gleiche gilt für die Niederlassungsfreiheit, die uU auch durch die Einführung einer Bedarfsprüfung beschränkt werden darf, aber nur unter den strengen Anforderungen der Verhältnismäßigkeit, Konsistenz und Transparenz (s Rs *Hartlauer, Ottica, Sokoll*).[306]

Die **Kommission** hat in jüngerer Vergangenheit verstärkt ihre Absicht bekundet, durch nähere Regulierung dieses Bereichs mehr Rechtssicherheit zu schaffen; eine Reihe von Mitteilungen und Konsultationspapieren zu „**sozialen Dienstleistungen von allgemeinem Interesse**"[307] hat jedoch bisher nicht in einem konkreten Legislativvorschlag gemündet.

---

304 Vgl *Sauter*, Services of general economic interest (SGEI) and universal service obligations (USO) as an EU law framework for curative health care (2007), abrufbar unter http:// ssrn.com/abstract=1013261, 3.
305 Europäische Kommission, Handbuch zur Durchsetzung der Dienstleistungs-RL (2007), abrufbar unter http://ec.europa.eu/internal_market/services/services-dir/implementation/index_de.htm.
306 Vgl *Runggaldier*, Bedarfsprüfung für private Ambulatorien aus verfassungsrechtlicher und europarechtlicher Sicht, in FS Krejci II, 1653 ff.
307 Vgl insb das Weißbuch zu Dienstleistungen von allgemeinem Interesse, KOM(2004) 374 endg, und die Mitteilung der Kommission: Ein Qualitätsrahmen für Dienstleistungen von allgemeinem Interesse in Europa, KOM(2011) 900 endg; vgl auch *Krajewski*, Background paper on a legal framework for services of general (economic) interest (2006) 3 ff; *Huber* et al, Study on Social and Health Services of General Interest in the European Union. Final Synthesis Report (2008) 67 ff.

Stichwortverzeichnis

Abkommen über die Sozialpolitik 3
AG-Sanktionen-RL 44
Aktionsprogramm, sozialpolitisches 2
Allgemeiner Grundsatz, des EU-Rechts 12, 60, 78 ff
Altersdiskriminierung 47, 67 f, 70 ff, 77, 163
Altersversorgung, betriebliche s Rentenleistungen, betriebliche
AN-Beteiligung 115, 143 ff
AN-Entsendung s Entsendung
AN-Organisation 50, 99, 140
AN-Schutz 31, 36
AN-Überlassung 32 ff, 89 ff
- aufeinanderfolgende Überlassungen 92
AN-Vertreter 5, 49, 93, 95, 97 ff, 108, 115, 120, 125, 139 ff
- besonderes Verhandlungsgremium 146 ff
- Information und Konsultation 5, 99 ff, 115 f, 139 ff
Anerkennung von Diplomen 43
Anforderungen, berufliche
- Rechtfertigung einer Diskriminierung 20, 54 ff, 67 ff
Angehörige s Familienangehörige
Angemessene Vorkehrungen für AN mit Behinderung 75 f
Angemessenheit, Rechtfertigung einer Diskriminierung 20, 31, 54, 57 f, 64, 71 f, 126, 147
Antirassismus-RL 67 f
Anweisung zur Diskriminierung 59, 67
Anwendbarkeit
- horizontale, des EU-Rechts 19, 35, 50, 60, 78
- unmittelbare, des EU-Rechts 18, 35, 60 f, 89, 111, 130
Äquivalenz s Grundsatz der Äquivalenz
Arbeitnehmerschutz-Rahmen-RL 113 f

Arbeitsbedingungen 5, 17, 33, 42 f, 50 f, 55 ff, 70 ff, 82 ff, 96, 107, 113 ff, 143
Arbeitskampf 6, 35 f, 139, 153
- Monti-II-Vorschlag 38
Arbeitslosigkeit 10, 16, 42, 72, 155 ff, 166 f
Arbeitsmarkt s Zugang zum Arbeitsmarkt
Arbeitsunfall 64, 90, 114, 155, 160
Arbeitsverwaltungen, öffentliche 11
Arbeitszeit 30 ff, 57, 75, 93, 113 ff
- Arbeitszeit-RL 113, 117
Assoziierungsabkommen Türkei 23
Atypische Beschäftigung 81 ff, 91, 144
Atypischer Grenzgänger 166
Aufeinanderfolgende AN-Überlassungen 92
Aufeinanderfolgende befristete Arbeitsverträge 87 ff, 92
Auffangregeln 147
Auftragsvergabe, öffentliche 35
Ausbildung s Zugang zu (Aus-, Weiter-) Bildung
Aussperrung s Arbeitskampf

Beendigung des Arbeitsvertrags s Kündigung
Befristete Beschäftigung 10, 73, 81, 85 ff
- Befristungs-RL 80, 85, 91, 99
Behinderung 11, 47, 68, 74 ff, 127, 133, 157
Belästigung 58 f, 63 f, 67 f, 143
Belastung
- unverhältnismäßige 75
Bereitschaftsdienst 118 ff
Beruf und Familie s Vereinbarkeit von Beruf und Familie
Berufliche Anforderungen, Rechtfertigung einer Diskriminierung 21, 54 ff, 67 ff
Berufliche Bildung, Berufsausbildung s Zugang zu (Aus-, Weiter-)Bildung
Berufserfahrung 21, 58, 73, 84

Stichwortverzeichnis

Berufskrankheiten 114, 155, 160
Beschäftigungspolitik 4, 8 ff
Beschäftigungsstaat 166 ff
Beschäftigungszeiten 20, 73
Besondere beitragsunabhängige Geldleistungen 156
Besonderes Verhandlungsgremium (BVG), AN-Vertretung 146 ff
Betriebliche Altersversorgung, betriebliche Rentenansprüche
s Rentenleistungen, betriebliche
Betriebliches System der sozialen Sicherheit 50, 63 f, 110
Betriebsrat 6, 99 ff, 143 ff
– Europäischer Betriebsrat 149 ff
Betriebsrente s Rentenleistungen, betriebliche
Betriebsübergang 96 f, 102 ff, 144, 147
– Betriebsübergangs-RL 102 ff
– Spijkers-Faktoren 103 f
– wirtschaftliche Einheit 102 ff
Betriebszugehörigkeit, Dauer s Beschäftigungszeiten
Beweislast 58, 61, 65, 68
Bildung s Zugang zu (Aus-, Weiter-) Bildung
Binnenmarkt-Informationssystem 38
Blue-Card-RL 41 ff
Bolkestein-Vorschlag 31
Bulgarien 28, 93
– Freizügigkeit 23 f, 29, 35
– Telearbeit 93 ff
BusinessEurope 140 ff

CEEP (Centre Européen des Employeurs Publics) 140
Charta der sozialen Grundrechte 3

Dänemark
– Flexicurity 9 f
– Schengen-Kooperation 39
– Zusatzrenten 164
Datenschutz 94, 113, 134 ff
– Datenschutzgruppe 136 f
– Datenschutz-RL 134 ff
– nationale Kontrollstelle 137
– personenbezogene Daten 134 ff
– sensible Daten 136

Dauer der Betriebszugehörigkeit s Beschäftigungszeiten
Daueraufenthaltsberechtigte 26, 40 ff
– Daueraufenthaltsrichtlinie 39
Deklaratorische Diskriminierung 68
Deutschland 37, 44, 148
Dienstleistungen von allgemeinem wirtschaftlichem Interesse 168 f
Dienstleistungsfreiheit 15, 22, 28, 29 ff, 91, 161
Differenzierung s Diskriminierung
Diplome, Anerkennung 43
Direkte Diskriminierung s unmittelbare Diskriminierung
Diskriminierung
– AN-Vertreter 147
– atypische AN 81 ff
– deklaratorische 68
– durch Assoziierung 76 f
– genetische 137
– Geschlecht 47 ff
– mittelbare 20 ff, 27, 49, 57 f, 64 ff, 70, 73
– Mutter-/Elternschaft 124 ff
– Rahmen-RL 68
– Rasse 67 ff
– soziale Sicherheit 154 ff
– Staatsbürgerschaft 17 ff, 26 ff
– umgekehrte 19
– unmittelbare 52 ff, 57, 62 ff, 67 f, 70, 74
Doppelbelastung 31
Drittstaatsangehörige (DSA) 6, 26, 31, 39 ff, 134
Durchführungsverordnung 155 ff

Effektivität s Grundsatz der Effektivität
Effet utile 14, 82, 91, 105 f, 126
EGMR 134
Ehegatte, Ehepartner 16, 63 ff, 74, 130
Eingetragene Lebenspartner 16, 74 f
Einstimmigkeit (Rat) 6 f, 66, 139, 154
Eintrittsautomatik 107
Einzel-RL 113, 115
Elternurlaub 58, 127, 131 ff
Elternurlaubs-RL 131 ff
EMRK 12, 36, 47, 69, 79, 102, 134
Entgeltgleichheit s gleiches Entgelt
Entgeltfortzahlung 49, 125 ff, 156
Entlassung s Kündigung

Entleihendes Unternehmen 89 ff
Entsendung 30 ff, 158 f, 164
- Entsende-RL 37 ff
- konzerninterne 40
Erforderlichkeit der Rechtfertigung einer Diskriminierung 20, 31, 53, 57 f, 69 ff
Ergänzende Rentenansprüche s Rentenleistungen, betriebliche
Erholungsurlaub s Jahresurlaub
Erwerber 102 ff
Ethnische Herkunft s Rassendiskriminierung
ETUC s Europäischer Gewerkschaftsbund
EU-Erweiterung 23, 37
Europa 2020 3
Europäische Betriebsrats-RL (EBR) 149 ff
Europäische Genossenschaft (SCE) 145
Europäische Gesellschaft s Societas Europaea
Europäische Krankenversicherungskarte 161
Europäische Sozialpartner 91, 94, 124, 139 ff, 149
Europäischer Betriebsrat 149 ff
Europäischer Gewerkschaftsbund (EGB) 140 ff
EWR 23, 156
Ex-Portabilitäts-RL 165

Familienangehörige 17, 26 ff, 40, 119, 155
Familienleistungen 64, 130, 166 f
Familienmitglieder s Familienangehörige
Familienzusammenführung 42
Flexicurity 9 f
Forscher 40
Freier Dienstleistungsverkehr s Dienstleistungsfreiheit
Freizügigkeit
- Arbeitnehmer 1, 4, 14 ff
- DSA 39 ff
- Freizügigkeits-VO 14 ff
- Unionsbürger 24 ff
- Unternehmen 28, 151 ff, 167

Garantieeinrichtung 110 f
Gelbe Karte 7, 38
Geldleistungen (Sozialrecht) 157 ff
- besondere beitragsunabhängige 158

Gemeinschaftscharta der sozialen Grundrechte 13
Gemeinschaftsweit operierende Unternehmen(sgruppen) 149 ff
Geringfügig Beschäftigte 64
Geschlechterdiskriminierung 47 ff, 77 ff, 82 f, 128 f
Geschlechtergleichstellung s Geschlechterdiskriminierung
- Geschlechterdiskriminierungs-RL (GDR) 50 ff
Geschlechtsumwandlung 54
Gewalt am Arbeitsplatz 142
Gewerkschaft 17, 29, 35 ff, 42, 136, 140 f, 147 f, 151
Gleichbehandlung s Diskriminierung
Gleichbehandlungs-Rahmen-RL 68 ff, 75, 77 ff
Gleiches Entgelt für gleiche Arbeit 2, 48 ff, 92
Gleichstellung, Gleichbehandlung, Gleichberechtigung s Diskriminierung
Gleich(wertig)e Arbeit, Diskriminierungsverbot 48 f, 56, 58
Grenzgänger 166 f
Grenzüberschreitendes Element, grenzüberschreitender Sachverhalt, Anwendbarkeit des EU-Rechts 18, 30, 156
Griechenland, Arbeitszeit 116
Großbritannien s Vereinigtes Königreich
Grundrechte 3 f, 12 f, 35 f, 47, 78 f, 107, 131, 134 ff, 154
- allgemein 12 f
- Arbeitsbedingungen 113 ff, 125, 131 ff, 143
- Gleichbehandlung 47, 54, 75, 78
- Grundrechtecharta (GRC) 3 f
- kollektive Rechte 36, 94, 108, 139 ff
- soziale Sicherheit 154, 161
Grundsatz
- allgemeiner, des EU-Rechts 12, 60, 78 ff
- der Äquivalenz 60, 89, 112, 123
- der Effektivität 14, 60, 89, 102, 112, 123 f
- Grundsätze der Subsidiarität und der Verhältnismäßigkeit 5
Güter und Dienstleistungen (Zugang) 42 ff, 65 ff, 77

Harter Kern der nationalen arbeitsrechtlichen Bestimmungen 34 ff
Hinterbliebenenleistungen 74, 158, 163
Hochqualifizierte 41 ff
Hochschulstudium s Studium
Höhere Gewalt, Abwesenheit aus familiären Gründen 134
Horizontale Anwendbarkeit, horizontale Wirkung 19, 35 f, 49 f, 60 ff, 78 ff

ILO 36 f, 55, 78, 86, 115, 139
Indirekte Diskriminierung s mittelbare Diskriminierung
Information und Konsultation der AN-Vertreter 5, 99 ff, 115 f, 139 ff
– Insolvenz 96, 109 ff
Insolvenz-RL 109
Integrative Arbeitsmärkte 142
Invaliditätsleistungen 16, 134, 155, 158, 163
Irland
– Arbeitnehmerbeteiligung 148
– Arbeitszeit 116
– Schengen-Kooperation 39

Jahresurlaub 33 ff, 121 ff, 128 f, 133
Jugendarbeitsschutz 115 ff
– Jugendarbeitsschutz-RL 115 ff

Kettenarbeitsvertrag 85 ff
Kind
– Freizügigkeitsrechte 4, 14 ff, 28
– Diskriminierung der Eltern 76, 79, 128, 133
– Jugendarbeitsschutz 115 ff, 118, 121 f
– Kinderarbeit 115
– Sozialleistungen 154, 160
Koalitionsfreiheit s Vereinigungsfreiheit
Kollektive Interessenvertretung 93, 139 ff
Kollektive Maßnahmen, Kollektivmaßnahmen s Arbeitskampf
Kollektive Rechte 94, 139 ff
Kollektivverhandlungen s Kollektivvertrag
Kollektivvertrag (KollV) 7, 22, 32 ff, 51, 70 f, 92, 106, 139 ff
Kompetenz(-bestimmung, -grundlage) 3 ff, 6, 40, 66 ff, 77, 139
Konzerninterne Entsendung 40
Krankengeld s Leistungen bei Krankheit
Krankenhaus 121, 162, 168

Krankenstand 122 f
Krankenversicherung s Leistungen bei Krankheit
Kündigung
– bei Betriebsübergang 106 ff
– Diskriminierungsverbot 50 ff, 53, 70, 73, 76, 84, 128 f, 133, 156
– EU-Kompetenz 5
– Kündigungsfrist 73, 85
– Kündigungsschutz 22 f, 65, 129, 133 f, 155
– Massenentlassungen 96 ff
Kurzarbeit 166

Laval-Quartett 29, 37
Lebenspartner 16, 63, 74 f, 130
– eingetragene 16, 74 f
Leiharbeit 81, 89 ff, 143
– Leiharbeitnehmer 89 ff
– Leiharbeits-RL 91 ff
– Leih(arbeits)unternehmen 32, 89 ff
Leistungen bei Krankheit 18, 25, 49, 75, 122 f, 128 ff, 134, 155 ff, 160 ff
Leistungsexport 154 ff, 164 ff
Leitungsorgane 146 ff
Lissabon-Strategie 3

Marktzugang s Arbeitsmarkt, Zugang
Maschinen-RL 114
Massenentlassungen 97 ff, 144 f
– Massenentlassungs-RL 97 ff, 101
Mehrheit
– Rat der EU 6, 141
– BVG 146
Mindestanforderungen s Mindeststandards
Mindestentgelt, Mindestlohn 6, 32 ff
Mindeststandards 2, 28, 46, 131, 139, 149
Missbrauch 86 ff, 91, 110, 149, 158 f
Mitarbeitende (Ehe-)Partner s Ehepartner, Lebenspartner
Mitbestimmung 6 f, 139, 144 ff
Mittelbare Diskriminierung
– Geschlecht 47 f, 56 f, 62 ff
– Rahmen-RL 68
– soziale Sicherheit 154 ff
– Staatsbürgerschaft 26 ff, 68
Mobbing 142
Montageprivileg 33

Monti-II-Vorschlag 38
- kollektive Maßnahmen 38
Mutterschutz 63, 124 ff
- Mutterschaftsurlaub 54, 75, 127 ff
- Mutterschutz-RL 124 ff

Nachtarbeit 55, 117, 121, 126
Nationale Kontrollstelle, Datenschutz 137
Nichtdiskriminierung s Diskriminierung
Niederlassungsfreiheit 14, 22, 36 f

Offene Methode der Koordinierung (OMK)
- Beschäftigungspolitik 8 ff
- soziale Sicherheit 154 ff
Öffentlich Bediensteter s öffentlicher Dienst
Öffentliche Arbeitsverwaltungen 11
Öffentliche Auftragsvergabe 35
Öffentliche Ordnung, Sicherheit und Gesundheit 18, 26, 34, 69
Öffentliche Verwaltung, öffentlicher Dienst 17 f, 82, 114
Opt-out 120 ff
Ordentliches Gesetzgebungsverfahren
- Arbeitsbedingungen 113 ff
- Beschäftigungspolitik 8 ff
- DSA 39
- Geschlechterdiskriminierung 50
- Sozialpolitik 4
- Sozialrechts-Koordinierung 154
Organisationen der AN-Vertretung s AN-Organisation
Österreich
- Arbeitszeit 117
- Flexicurity 9
- Freizügigkeit 23, 37
- Geschlechterdiskriminierung 50
- Grundrechte 12
- Rassendiskriminierung 66
- Sozialsystem 154, 168

Partner, Partnerschaft s Lebenspartner
Patientenrechte 162 f
- Patientenrechte-RL 162 f
Pausen 117 f
Pensionierung 53, 71
Pensionsleistungen s Rentenleistungen
Personenbezogene Daten 134 ff

Petroni-Prinzip, Sozialrechts-Koordinierung 163
Polen
- Grundrechte 13
- Befristungen 85
Portabilitäts-RL 165
Positive Maßnahmen, Rechtfertigung einer Diskriminierung 55 ff, 65 ff, 76
Praktika 116
Prioritätsregel 125 f, 159
Privatsphäre 134 ff
Pro-rata-temporis-Grundsatz, Teilzeitarbeit 83

Qualifizierte Mehrheit, Rat der EU 6, 141
Qualitätsrahmen für Praktika 116

Rahmenvereinbarung 82 ff, 94 f, 131 f, 141 ff
- über befristete Arbeitsverträge (BRV) 86 f, 142
- über Elternurlaub 124 f, 131
- über Teilzeitarbeit (TZRV) 82 ff
- über Telearbeit 94 f
Rassendiskriminierung 67 ff, 77
Rechtfertigung (einer Diskriminierung bzw Einschränkung der Grundfreiheiten) 20 f, 31, 35 f, 51 ff, 57, 65 ff, 71 ff, 83, 86 f, 91 f, 135
- Angemessenheit 21, 31, 54, 57 f, 64, 71 f, 126, 147
- berufliche Anforderungen 21, 54 ff, 67 ff
- Erforderlichkeit 27, 31, 54, 58, 69
- positive Maßnahmen 55 ff, 65 ff, 76
- rechtmäßiges Ziel 20 f, 31, 35 f, 57 f, 64, 71
- Verhältnismäßigkeit 5, 20 f, 35 ff, 54, 73, 135 f, 146, 153
Rechtmäßiges Ziel, Rechtfertigung einer Diskriminierung 20, 22, 31, 35, 57, 64, 71
Rechts(un)sicherheit 79, 112
Religion (und Weltanschauung) 47, 68 f
Rentenleistungen, betriebliche 49 ff, 61, 72 ff, 106, 110, 164 ff
Rentenleistungen, sozialversicherungsrechtliche 64 f, 71 f, 163, 168
Repräsentativität 141 f
Restrukturierung 96 ff

Stichwortverzeichnis

RL über Sicherheit und Gesundheitsschutz von Leih-AN 90
Rom I-VO 29 f, 36
Ruhezeiten 118 ff
Rumänien
- Befristung 85
- Freizügigkeit 24, 37

Sachleistungen 15, 49, 160 f
Safe-Harbour-Prinzipien 137
Sanktionen 9, 33, 44, 60, 89, 101, 138
Schadenersatzanspruch 60, 89, 123
Schwangerschaft 53 f, 57, 125 ff
Schweiz, Freizügigkeit 23, 156
Selbständige Erwerbstätigkeit 15, 21, 51, 62 f, 68, 81, 130, 158 f, 167
Sensible Daten, Datenschutz 136
SER 145 ff
Sexuelle Ausrichtung 47, 68, 74
Sexuelle Belästigung s Belästigung
Sicherheit und Gesundheit
- Arbeitsbedingungen 113 ff, 125 f
- atypische Arbeitnehmer 81 ff
- entsandte Arbeitnehmer 29 f, 32 ff
- Information und Konsultation 99 f, 115, 139
- Kompetenz 3, 5
Single-Permit-RL 45 f
Societas Europaea (SE) 145 ff
Soft law 44 f, 132
Sozialdumping 28 f, 37, 144
Soziale Fürsorge s Sozialhilfe
Soziale Grundrechte 5, 12 ff, 131
Soziale Sicherheit 6, 42, 50 f, 64 f, 154 ff
Sozialhilfe 25 f, 42, 154
Sozialleistungen 10, 25, 43 f, 76, 116, 123, 126, 154 ff
Sozialpartner 71, 82, 86, 91 ff, 94, 109, 124, 131, 139 ff
- europäische Sozialpartner 91, 94, 139 ff, 149
Sozialplan 76, 99
Sozialversicherung s Sozialleistungen
Spijkers-Faktoren, Betriebsübergang 103 f
Staatsangehörigkeit, Staatsbürgerschaft, Diskriminierungsverbot 17 ff, 156
Stellen zur Förderung der Gleichbehandlung 61

Stipendien s Studienbeihilfen
Streik s Arbeitskampf
Stress am Arbeitsplatz 142
Studium 26, 46
Studienbeihilfen 27, 46
Subsidiäre Vorschriften (SER) 150

Tarifvertrag s Kollektivvertrag
Teilzeitarbeit 34, 58, 81 ff, 133
- Pro-rata-temporis-Grundsatz 83
Teilzeit-RL, Teilzeit-RV 82 ff
Telearbeit 81, 93 ff, 142
Telearbeitnehmer 94
Tschechische Republik
- Grundrechte 13
- Telearbeit 93
Türkei, Assoziierungsabkommen (Freizügigkeit) 23

U

Überlassung s AN-Überlassung
UEAPME (Union Européenne de l'Artisanat et des Petites et Moyennes Entreprises) 140 ff
Umgekehrte Diskriminierung 19
Ungleichbehandlung s Diskriminierung
Unionsbürger-RL 14 ff
Unmittelbare Anwendbarkeit, des EU-Rechts 18, 49, 62, 108, 111, 130
Unmittelbare Diskriminierung
- Geschlecht 52 ff, 57
- Rahmen-RL 77 f, 85
Unmittelbare Wirkung s unmittelbare Anwendbarkeit
Unterrichtung und Anhörung s Information und Konsultation
Unverhältnismäßige Belastung 75
Urlaub(sanspruch) s Jahresurlaub

Vaterschaftsurlaub 130
Veräußerer 102 ff
Vereinbarkeit von Beruf und Familie 53, 113, 124, 127, 132
Vereinigtes Königreich 3 f, 13, 39, 120 f, 151 f, 164
Vereinigungsfreiheit 12, 36, 46, 139
Vergleichbare Situation, Vergleichbarkeit 51 ff, 82 f

Verhältnismäßigkeit, Rechtfertigung einer Diskriminierung 5, 20 ff, 27, 35, 54, 73, 135 f, 146,168
Vertrag von Lissabon 3, 13, 25, 49
Vertreter der AN s AN-Vertreter
Verwaltungsorgan 146
Viktimisierung 38, 62, 123
Vordienstzeiten s Beschäftigungszeiten
Vorkehrungen
– angemessene, für AN mit Behinderung 75 f

Warenfreiheit 161
Weltanschauung 47, 68 f
Wettbewerbsrecht 153 f, 167, 169
wirtschaftliche Einheit, Betriebsübergang 102 ff
Wirtschaftskrise 10 f, 45, 85, 154
Wöchnerin 125

Zahlungsunfähigkeit s Insolvenz
Zugang
– zu Beschäftigungsbedingungen s Zugang zum Arbeitsmarkt
– zu (Aus-, Weiter-)Bildung 15 ff, 26, 42, 55 f, 65 ff, 77, 115
– zu Beschäftigung s Zugang zum Arbeitsmarkt, Zugang zu selbständiger Erwerbstätigkeit
– zu Gütern und Dienstleistungen 42, 46, 65 ff, 77
– zu selbständiger Erwerbstätigkeit 21, 63
– zu Sozialleistungen 25, 63
– zum Arbeitsmarkt 17, 22 ff, 28, 31 f, 39 ff, 50, 55, 63, 92
– zum Hochschulstudium s Zugang zu (Aus-, Weiter-)Bildung
Zuständiger MS, zuständiger Staat 158 ff
Zuständigkeit (der EU) s Kompetenz
Zwangspensionierungen s Pensionierung